놀이중심
교육과정
119

놀이중심 교육과정 119

초판 1쇄 발행 2021년 12월 24일
초판 3쇄 발행 2024년 9월 13일

지은이 | 정유진, 정나라

발행인 | 최윤서
편집장 | 최형임
디자인 | 김수경
마케팅 지원 | 최수정
펴낸 곳 | ㈜교육과실천
도서문의 | 02-2264-7775
인쇄 | 031-945-6554 두성 P&L
일원화 구입처 | 031-407-6368 ㈜태양서적
등록 | 2020년 2월 3일 제2020-000024호
주소 | 서울특별시 중구 창경궁로 18-1 동림비즈센터 505호
ISBN 979-11-91724-07-3 (13370)

유아와 교사의 마음을 만져주는
그래쌤과 헬퍼나라의 처방전

놀이중심
교육과정
119

정유진 · 정나라 지음

교육과실천

| 목차

I. 놀이지원

Ⅱ. 교사와 유아가 함께 만들어가는 교육과정

III. 놀이기록

IV. 공개수업

「2019 개정 누리과정」은 단순히 교육과정을 바꾼 것이 아니라 교사들의 마음과 생각을 흔들었어요. 매년 교육과정에 맞춰 교육계획안을 작성하고 자유선택 활동자료를 바꾸고 생활주제별 활동을 실천했어요. 등원 후 자유선택 활동을 하고, 10시 정도에 정리를 한 후 간식, 대집단활동, 바깥놀이를 하고 점심을 먹었어요. 이름표를 붙이고 원하는 영역에서 놀이를 하고, 각 영역의 놀잇감은 해당 영역에서만 가지고 놀도록 했어요. 체계적으로 계획을 실천해 나갔고, 안정감 있게 일과를 운영하면서 다툼이나 사고가 일어나지 않도록 일관성 있게 지도했어요.

"선생님, 여기에 이상한 부분이 있나요?"
이전에는 이것이 바로, 우리 교사들의 '일상'이었어요.

그런데「2019 개정 누리과정」이 선생님들에게 "이게 유아 중심이 맞나요?"라고 묻기 시작했어요.

　주제가 너무 많아 깊이 있는 놀이가 이루어지지 못해도 11개의 생활주제를 넣어 연간 교육계획을 세웠어요.

　"왜요?"

　"원래 그렇게 하는 거니까요."

　아이들의 흥미가 지속되어도 다음 주 계획을 위해 마무리를 하고 새로운 생활주제를 시작해야 해요. 아이들은 가지고 놀지 않아도 자유선택 활동자료를 다 바꿔야 해요.

　"왜요?"

　"다들 이렇게 해요."

　아이들은 더 놀고 싶다고 하지만 10시가 되면 정리정돈을 하고, 계획된 집단활동을 해야 해요.

　"왜요?"

　"흠…, 그렇게 하라던데요."

　블록을 미술 영역으로 가지고 가면 안 돼요. 블록은 쌓기 영역에서 가지고 놀아야 하죠.

　"왜요?"

　"이렇게 하는 거 아니에요?"

　삐거덕거리며 무언가 중심이 맞지 않는 것 같았지만, 우리는 '이렇게' 하라고 배웠고 자연스럽게 '그렇게' 해왔어요. 유아를 중심으로 바꿀 생각조차 하지 못했고, '왜'라는 질문에도 원래 그렇게 하는 거라는 생각만 했어요. 이렇게 누리과정 지도서와 계획에 따라 일과를 운영하던 교사들에게 「2019 개정 누리과정」의 변화는 너무 두렵고 부담스러웠어요. 그래서 유아·놀이중심 교육과정이 실현 가능한지에 대해 의문을 품은 선생님들도 많았어요. 거기다 최소한의 계획만 가지고 교실에 들어가는 게 겁이 났고, 가르쳐야한다는 부담감을 쉽게 내려놓지 못했어요. 아이들이 원하는 놀이만 하기에는 너무 무질서해 보였고, 안전사고에 대한 걱정도 한가득이었죠. 교사도 아직 제대로 받아들이지 못했는데 학부모님들이 과연 유아·놀이중심 교육과정을 이해할 수 있을지 확신이 없었고, 나아가 놀기만 한다고 민원을 넣지는 않을까 하는 두려움이 앞섰어요.

그 어느 교육과정보다 훨씬 더 강도 높은 변화를 요구하는 「2019 개정 누리과정」은 왜 이렇게 교사들을 힘들게 하는 것일까요?

> "개정 누리과정의 가장 두드러진 변화 중 하나는 교사의 자율성을 지원하고 현장에서
> 놀이가 살아날 수 있도록 국가수준 교육과정을 간략화한 것이다."
>
> ― 「놀이실행자료」, 10쪽

개정 누리과정은 처음부터 끝까지 교사들의 변화를 통해서만 유아 주도의 유아·놀이중심 교육과정을 이룰 수 있다고 봤어요. 그래서 교육과정 개정을 통해 지금까지 유아교육의 방향이 정말 유아 중심이 맞는지 교사들로 하여금 불편한 진실을 마주하게 했어요. 정말 많은 선생님들이 관성처럼 지나쳤던 작은 부분들까지 유아 중심으로 다시 돌아보면서 반성을 했고, 끊임없이 고민하면서 변화를 시도했어요. 결국 유아들은 교사가 도와줘야 뭔가를 할 수 있는 존재가 아니라 유아 스스로 무언가를 할 수 있다는 믿음을 갖게 되었고 아이들의 말 한마디와 손짓에도 귀기울이기 위해 노력했어요. 그 과정에서 선생님들은

왜 변해야 하는가에 대한 답을 찾았고, 각자의 방식으로 유아·놀이중심 교육과정을 만들어가고 있어요.

우리는 이러한 과정속에서 더 성장하고 싶은 선생님들과 '놀이중심 교육과정 119'라는 모임을 운영해 왔어요. 유아·놀이중심 교육과정에 대한 연구를 하면 할수록 혼란스럽고 무엇이 맞는지 알 수 없는 막막한 시간들을 겪었던 터라, 다른 선생님들도 수많은 고민을 안고 있을 거라고 생각했죠. 그렇게 우리는 매주 금요일 밤, 오후 9시에 시작해 두세 시간 이상 선생님들과 많은 이야기를 나눴어요. 그렇다고 우리가 이 모임에서 정답을 알려드린 적은 없어요. 오히려 실패하고 좌절했던 사례들을 더 들려드렸어요. 지금 다른 선생님들이 하는 고민이 바로 우리들의 고민이고, 매일 마주하는 현실이었어요.

정리정돈이 너무 힘들고 난장판인 교실에 대한 고민과 고충을 나누면서 포기하지 않고 매번 어떻게 지도해나갔는지 이야기했어요. 산으로 가버린 공개수업, 매일 쓰지 못하는 놀이기록의 현실 등…. 우리들의 실패담은 끝이 없었죠. 함께 모인 선생님들은 나만의 고민이 아니었다는 점에 공감했고, 자신들의 경험담을 공유하게 되었죠. 수많은 이야기를 나누었지만, 함께 나눴던 이야기 중 무엇이 맞고, 무엇이 틀렸는지는 알 수 없어요. 유아·놀이중심 교육과정을 바라보는 시각과 허용의 정도가 달랐기 때문에 정답은 선생님들이 찾아가는 것이라고 말씀드렸어요. 이것이 개정 누리과정이 명확한 지침과 기준을 줄 수 없었던 이유라고 생각해요.

> "놀이중심 교육과정의 답을 찾는 것은 선생님 자신이다."

어쩌면 이렇게 불타는 금요일은커녕 교사들로 하여금 끊임없이 고민하며 답을 찾아가게끔 만든 건 「2019 개정 누리과정」이 그린 큰 그림이 아니었을까요? 국가수준 교육과정을 간략화하면서 이런 우리들의 모습조차 치밀하게 계획된 것은 아닐까, 하는 생각이 들 정도로 선생님들의 열정이 대단했어요. 우리는 지금부터 선생님들이 마주하게 된 고민에 조금이라도 도움이 되고자 교육과정 계획부터 놀이지원, 관찰과 기록, 공개수업 등 전반적인 학급운영에 대해 이야기를 나눠보려고 해요. 정답은 아닐지라도, 우리들의 경험을 담은 『놀이중심 교육과정 119』가 도움이 되길 바라봅니다.

책을 쓸 때마다 느끼지만 이번 책은 유난히 다사다난하여 엄마와 선생님이라는 두 역할을 감당하는 게 매우 버거운 일이라는 걸 실감하는 중입니다. 그럼에도 서로의 부족함을 채워주려고 노력하는 따뜻한 마음과 서로 다름을 존중하는 순간들이 모여 한 권의 책이 만들어지는 것 같아요. 그래서 가장 먼저 이 책을 함께 쓴 저자가 서로에게 고맙다는 마음을 전해봅니다. 그리고 책에 전념할 수 있도록 도와준 남편과 가족들, 우리 학급의 아이들과 학부모님, 동료선생님들, 저희의 모든 삶에 함께 하시는 하나님께 감사를 드립니다. 그리고 오늘도 아이들과 더 많이 웃기 위해 이 책을 펼친 전국의 유치원, 어린이집 선생님을 응원합니다!

I.
놀이지원

역할 영역 옷걸이에 예쁜 드레스가 많지만 그 중에서도 인기 있는 공주 옷이 있어요. 그래서인지 심심치 않게 공주 옷 쟁탈전이 벌어지곤 해요.

"왜 맨날 너만 입어?"
"내가 엘사니까 입지!"
"이번에는 내가 엘사 할거야. 너는 지금까지 엘사 했잖아."

옷은 한 벌 뿐이고 주인공도 한 명으로 정해져있는 상황!
아이들의 이야기를 들어주고 어떻게 해결하면 좋겠냐고 물어도 답이 안 나오는 이런 상황은 교사가 중재하기가 꽤 어려워요.

"희정아, 희정이는 금방 엘사를 했으니까 이번에는 초롱이한테 양보해주면 어 떨까?"

"제가 엘사인데요. 엘사 더 하고 싶어요."

양보를 이야기 하는 선생님의 말에, 희정이는 울음을 터뜨렸어요.

"초롱아. 희정이가 엘사를 너무 하고 싶은가 봐. 한 번 더 희정이가 엘사를 하 도록 해주면 어떨까"

"맨날 희정이만 엘사 해요. 계속 기다렸단 말이에요. 저도 엘사 하고 싶어요!"

이러한 도돌이표 대화가 결론에 이르지 못해 참 난감했어요. 저는 희정이가 엘 사를 많이 했으니까 초롱이에게 양보를 하는 게 조금 더 공평하다는 생각이 들 었어요. 한편으로는 잦은 갈등을 일으키는 원인인 엘사 드레스를 교실에서 없앨 까 고민을 하다가 헬퍼나라쌤에게 조언을 구했어요.

"희정이가 왜 초롱이에게 양보를 해야 한다고 생각했어?"

"그거야 희정이는 많이 놀았잖아. 초롱이는 엘사를 하기 위해서 많이 기다렸고."

"하지만 희정이의 엘사놀이는 아직 끝나지 않았는데 양보를 해야 할까?"

헬퍼나라쌤의 이야기를 듣고 보니 여러 생각이 들었어요.
놀이의 시작과 끝을 정하는 건 교사가 아니라 아이들이라는 걸,
그리고 많이 놀았다는 것이 충분히 놀았다는 것은 아니라는 걸 깨달았어요.

희정이는 오전 내내 엘사였지만, 여전히 엘사의 모험과 놀이가 끝나지 않고 진

행 중이었어요. 그런데 저는 은연중에 놀이의 양을 핑계로 양보를 하지 않는 희정이가 욕심이 많은 편이라고 생각했고, 교사의 입장에서 희정이의 놀이보다는 모든 아이들이 놀 수 있도록 기회를 공평하게 갖는 걸 더 우선시했어요. 또한 양보 자체가 좋은 미덕이기에 희정이가 초롱이에게 드레스를 양보하기를 내심 바라기도 했어요.

상황 속 제 자신의 마음을 들여다보며 '어른에게도 힘든 양보를 아이들에게 너무 빨리 가르치려고 한 것은 아닌가?', '교사의 강요에 의해 또는 칭찬받고 싶어서 하게 된 양보가 아이들에게 진짜 양보일까?' 등등 양보에 대해 다시 생각하게 된 계기가 되었어요.

그래서 다음에는 엘사를 더 하고 싶다고 정확하게 자신의 생각을 표현하는 희정이를 인정하고 기다려주려고 했어요. 양보를 억울한 것으로 느끼지 않도록 기다려주고, 자신의 생각을 이야기할 때 존중받는 경험이 쌓이면 비로소 아이들이 스스로 양보를 할 수 있을 거예요. 이런 결론에 이르자 누구도 양보하지 않아서 무거웠던 제 마음이 한결 가벼워졌어요.

아마도 비슷한 상황이 반복되겠지만 절대 양보를 할 수 없다고 선택한 아이는 진심으로 존중해주고, 양보를 받지 못해 속상한 아이와는 또 다른 해결방안을 찾아볼 거예요. 엘사를 기다렸지만 드레스를 입지 못한 초롱이와는 얇은 하늘색 천에 엘사그림을 붙여 엘사 망토를 만들어볼 수도 있고, 엘사 드레스에 대한 흥미가 많으니까 드레스를 한 벌 더 구해서 제공해줄 수도 있어요. 그리고 엘사 외에도 라푼젤, 백설공주, 신데렐라 등 공주님들이 많다는 걸 알려줘도 좋겠어요.

엘사 드레스를 누가 입어야 하는지 고민하면서 동료 선생님과도 이야기를 나누고, 내 스스로 아이들이 중심이 되는 진짜 놀이에 대해 다시 생각해보게 되었어요. 저처럼 교사들은 끊임없이 내가 하고 있는 유아·놀이중심 교육과정과 수많은 지원들에 대해 고민해요. 그래서 이번 장에서는 교실 속에서 이루어지는 놀이와 활동, 지원에 대한 고민들에 대해 다양한 시각에서 바라볼 수 있도록 여러 가지 방안에 대해 이야기해볼게요.

매일 반복되는
일상적인 놀이만 해요

유아·놀이중심 교육과정을 충분하게 이해했지만 3, 4, 5월 내내 블록으로 자동차 만들기나 엄마, 아빠놀이, 팽이놀이만 계속 반복하니까 고민이 됩니다. 하루는 팽이놀이를 확장해주고 싶은 마음에 팽이놀이 경기장을 만들어 보자고 했지만 만들어진 경기장 밖에서만 놀려고 하더라고요. 이렇게 일상적인 놀이만 반복하는데 그냥 둬도 될까요? 교사가 어떤 방식으로 지원을 해줘야 할까요?

4월 우리 반의 놀이 주제에서 매일의 놀이와 전체 놀이의 흐름을 살펴보세요. 4월 연간주제를 보면 특별한 놀이가 진행된 것 같지만 대부분 봄과 가족놀이, 포켓몬놀이로 이루어졌어요. 4주 동안 매일 엄마, 아빠놀이가 이루어졌고, 그 안에

월	주	놀이주제			
4 봄 ⑧ 놀이	1	가족놀이 및 땅 놀이 (이름표. 팔찌로.이름쓰기)			
		동물농장만들기(양)	동네 가게놀이	바깥 가게놀이 (이름표. 동물 만들기)	아빠엄마놀이.이름표 (그네)	커피콩놀이. 도장
	2	거미 & 가족놀이			
		친구(엄마)손잡기 (간식 T)	거미줄 찾으려 다녀요	(아빠엄마.이불놀이 레고 (거미줄 만들어줘) 까꿍놀이	술 래잡기 (그네)	거미줄런닝(시트지) 텐트(가족놀이)
	3	포켓볼. 아빠엄마놀이. (@선생님. 미용실놀이)			
		영아놀이(영아방)	~~다녀온~~	장애아놀이	역할놀이(신랑신부) 미용실	자동차 역기)
	4	가족놀이 (모래)놀이 & 바깥. 새싹. 집짓기(길로.) 모래놀이 머리묶어주			
		다방놀이관람.			역할놀이 (이름쓰기 도장)

<4월 연간교육계획 놀이기록>

서 엄마가 미용실에 가기도 하고, 아이랑 아빠가 마트에 가서 물건을 사기도 했어요. 엄마, 아빠놀이가 주를 이루고, 그 안에서 미용실, 마트, 학교 등의 상황이 추가되는 식이었어요. 유아가 주도적으로 놀이를 할 수 있도록 허용해주긴 하지만, 가장 많이 이루어지고 반복되는 놀이는 이처럼 일상적인 놀이예요. 매일 반복해서 같은 놀이를 한다는 것은, 그 자체만으로도 유아에게는 흥미가 있고 재미있다는 뜻이 아닐까요?

☞ 교사들은 왜 일상적인 놀이를 그저 바라보기가 힘들고 불안한 것일까요?

「2019 개정 누리과정」 시행 전 유아·놀이중심 교육과정에 대한 연수를 받을 때 일상적인 놀이보다는 크고 화려한 놀이 사례를 많이 봤어요. 거기다 '놀이 이해 자료', '놀이 실행 자료'에도 아이들의 흥미를 확장한 놀이 사례가 대부분이에요. 인스타, 블로그 같은 SNS를 봐도 프로젝트처럼 크고, 화려한 놀이 사진이 많다 보니, 일상적인 모습의 우리 반과 자꾸만 비교하게 되는 것 같아요. 그러다 보니 아이들을 기다려주려던 교사의 마음에 조급함이 흘러 여유가 없어지는 것 같아요. 유아가 놀이 속에서 크고, 멋진 것을 만들거나 특별한 말이나 행동을 하면 '아이들의 놀이는 대단하구나!', '놀이 속에 배움이 있구나!' 하며 감탄하지만, 일상적인 놀이를 바라보면서는 '오늘도 또 엄마, 아빠놀이네. 왜 우리 반 아이들은 매번 엄마, 아빠놀이만 할까?', '대체 우리 반은 언제 멋진 놀이를 하지?', '내가 무언가 잘못하고 있는 것은 아닐까?' … 같은 불안한 마음이 드는 것이 사실이에요. 거기다 나는 매번 실수투성이인데 유아·놀이중심 교육과정에 소개된 사례들은 망치거나 실패한 활동이 없어요. 우리 반은 정리정돈도 잘 안되고, 지극히 평범한 놀이만 하는 데다 수시로 바뀌기까지 하는데 다른 반 아이들은 너무 잘하고 있는 것 같거든요.

☞ 하지만 사례는 사례일 뿐이에요

3월 우리 교실은 발 디딜 틈이 없었어요. 발로 쓱쓱 밀어야 걸을 수 있을 정도로 난장판이었고, 정리하는 데만 한 시간 이상이 걸렸어요. 거기다 아이들의 흥미에 맞는 활동자료를 열심히 준비했는데, 정작 관심을 갖는 아이들이 없어서 소개만 하고 활동을 못 한 적도 있어요. 그렇다고 걱정만 할 일은 아니에요. 매번 유아의 흥미가 맞아떨어져 놀이로 확장되는 것은 아니에요. 아이들의 흥미는 수시로 변하고 지속시간이 짧아요. 거기다 아이들이 가진 성향이나 경험의 정도에 차이가 크기 때문에 놀이 주도성, 지속성, 확장의 정도가 다를 수 있어요.

그러나 사례집은 다양한 사례 중 대중의 이해를 돕기 위해 보다 잘 진행되고, 연계가 잘 이루어진 놀이를 대표사례로 제시하죠. '왜 나는 사례처럼 안 되지?' 불안해하며 비교할 필요는 없어요. 놀이의 확장보다 자신이 좋아하고, 관심거리를 찾아 놀이하는 아이들을 따라가는 과정이 중요해요. 아이들의 놀이 속도에 따라 놀이가 이어지고, 확장되는 것 역시 아이들이 주도해 나가는 것이니까요. 이것이 교사가 여유를 가지고 놀이를 바라보아야 하는 이유예요.

교사의 입장에서만 보자면, 수없이 관찰했던 놀이 장면이기 때문에 그 놀이에 익숙해진 측면도 있어요. 하지만 아이들에게는 매번 새로운 놀이이고 특별한 놀이 시간이에요. 아이들은 아무도 알려주지 않은 놀이를 탐색하면서 생각을 하고, 조금씩 변화를 주며 친구들과 함께 놀이를 만들어가고 있어요. 교사에게 익숙한 놀이라고 해서 아이들에게도 그 놀이가 익숙한 것이 아니에요. '오늘도?'라고 생각하기보다는 아이들의 편에서 놀이를 살펴보려는 노력이 필요해요.

⊟ 일상적인 놀이 속 소소한 아이들의 이야기를 봐주세요

우리 반에 색칠하는 걸 좋아하는 아이들이 있어요. 우연히 색칠 놀이하는 아이들의 대화를 들었는데 "이건 무지개 아니야. 무지개는 빨주노초파남보가 다 있어야지. 너는 남색도 없고 보라색도 없잖아." 무지개의 색깔과 순서를 놓고 언쟁을 하다가 저에게 무엇이 맞는지 물어보길래 둘 다 무지개라고 해줬어요. 그리고 반 전체 아이들에게 색칠놀이를 했던 친구들의 대화를 들려주면서 너희들의 생각은 어떠냐고 물어봤어요. 대부분의 아이들은 빨주노초파남보가 모두 있어야 무지개라고 했어요. 그래서 실제 무지개 사진을 보여주면서 어떤 색이 보이는지 아이들에게 물어보았어요. 아이들은 빨, 주, 노, 초, 파, 남, 보 일곱 가지 색이 모두 보인다고 답했어요. 예상하지 못한 반응이었지만 당황하지 않고 다시 이야기를 이어갔어요. 이날 분홍색 옷을 입은 친구들이 많았고, 저 역시도 같은 색 외투를 입고 있어서 분홍색 옷을 입은 친구들은 일어나보라고 했어요. 연분홍과 진분홍색을 입은 친구들이 일어섰고, 제가 입은 핫핑크 색상의 옷과도 비교해봤어요. 모두 분홍색 옷을 입었다고 했지만, 색깔이 조금씩 다르고, 또 보는 사람들마다 색깔을 다르게 볼 수 있다는 것에 대해 많은 이야기를 나눴어요. 이렇듯 매일 하는 색칠놀이지만, 이 일상적인 놀이 가운데에서도 아이들과 함께 나눌 수 있는 작은 이야기들이 숨어 있었어요. 단순하게 매일하는 블록놀이, 팽이놀이 일지라도 교사가 알지 못하는, 혹은 알아채지 못한 아이들만의 특별함이 분명히 존재하는 덕분에 '매일'이 가능한 것이죠. 그래서 교사에겐 일상의 평범한 놀이속에서도 아이들이 진짜 하고 싶은 이야기가 무엇인지 찾으려는 노력도 필요해요.

이러한 마음가짐으로 일상적인 놀이들을 바라보면 같은 놀이라고 할지라도 매일 달라지는 놀이의 흐름을 발견할 수 있어요. 공사장으로 들어가는 자동차, 택배를 배달하는 자동차, 경사로에서 스피드를 즐기는 자동차 등 다양한 자동차 놀이들이 있어요. 매일 같은 놀이를 하는 것 같지만 그 안에서 아이들은 조금씩 이야기를 만들어내고 역할을 바꿔가고 있어요. 그러니 놀이를 확장 시켜줘야 한다는 압박감을 내려놓으세요. 그리고 '오늘은 어떤 점이 바뀌었지?', '누구랑 놀이를 하고 있지?', '어떤 역할을 맡았지?', '왜 그렇게 되었지?' 등등 선생님이 먼저 호기심과 기대감을 갖고 놀이를 바라봐주세요.

놀이 전환을 위해 다양한 놀이 지원을 해보세요

그럼에도 불구하고 일상적인 놀이의 패턴이 반복된다면 자료, 공간, 교사의 놀이 참여, 활동, 친구 등의 지원을 해 줄 수 있어요. 예를 들어 4월에 가족놀이가 매일 이루어져서 놀이 전환을 위해 텐트를 제공했어요. 텐트를 제공받자마자 또 가족놀이를 했어요. 하지만 텐트라는 새로운 공간이 생기니 '이사'라는 주제가 추가되어 놀이가 진행되었어요.

이 외에도 교실을 벗어나 바깥으로 나가서 공간에 변화를 줄 수 있어요. 바깥에 있는 모든 자연물이 놀이 자료이기에 아이들이 새로운 놀이를 할 수 있어요. 또한 교사가 아이들의 놀이에 보다 적극적으로 참여하여 놀이를 제안할 수 도 있어요. 아이들이 놀이가 어느 정도 이루어지면 교사는 살짝 빠져나와 놀이를 관찰하고 지원해요. 그리고 교사가 유아의 흥미와 관련된 활동이나 흥미와 관련이 없더라도 주제와 관련된 활동을 계획할 수 있어요. 만 3, 4, 5세가 함께 있는 원이라면 다른 반에 놀러가거나 초대해서 함께 놀 수도 있어요. 한 가지 지원만 하기보다는 우리 반 아이들에게 맞는 다양한 지원방법을 생각해볼 수 있어요.

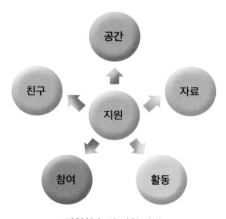

<다양한 놀이 지원 방법>

교사가 계획한 활동을
해도 될까요?

작년에는 달팽이를 잡으면 아이들이 먼저 달팽이 그림을 그리자고 하고 먹이도 찾아주고 집도 만드는 등 여러 가지 놀이가 이어졌어요. 유아가 자발적으로 이끌어가는 놀이가 많다 보니 유아·놀이중심 교육과정에 대한 확신이 섰어요. 그런데 올해는 같은 연령임에도 불구하고 주도적으로 놀이를 이끌어가지 못해요. 결혼식 놀이를 하고 싶다고 하더니, 준비는 선생님이 모두 해줬으면 좋겠다고 하더라고요. 그래서 교사가 대부분 준비한 결혼식 놀이에서 아이들이 신랑, 신부 역할만 정했어요. 활동이 끝난 후에 즐겁게 놀기는 했지만 이전과 달라진 점이 별로 없다고 느껴져 유아·놀이중심 교육과정을 제대로 실천하고 있는게 맞는 건지 불안한 마음이 들었어요.

많은 선생님들이 유아가 주도하는 놀이와 교사가 계획한 활동 사이에서 고민을 하는 것 같아요. 저 역시 유아·놀이중심 교육과정에 대해 연구하면서 과연 유아 주도적인 놀이가 제대로 이루어질까에 대한 의문이 많았어요. 거기다 헬퍼나 라쌤이 유아가 주도한 실제 놀이 사례들을 보여줄 때는 거짓말을 하는 것 같았어요. 감자를 캘 때, 나온 애벌레를 보며 교사가 '애벌레의 이름이 무엇인지 곤충도감을 찾아보자, 채집통에 애벌레를 담아보자, 애벌레를 관찰해서 그림을 그려볼까' 라고 개입하지 않았는데도 교사가 활동을 이끈 것처럼 너무나 자연스럽게 아이들의 놀이가 이루어 졌거든요. 그래서 "아이들이 진짜 이렇게 했어? 나라야 나한테만 사실대로 말해봐. 책에는 이렇게 써도 되는데 네가 개입한 부분이 있으면 말해봐"라고 이야기했던 기억이 나요. 교사가 계획한 활동만 하다 보니까 유아 주도적인 놀이는 넘지 못할 산 같이 느껴지기도 했고, 실제로도 아이들이 잘 이끌어가지 못했어요. 거기다 '유아·놀이중심 교육과정은 유아 주도적인 놀이로 이루어져야 한다' 라는 생각을 하고 있으니 그 간극 사이에서 좌절감만 더 커졌어요.

✏ 교사가 계획한 활동도 놀이중심 교육과정이 맞아요

연구를 하면 할수록 유아 주도적인 놀이만이 유아·놀이중심 교육과정의 전부는 아니라는 확신이 들어요. 이전과 비교해보면 교사들은 많은 부분에서 변화를 이끌어왔어요. 생활주제, 활동, 자료 모두 교사가 준비했었다면 이제는 유아의 흥미가 무엇인지 관찰, 기록하면서 흥미와 연관된 놀이 주제를 찾아내고, 고민하며 아이들과 함께 놀이를 만들어가고 있어요. 교사가 활동을 계획할 때도 단순히 생활주제에 맞추기보다는 아이들이 주도할 수 있는 부분과 선택의 기회들을 반영하고 있어요. 나와 우리 학급에 맞는 유아·놀이중심 교육과정을 찾아가는 과정이기 때문에 많은 시행착오가 필요해요. 따라서 유아를 중심으로 교사가 계획한 활동도 유아·놀이중심 교육과정이예요.

> "유아 및 놀이 중심이 강조된다고 하더라도 교사가 계획한 활동이나 법적으로 요구되는 활동(예 : 안전교육)을 실시하되, 유아가 주도적으로 즐겁게 참여하는 활동으로 진행하는 것이 중요하다. 이를 위해서는 유아의 놀이나 일상생활을 잘 관찰하고 이와 연계할 수 있는 활동을 실시하는 것이 필요하다."
>
> ─ 「놀이실행자료」, 11쪽

🔖 교사의 활동에 놀이적 요인을 반영하세요

교사가 계획한 활동에 어떻게 하면 유아가 중심이 될 수 있을지, 놀이적 요인*을 어떻게 하면 더 담아낼 수 있는지에 대한 고민을 해봤어요. 교사가 계획한 활동은 크게 두 가지로 나눌 수 있어요. 교사는 주제와 관련하여 필요하다고 생각되는 활동이나 법적으로 요구되는 활동을 계획할 수 있어요. 그리고 유아의 놀이나 일상생활을 잘 관찰하여 유아의 배움을 지원하거나 연계할 수 있는 활동을 할 수 있어요. 여기서 중요한 점은 유아의 흥미와 무관한 활동을 교사가 무리하게 계획하거나 실행하지 않는다는 점이에요.

교사가 계획한 활동에 놀이적 요인을 반영하는 방법을 조금 더 쉽게 알려드리

---

* 『놀이 2017』, 경기도교육청(2017)에서는 놀이적 요인을 즐거움, 몰입, 선택, 주도성, 과정지향성으로 정의했다.

고자 놀이모형*을 만들어봤어요. 단, 유아의 반응이나 흥미는 상황에 따라 다르기 때문에 제시된 모형대로 흘러가지 않을 가능성이 높아요. 활동을 계획할 때 적절히 참고하시면 좋을 것 같아요.

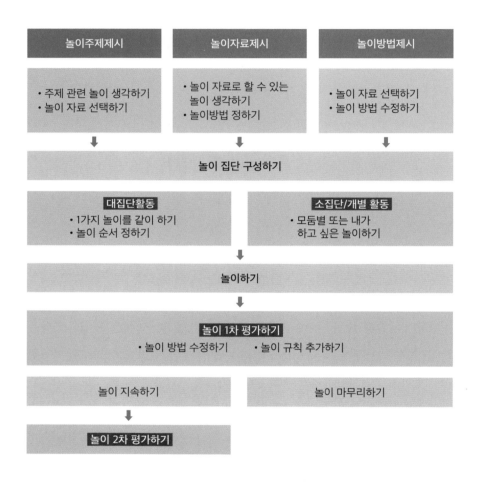

---

* 『즐거움과 배움과 성장이 있는 놀이중심 교육과정』, 정나라, 정유진(2019), 73쪽

교사는 유아의 발달수준과 흥미, 경험을 반영하여 놀이주제, 놀이자료, 놀이방법 등을 계획할 수 있어요. 교사가 계획한 놀이 안에서 유아에게 주도권을 주며 유아의 생각을 반영해 줄 수 있는 부분이 없는지 최대한 고민하는 거예요.

놀이주제제시
• 주제 관련 놀이 생각하기 • 놀이 자료 선택하기

먼저, 교사가 놀이 주제를 제시했다면 유아가 주제와 관련된 놀이를 생각해보거나 놀이자료를 선택할 수도 있어요. 예를 들어 "원에서 하는 물놀이"라는 주제에 아이들이 풀장에서 물놀이하기, 물총놀이, 볼풀공 넣어 던지기 놀이 등의 놀이방법을 생각해냈어요. 그리고 물총, 볼풀공, 탱탱볼, 물풍선, 주방놀이 도구 등 놀이자료도 함께 준비했어요. 준비한 자료는 유아가 놀이 중에 선택해서 사용할 수 있어요. 이처럼 교사 혼자 계획할 때보다 아이들의 생각을 넣으면 더욱 재미있는 활동을 할 수 있어요.

놀이자료제시
• 놀이 자료로 할 수 있는   놀이 생각하기 • 놀이방법 정하기

둘째, 놀이자료를 교사가 제시하면 이 자료로 할 수 있는 놀이를 생각해보거나 놀이방법을 정해볼 수 있어요. 예를 들어 교사가 에어캡을 자료로 제시하자 아이들이 에어캡으로 터트리기, 에어캡 보물찾기, 자유롭게 만드는 놀이를 제안하였고, 아이들이 원하는 방법에 따라 소집단 및 개별로 활동을 진행할 수 있어요.

놀이방법제시
• 놀이 자료 선택하기 • 놀이 방법 수정하기

셋째, 교사가 놀이방법을 제시한다면 아이들이 놀이자료를 선택할 수 있고 놀이 방법을 수정할 수도 있어요. 예를 들어 볼링을 한다면 무엇을 이용해서 볼링을 할 것인지, 아이들이랑 의견을 나눠보고 교실에 있는 여러 가지 물건을 이용할 수 있어요.

또는 공을 굴려서 볼링을 할 건지, 공을 맞춰서 넘어뜨릴 것인지 아이들이 놀이 방법 자체를 바꿀 수도 있어요.

유아의 발달수준과 경험, 원의 상황과 환경 등에 따라 융통성 있게 선택의 범위를 조정해요. 교사가 놀이방법을 제시했을 때 유아는 놀이자료를 선택하거나 규칙을 정해볼 수도 있고, 놀이자료만 선택해볼 수 있어요. 또는 교사가 놀이방법과 규칙을 제안하고, 유아는 놀이자료와 집단 구성을 선택할 수도 있어요. 이렇듯 교사가 여러 가지 상황과 요인들을 고려하여 유아가 할 수 있는 놀이로 선택의 범위를 조절할 수 있어요.

놀이가 정해졌다면, 대집단으로 한 가지 놀이를 할 것인지, 아니면 소집단 또는 개별로 자기가 하고 싶은 놀이를 할 것인지 교사 또는 유아가 선택할 수 있어요. 대집단으로 하고 싶은 놀이가 여러 가지라면 놀이의 순서도 유아와 정해볼 수 있어요. 교사는 유아의 놀이를 관찰하면서 적절하게 지원하면 돼요.

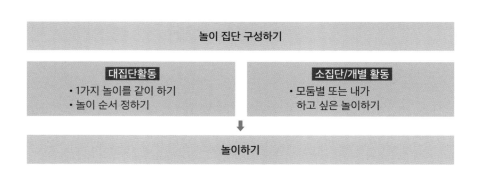

활동 후에는 놀이를 계속할 것인지, 아니면 마무리할 것인지 유아들과 정해요. 놀이를 지속할 경우에는 놀이방법이나 자료를 변경하거나 규칙을 추가할 수도 있어요.

놀이 1차 평가하기
• 놀이 방법 수정하기 • 놀이 규칙 추가하기

놀이 지속하기	놀이 마무리하기

↓

놀이 2차 평가하기

　놀이모형은 기본적인 예시일 뿐 상황과 환경에 따라 여러 가지 유형으로 바뀔 수 있어요.

　교사가 거의 모두 준비하긴 했지만 아이들은 결혼식 놀이에 즐겁게 참여했고, 신랑이나 신부의 역할을 아이들이 정해보는 등의 선택권을 줬다면 그 자체만으로도 큰 의미가 있다고 생각해요. 또한 활동 평가를 하면서 유아 중심으로 이루어졌는지 고민을 하는 것 자체가 유아·놀이중심 교육과정으로 나아가는 과정이에요. 이러한 과정이 있는 후에는 더 많은 부분을 유아가 선택해 나가며 다시 결혼식 놀이가 진행될 수 있어요

　그리고 아이들의 성향이나 학급의 분위기에 따라 유아 주도 놀이의 범위에 큰 차이가 있을 수 있어요. 올해처럼 유아 주도의 놀이가 잘되지 않는다면 교사의 활동을 더 많이 계획하되 그 안에서 아이들이 선택하고 주도하는 경험을 늘려주세요.

어떻게 놀이를 지원해야 할지
막막해요

예전에는 동시, 동극, 동화, 게임, 신체표현, 언어, 동요 등 여러 가지 활동 유형을
골고루 경험할 수 있도록 계획을 했었잖아요. 그런데 지금은 자유놀이가 중심이
되다 보니 다양한 유형의 활동 경험은 못하는 것 같아요. 거의 자유놀이와 이야기
나누기가 많은 편이에요. 그리고 아직은 2년차인 까닭에 아이들의 놀이 속 흥미
를 찾아도 그에 맞는 활동들이 바로 떠오르지 않아 어떤 지원을 해야 할지 막막할
때가 있어요.

🖐 아이들의 활동 유형을 분석해보세요

유아·놀이중심 교육과정에서는 균형 있는 계획보다 최소한의 활동으로 유아

의 흥미나 놀이를 지원하는 것을 강조해요. 하지만 한편으로 아이들이 다양한 경험을 해보는 것도 필요하다고 생각해요. 예를 들어 매일 레고 블록만 하는 하준이에게는 만들기나 꾸미기, 그리기도 재미있다는 것을 알려주고 싶을 때가 있어요. 하준이는 자유놀이 시간에는 절대로 만들기를 하지 않아요. 이 경우에 함께하는 활동으로 미술 활동을 계획하면 처음에는 흥미가 없을 수 있지만, 활동을 하다보면 만들기의 재미를 발견할 수도 있어요. 이러한 경험이 쌓이면 나중에는 스스로 만들기에 참여할 수 있어요.

따라서 월말에는 학급의 놀이흐름을 살펴보면서 아이들의 활동 유형을 분석해보는 것도 좋아요. 그 과정에서 아이들이 경험해봤으면 좋겠다고 생각되는 활동 유형이 있다면 활동을 계획하여 지원할 수 있어요.

🗐 다양한 활동을 시도해보세요

모든 아이들의 흥미에 딱 맞는 적절한 활동을 찾는 건 쉬운 일이 아니에요. 대부분의 교사는 아이들의 놀이를 지원할 때 자신의 이전 경험에 비추어 지원하는 경우가 많아요. 봄이 되면 쑥을 캐고 쑥 부침개 요리를 하는 선생님은 매년 아이들과 이 활동을 할 거예요. 저는 아이들이 거미에 관심을 보이길래 바로 거미줄 놀이가 생각났어요. 아이들이 테이프로 교실 전체 공간을 활용해 거미줄을 만들고 그 안에서 여러가지 놀이를 했어요. 이렇듯 교사의 이전 경험이 반영되어 지원하는 경우가 많아요.

2년차 선생님이기 때문에 아직은 아이들의 흥미에 맞게 바로 지원하는 것이 어려울 수 있어요. 이런 경우에는 여러 가지 활동을 하면서 경험을 쌓아가세요. 그 과정에서 아이들과 교사가 재미있었던 활동은 무엇이었는지, 내가 좋아하는 활동 유형은 무엇인지, 나의 관심분야를 유아의 활동에 적용할수 있는 방법은 무엇인지를 생각해보세요. 그런 다음 유아의 흥미와 관련된 활동은 인터넷이나 책으로 찾아 꼭 당일이 아니더라도 다음 날 또는 어느 날에 해볼 수 있어요. 중요한 것은 활동을 하고 난 후 돌아보기에요. 예를 들어 동극을 해봤더니 시간이 많이 걸리고 주의집중이 잘 안됐어요. 그런데 다음날 자유놀이에서 아이들이 그 동극을 하는 걸 봤어요. 동극이 썩 매끄럽게 흘러가지는 않았지만 아이들도 동극에 흥미가 있다는 것을 알게 되어 다음에는 조금 더 짧은 동극을 해봐야지 라고 생각할 수 있어요. 이런 식으로 활동을 해보고 돌아보면서 지원을 이어가는 거예요. 시행착오를 겪으며 다양한 시도를 하다보면 선생님만의 경험이 늘어나게 되고 자연스럽게 아이들의 지원에 반영될 거예요.

놀이 허용을 못하는 나는 부족한 교사인가요?

저는 아이들이 자유롭게 놀이를 할 수 있도록 많이 허용해 주는 편이었어요. 그런데 몇 달 전에 아이가 미끄럼틀에서 떨어져서 팔이 부러졌어요. 제가 가까운 곳에 있었는데도 순식간에 사고가 일어났어요. 아이가 크게 다치고 나니, 또 다치는 아이들이 있을까봐 허용보다 제한을 더 많이 하게 되었어요. 그러다보니 제가 너무 부족한 교사란 생각이 들고 사고에 대한 불안한 마음이 커서인지 아이들이 놀이할 때 마다 "하지 마!", "안 돼" 라며 잔소리를 하게 되는 것 같아요.

😫 교사와 우리 반 유아에 맞게 허용의 범위를 조정 하세요

"선생님은 나빠요. 옛날 선생님은 여기서 뛰어 내려도 괜찮다고 해서 착했는

데 선생님은 안 된다고 하니깐 싫어요."

　제가 조합 놀이대에서는 뛰어 내리면 안 된다고 했더니 아이가 저한테 한 말이에요. 하지만 아이들 키 보다 훨씬 큰 조합 놀이대에서 뛰는 것은 위험해보였기 때문에 아이의 말에 흔들리지 않고 놀이를 제한했어요.

　"미끄럼틀 원통 위로 아이들이 매달려 올라가는데 너무 위험한 거 같아요. 아이들한테 하지 말라고 안 하세요? 아이들 다치면 어떻게 하려고요."

　이 말은 학부모님께서 하신 이야기예요. 사고가 날까봐 걱정하는 학부모님께 아이들이 충분히 할 수 있다고 판단되어 도전해 볼 수 있도록 허용해주되 제가 잘 지켜보고 있으니 걱정 안 하셔도 된다고 말씀드렸어요.

　위험해 보이는 놀이는 무조건 제한하는 것이 맞을까요?
　아니면 어느 정도는 아이들을 믿고 놀이를 허용해주는 것이 맞을까요?
　「2019 개정 누리과정」에서 놀이의 허용과 존중을 강조하니 안전에 대한 교사들의 고민이 깊어졌어요. 놀이를 허용해주는 교사는 왠지 모르게 유아·놀이중심 교육과정을 잘 운영하고 있는 것 같은데 놀이를 제한하는 교사는 자신으로 인해 아이들이 다양한 경험을 하지 못할까봐 미안하고 스스로 부족하다고 여기는 경우가 많아요.

　안전뿐만 아니라 유아·놀이중심 교육과정 안에서는 놀이 허용과 관련된 다양한 문제를 마주하게 돼요. 놀이와 안전에 대한 교사의 철학과 아이들의 성향에 따라 허용과 제한의 정도가 다르기 때문에 누가 맞고 틀리다고 말할 수 없어요. 중요한 것은 교사가 감당할 수 있는 허용의 범위를 스스로 파악해서 아이들의 놀이를 지원하는 것이에요. 이때는 우리 반 아이들의 발달수준과 성향, 학급 전체의 놀이 흐름이나 분위기 등 전반적인 사항들을 고려해야 해요. 예를 들어 전쟁놀이 중에 무기를 가지고 놀다가 부딪히거나 다치지 않을까 걱정이 된다면 전쟁놀이를 제한할 수도 있어요. 이때는 놀이를 제한하는 것이 아니라 놀이의 약속과 질서를 만들어간다고 생각하세요. 안전하게 놀이 할 수 있겠다고 판단되면 아이들과 놀이약속에 대해 이야기를 나누고 허용해줄 수도 있어요. 교사가 어떤 선택을 하든지 놀이 평가를 해보면서 허용과 제한이 우리 반 아이들에게 적절했는지 돌아보세요. 내가 너무 안전에 대해 걱정만 한 것은 아닌지 생각해보고 다칠 것 같다는 두려움을 뛰어넘어 부딪혀볼 수도 있고, 놀이를 지나치게 허용한 것은 아닌지 점검해서 아이들과 약속을 다시 만들어볼 수도 있어요. 놀이 허용의 범위를 넓히는 것이 목적이 아니고, 아이들과 교사에게 맞게 허용의 범위를 넓혔다가 좁혔다가 조정해 나가는 것이 더 중요해요.

㉣ 교사는 놀이의 가치를 알면서도 안전 앞에서는 주저 할 수밖에 없는 게 당연해요

놀이터에 깨진 병조각이 있거나 난간이 녹슬어서 아이들이 도저히 예상할 수 없는 위험이 있다면 당연히 미리 해소돼 있어야 한다. 하지만 아이들이 충분히 인지하고 통제할 수 있는 위험에는 열린 마음을 가질 필요가 있다.

놀다가 긁히고, 까이면서 조금씩 자주 다쳐야 크게 다치지 않는다.

아이들에게는 멍들 권리가 있다. 그러면서 다치지 않는 법을 스스로 터득하게 된다.

오히려 온실 속 화초처럼 안전하게만 자란 아이가 위험이 뭔지 배우지 못해 더 위험하다.

-편해문(놀이터 디자이너)

편해문 선생님의 이 글을 처음 읽었을 때는 '아이들이 위험으로부터 배울 수 있는 기회를 내가 모두 차단한 것은 아니었을까? 아이들이 온실 속 화초처럼 안전하게 자라기를 바란 것이었나?' 등등 교사로서 제 자신을 돌아보며 반성을 많이 했던 것 같아요. 그런데 한편으로는 편해문 선생님은 '교사로서 나의 고충을 알고 계실까' 라는 생각도 들더라고요. 아이가 놀이를 하다가 다치면 교사도 마음이 아프고, 흉터가 남지 않을까 걱정이 되기도 해요. 학부모님께 조심스럽게 상황에 대해 설명하지만 부모님의 속상한 마음이 고스란히 느껴져 죄송하다는 말을 몇 번이나 하게 돼요. 때로는 '아이 다칠 때 선생님은 애 안 보고 뭐하고 있었나?' 는 말 한마디가 교사에게 큰 상처가 되기도 해요. 교사로서 책임을 다하지 못한 것 같아 자책하게 되는 경험이 있으면 긁히고 까이면서 아이들이 자유롭게 노는 것을 허용하기가 힘들어져요. 그래서 교사는 놀이의 가치를 알면서도 안전이라는 큰 문 앞에서 항상 주저할 수밖에 없는 것 같아요.

✏ 놀이 속 안전이 우선이지만 그래도 자신을 다시 한번 돌아봐요

과거에 쌓기 영역과 관련하여 블록을 높이 쌓을 때에는 유아의 키를 넘지 않도록 해야 한다는 규칙이 있었어요. 기억나시나요? 교육부에서 발간한 총론에 놀이 지도 방법이 구체적으로 나와 있었어요. 그렇기 때문에 블록은 아이들의 키를 넘겨 높이 쌓는 놀이는 당연히 안 되는 것이었고, 하지 못하게 했어요. 규칙이 오래된 습관이 되듯 너무나 자연스러웠기에 '블록을 아이들 키보다 높게 쌓으면 왜 안 되는 거지? 아이들도 충분히 할 수 있을 것 같은데 같이 해볼까?' 감히 생각을 바꿀 시도조차 하지 못했어요.

저도 아이들이 다치지 않고 노는 것이 정말 중요하다고 생각해요. 하지만 당연한 것을 당연하지 않게 바라보면서 교사가 본인 스스로와 우리 반 아이들을 바라보는 새로운 시선은 언제나 필요하다고 생각해요. 안전 때문에 아이들에게 너무 규칙만을 강조했던 것은 아닌지, 과도한 규칙들이 유아의 놀이를 방해하고 있는 것은 아닌지 돌아보세요. 교사가 무조건 "하지 마", "안 돼"라고 하기 보다는 아이들과 함께 다치지 않고 재미있게 놀기 위한 방법을 고민해보고 약속을 정하는 건 어떨까요? 때로는 아이들이 할 수 있다는 믿음이 있다면 유아 스스로 자신의 몸을 조절하고 통제할 수 있는 방법을 배울 수 있도록 기다려주세요. 경험해 본 아이들만이 자신을 지키면서 더 안전하게 놀이 할 수 있어요.

🌀 모든 것에 대한 허용이 아님을 기억하세요

유아·놀이중심 교육과정에서 놀이 허용과 유아 존중을 강조한다고 해서 아이들의 놀이나 일상생활에 있어서 모든 것을 허용해주어야 하는 것은 아니에요.

아이들이 삶을 살아가면서 자신이 하고 싶은 모든 것을 하면서 살 수 없어요. 유아·놀이중심 교육과정 안에서 자신이 원하는 것을 선택하기도 하지만 선택이 거절되었을 때 어떻게 해야 하는지도 원에서 배워야 해요. 내가 꼭 하고 싶었지만 할 수 없었을 때 참고 견디는 방법을 배우는 것도 중요해요. 예를 들어 교실에 있는 노트북, 전자피아노 등을 사용하고 싶다고 해서 허용해주었는데 고장이 나서 필요할 때 사용하지 못했어요. 이런 경우에는 아이들에게 충분한 설명을 한 후에 사용을 제한 할 수도 있고, 함께 약속을 정한 후 사용할 수도 있어요. 또한 오전에 바깥활동을 많이 해서 오후에는 쉼이 필요하다고 생각하는데 아이들이 계속 바깥으로 나가자고 해요. 이럴 때 교사가 바깥에서 놀고 온 후에는 적절한 휴식이 필요함을 알려주고 실내에서 놀 수 있도록 해요. 교사가 판단하여 필요하다고 생각하는 부분을 가르치면서 그 안에서 아이들이 허용과 존중을 경험할 수 있는 여건을 마련해주는 것이 필요해요.

하루를 잘 논 아이는 짜증을 모르고, 10년을 잘 논 아이는 마음이 튼튼하다. 음식을 고루 먹어야 건강하게 자라듯이 놀이 밥도 꼬박꼬박 먹어야 건강하게 자랄 수 있다.

- 편해문, 『아이들은 놀이가 밥이다』 中

　놀이가 매일 먹는 밥처럼 아이들의 일상이 되어야 한다고 생각해요. 교사가 아이들이 건강하고 안전하게 자랄 수 있도록 놀이 밥 한 그릇을 맛있게 담아주는 건 어떨까요? 때로는 아이들의 놀이 속 신나는 모험과 도전도 편안한 일상으로 바라볼 수 있기를 바라봅니다.

즉각적으로 자료를 지원하기
어려워요

아이들이 필요하다고 요구하는 자료를 바로 지원해주고 싶은데 쉽지 않은 거 같아요. 원에 있어도 교실과 자료실까지 거리가 있어서 아무리 빨리 갔다 온다고 해도 아이들만 교실에 두고 가는 게 안 될 것 같고, 원에 없는 자료는 사려면 며칠이 걸리는데 그 사이에 아이들의 흥미는 사라져 버려요.

😊 아이들에게 즉각적인 자료 지원이 어려운 상황을 설명해주세요

아이들이 원하는 자료가 자료실에 있거나 또는 원에 없어서 바로 자료를 지원해 줄 수 없는 상황에 대해 유아가 이해할 수 있도록 설명해주세요.

"희정아, 네가 원하는 자료는 자료실에 있어. 그런데 자료실은 교실과 좀 멀어서 너희들만 교실에 두고 다녀오기가 어려워. 선생님이 오후에 준비해주면 어떨까?"

"다예야, 네가 원하는 자료가 원에 없는 것 같아. 선생님이 오늘 구입해서 택배를 받으려면 며칠 있어야 하는데 그때까지 기다려 줄 수 있겠니?"

아이들과 약속을 하면 잊지 않도록 기록해두었다가 꼭 그 자료를 제공해주세요. 이건 아이들과의 약속이고, 교사와 유아간의 신뢰를 쌓는 단추라는 것을 잊지 마세요. 작은 일이라도 약속을 잘 지켜줘야만 다음에 유사한 상황에서도 선생님의 말을 믿고 기다릴 수 있어요.

㉑ 유아가 원하는 자료를 대체할 수 있는 물건을 교실에서 찾아보세요

유아가 필요로 하는 자료를 모두 제공해주기도 어렵고, 원의 사정에 따라서는 바로 물품을 구입하기 힘들어요. 이럴 때는 교실에 있는 물건을 활용할 수 있어요. 선생님과 함께 대체품을 찾아볼 수도 있고, 못 찾는 경우에는 선생님이 먼저 대안을 제시해볼 수도 있어요.

"한결아, 지금 그 자료가 교실에 없는데, 교실에 있는 것 중에 비슷한 걸 찾아볼까?"

"선생님은 이것도 두꺼운 종이라서 박스 대신 사용할 수 있을 것 같은데 네 생각은 어때?"

㉑ 교실이나 복도에 미니 자료실을 만들어 보세요

유아들은 자료의 이름을 알지 못하거나 정확하게 무엇이 필요한지 충분히 전달하지 못하는 경우가 많아요. 이때 미니 자료실이 있다면 여러 가지 자료들을 살펴보면서 필요한 자료를 쉽게 찾을 수 있어요. 교실이나 복도 등 유휴공간이 있는지 살펴보고 미니 자료실을 만들어 유아들이 원할 때마다 이용할 수 있도록 해주세요.

☺ 설명을 해줘도 계속 떼를 쓰거나 우는 경우 어떻게 해야 할까요?

아이들이니까 당연히 그럴 수 있어요. 하지만 세상을 살아가면서 필요로 하는 모든 걸 가질 수는 없어요. 때론 자신의 요구가 거절될 수 있고, 기다려야 한다는 것을 이러한 시간을 통해 천천히 배워나가야 해요. 그러니 아이들이 이해할 수 있을 때까지 이야기를 하면서 도움을 줘야 해요. 그러다 보면 처음에는 속상해 하던 아이들도 점차 상황을 받아드리고, 자신만의 방법을 찾아나갈 거예요. 놀이 뿐만 아니라 일상생활 속 이 모든 과정이 아이들에게는 배움의 과정이에요.

☺ 힘들게 구입해서 줬더니 아이들이 흥미가 사라졌어요

'바퀴로 자동차도 만들고, 경사로에서 자동차를 굴려보는 놀이를 하면 좋겠다.'

자료를 준비하는 데까지 드는 수고로움과 놀이에 대한 기대감으로 교사는 당연히 아이들의 흥미가 지속되기를 기대해요. 그런데 아이들의 흥미는 수시로 변해요. 흥미는 있다가도 사라지고, 사라졌다가 다시 생기기도 해요. 아마 구입해서 배송이 되는 며칠 동안 아이들의 흥미에 변화가 생겼을 거예요. 제공한 자료를 이용해 교사가 흥미를 다시 일으키려고 하지만 쉽지 않죠. 이럴 때에는 유아들이 현재 하고있는 놀이를 지원하고, 구입한 자료는 아이들이 놀이하는 주변이나 교구장에 두세요. 그러면 어느 날 그 자료를 사용해 재미있게 놀이판을 벌이고 있는 아이들의 모습을 발견하실 수 있을 거예요. 또한 교사가 구입한 자료를 활용해 활동을 계획해볼 수도 있어요. 활동을 하다보면 이전 놀이 경험이 되살아나 구입한 자료로 놀이를 이어갈 수도 있어요.

놀이에 관심이 없는 유아는
어떻게 해야 할까요?

만 3세 유아인데 놀이를 거의 하지 않고 교실에 있는 소파에 앉거나 누워있어서 고민이에요. 가정에서는 레고로 놀이를 잘한다고 해서 레고도 준비해 봤지만 큰 흥미를 보이지 않았어요. 책에서는 아이의 흥미를 발견해 지원해주면 놀이가 따라온다고 했는데 이 아이의 관심이 무엇인지 도통 알 수가 없어요. 활동을 하기 싫다고 했지만 이대로는 안 되겠다 싶어서 억지로라도 활동을 시켜봤어요. 역시나 관심이 없고, 싫어하는 표정이 역력해요. 인지적으로 문제가 있는 것도 아닌데 놀이에 관심이 없는 유아는 어떻게 지도하면 좋을까요?

질문과 비슷한 행동을 보이는 아이를 저도 만난 경험이 있어요. 그 아이는 주로 영어 학습을 하는 기관을 다니다가 와서 그런지 아이가 가지고 있는 학습능력은 좋았지만 주어진 것만 했어요. "여기에 머리 붙이세요. 반으로 접으세요." 이렇게 순서가 정해진 활동은 곧잘 하지만, 생각을 해야 하면 교사의 확인을 받으려고 하거나 놀이 자체를 어려워했어요. 만들기를 할 때도 "다음엔 뭐해요? 어떻게 해요? 이거 해도 되요?"라고 끊임없이 물어봐요. "네가 원하는 대로 해봐"라고 말하면 아이는 주저하고 망설여요. 정해진 학습 중심의 활동만 하다 보니 스스로 생각을 꺼내지도 못하고, 자신이 원하는 대로 놀이를 하는 것도 어려워한다는 생각이 들었어요.

그래서 놀이시간에 해당 유아가 참여할 수 있는 적절한 활동을 준비했어요. "같이 해보자. 할 수 있어. 네가 할 수 있는 부분까지 해보렴. 안 되는 부분은 옆에서 조금씩 도와줄게"라고 격려하면서 활동을 했어요. 처음에는 관심 없는 표정을 보이거나 '하기 싫어요. 저 이거 안 좋아해요'라고 표현하기도 했어요. 아이는 익숙하지 않으면 무조건 어렵다고 포기했어요. 실수하면 안 된다는 생각에 거부감이 있는 것 같았어요. 아이가 싫어하더라도 무엇이든지 해보는 경험이 필요하다고 여겨져 계속 활동을 했어요. 시간을 여유롭게 줘서 끝까지 할 수 있도록 기다려주기도 하고, 친한 친구와 함께 활동을 하기도 했어요. 이러한 놀이 경험이 조금씩 쌓여갔을 때 "가족 얼굴 만들어 보니 어땠어?"라고 묻자 아이는 "그래도 재미있던데요."라고 답했어요. 제가 너무 기뻐서 '그럼 하나 더 만들어 볼까' 제안했더니 바로 싫다고 거절당했지만, 아이는 "생각보다 괜찮네, 할 수 있네"라는 자신감을 갖게 된 것 같아요.

유아의 입장에서 원인을 파악하여 적절한 지원하기

이렇듯 아이가 놀이에 흥미가 없고 일상생활에 무기력한 모습을 보이는 이유가 무엇인지 파악해서 그에 맞는 지원을 해주는 것이 필요해요.

만 3세라서 원이 낯설어 적응을 하지 못한 것일 수도 있고, 자신이 좋아하는 놀잇감이 없어서 관심 자체가 없을 수도 있어요. 또는 아무것도 안하고 있을 때 교사나 친구들이 관심을 가져주니까 그 반응이 좋아서 보이는 행동일 수 있어요. 가정에서 불규칙한 생활패턴으로 인해 원에 오면 피로감을 느끼는 경우일 수도 있고, 그동안 교사에 의한 놀이나 활동을 하다가 갑자기 자유로운 분위기에 적응하기 어려운 것일 수도 있어요. 이 외에도 다양한 원인이 있을 수 있기 때문에 유아의 행동을 관찰하고 아이 및 학부모님과 지속적인 대화를 하면서 해결하려는 공동의 노력이 필요해요.

집단 활동에 참여하지 않는
아이들은 어떻게 해요?

봄에 하고 싶은 놀이에 대해 함께 이야기를 나누다가 다 같이 캠핑놀이를 하기로
정했어요. 그런데 두 명의 아이가 캠핑놀이를 하고 싶지 않다는 거예요. 그래서 하
고 싶은 놀이가 무엇인지 물어보고 그 놀이를 하라고 했더니 대여섯 명의 아이들
도 그들을 따라서 하지 않겠다고 하더라고요. 모두 함께 역할을 나누고 캠핑놀이
를 하려고 했는데 일부 아이들이 빠져서 결국 대집단 활동은 못 했어요. 이런 경우
에는 억지로라도 활동에 참여시켜야 할까요? 아니면 유아들의 선택을 존중하고
자신의 놀이를 하도록 해야 할까요?

이전에는 교사가 계획한 대집단활동을 할 때 "다른 놀이 하고 싶어요", 혹은

48   놀이중심 교육과정 119

"안 하고 싶어요"라고 말하는 아이들은 거의 없었어요. 물론 중간에 "언제 끝나요? 이거 끝나고 팽이놀이 해도 되요?"라고 묻는 유아들이 있긴 했지만 활동은 당연히 해야 한다고 생각했어요. 그런데 놀이뿐만 아니라 일상생활 속에서 유아의 의견을 들어주고, 허용하는 분위기를 조성하자 아이들은 자신의 생각을 이야기하기 시작했어요. 교사가 계획한 활동이라도 하고 싶지 않으면 분명하게 의사표현을 했어요. 좋은 변화라고 생각하지만, 한편으로는 선생님의 고민이 커지는 순간이기도 해요. 교사 입장에서 보자면 유아의 의견을 최대한 반영해주고 싶지만, 계획한 활동을 통해 새로운 경험을 주고 싶기도 하니까요.

㉣ 교사가 준비한 놀이 속에서 아이들이 선택할 수 있는 기회를 제공해요

교사가 모든 유아들에게 캠핑에 대한 경험을 주기로 목표를 세웠다면 다른 놀이를 하겠다고 말하는 유아들도 캠핑놀이에 참여시킬 수 있어요. 대신에 텐트는 어떤 위치에 설치하고 싶은지, 캠핑놀이를 할 때 어떤 음식을 준비하고 싶은지 등 캠핑놀이 속에서 아이들이 하고 싶은 놀이나 자료를 선택할 수 있는 기회를 줄수 있어요.

㉤ 희망하는 유아만 놀이를 할 수도 있어요

어제에 이어 팽이로 놀이를 하고 싶은 유아가 있어요. 그런데 오늘은 캠핑놀이를 하자고 하면 "선생님 언제 캠핑놀이 끝나요? 이제 맘대로 놀아도 되요?"라고 몇 번이고 물어요. 교사가 "그래"라고 답해주기가 무섭게 아이는 팽이를 만들어요. 이 아이는 교실 이곳저곳을 다니며 어느 바닥에서 팽이가 잘 도는지 알고 있고, 더 빨리, 오래 돌리기 위해서는 어떻게 해야 하는지 발견하면서 경험을 쌓고 있어요. 이렇듯 교사가 억지로 끌고 가는 것보다 자신이 하고 싶은 놀이를 선택하고 주도할 때 찐 배움을 만들어갈 수 있어요. 그래서 아이들이 원하지 않는다면 캠핑놀이를 희망하는 일부 유아들만 데리고 활동을 진행 할 수 있어요. 캠핑놀이가 재미있다면 어느 순간 다른 아이들도 참여할 거예요

그런데 이렇게 일부 아이들만 데리고 활동을 하면 '혼자 노는 아이는 소외되지 않을까?', '교사의 손길이 많이 못 미쳐 배움에서 제외되지 않을까', '교사의 지원이 부족하지 않을까?' 등과 같은 불안감이 생겨요. 그런데 아이들은 유능한 놀이능력으로 놀이 속에서 배우고 있기때문에 교사의 지원이 항상 필요한 건 아니에요. 가끔은 교사의 지원이 방해가 될 때도 있고, 가시적으로 보이는 지원 외에도 한발 뒤에서 미소를 짓거나 고개를 끄덕이는 등 정서적 지원만으로도 충분할 때도 많아요. 그래서 교사가 모든 유아를 지원해줘야 한다는 부담감을 내려놓는 것도 필요해요.

그리고 캠핑놀이를 안 하고 싶다고 분명히 의사표현을 하는 아이를 보면 다른 아이들도 '내 생각을 이렇게 이야기 할 수 있구나' 라는 생각을 하게 돼요. 거기다 선생님이 아이들의 의견을 존중해주는 경험은 놀이를 계획하거나 일상생활 속에서 자신의 생각을 표현할 수 있는 밑거름이 될 수 있어요.

때로는 교사가 이끌고 갈 수도 있고, 때로는 아이들이 원하는 놀이와 교사가 이끄는 활동을 동시에 가져갈 수도 있고, 때로는 아이들이 원하는 놀이로 운영할 수 있어요. 중요한 것은 우리 반 아이들과 교사에게 맞는 방법을 찾기 위해 다양한 시도를 해봐야 한다는 것이에요. 그 과정에서 "아 정말 힘들었어. 다시는 못하겠어. 그냥 나는 교사가 이끌어가는 대집단활동으로 할래." 또는 "어라! 우리 반 안 될 줄 알았는데 집단 활동과 놀이가 동시에 잘 이루어지네?" 등 할 때마다 선생님의 생각을 기록해 두세요. 수많은 시행착오를 겪다보면 유아의 흥미에 따라 집단 활동을 어떻게 해야 할 것인지 답을 찾을 수 있어요.

아이들의 의견을 반영한
마인드맵 활동이 잘 안 돼요

아이들의 의견을 반영해서 계획을 하려고 봄에 하고 싶은 놀이를 이야기해보는 마인드맵 활동을 했어요. 그런데 봄과 관련된 놀이는 하나도 나오지 않고, 엄마 아빠놀이, 전화기놀이, 아이링고로 로봇 만들기 등 자기들이 하고 싶은 놀이만 이야기해요. '봄'이라고 정중앙에 적어놓은 글자가 무색할 정도로 흐지부지 활동이 끝나버렸어요. 봄에 관심이 없으면 봄 관련 활동을 하면 안 되는 걸까요?

아이들의 의견을 반영하려고 했으나 봄과 관련 없는 놀이만 이야기하니 교사 입장에서 당황하셨을 것 같아요. 그런데 또 한편으로는 봄과 관련이 없어도 아이들이 대답을 한 것만으로도 잘했다고 생각하는 선생님도 계실 거예요.

"애들아 봄과 관련해서 하고 싶은 놀이가 있니?, 봄이 오면 친구들과 어떤 놀이를 할까?"라고 물었는데 돌아오는 건 "…." 아이들은 왜 봄과 관련 없는 놀이를 이야기하거나 답을 하지 못했을까요?

보통 4월에 '봄'과 관련한 놀이를 해요. 연령에 따라 차이는 있겠지만 3월은 유아들이 원에 적응을 하고, 교사와 친구들과 관계를 맺는 것에 중점을 둬요. 그래서 주도적인 놀이보다는 교사가 준비한 활동을 많이 해요. 선생님이 알려준 방법에 따라 화장실도 가보고, 줄도 서보고, 이름표도 꾸몄어요. 그런데 4월에 갑자기 '봄'에 하고 싶은 놀이를 물어보니 유아 입장에서도 당황스러웠을 거예요. 한 가지를 주제를 중심으로 생각을 모아본 경험이 없어서 무엇을 이야기해야 할지 몰랐을 거예요. 거기다 '봄'이라는 계절이 어른들에게는 쉬운 단어일 수 있지만, 유아들에게는 봄이라는 계절보다 지금 볼 수 있는 꽃, 나비, 벌, 따뜻한 날씨 덕분에 매일 할 수 있는 바깥놀이 등이 더 먼저 다가왔을 거예요. 내가 좋아하는

<아이들이 스티커로
3~5월 놀이 평가하기>

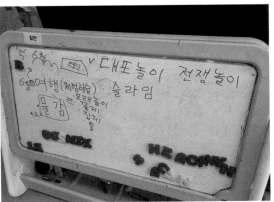

<6월 더 하고 싶은 놀이 선정하기>

놀이나 더 필요한 자료들을 이야기해볼 수 있어요. 우리 반의 경우에는 3~5월에 어떤 놀이들을 했는지 살펴본 후, 그 중에서 더 하고 싶은 놀이를 그림이나 말로 표현해보고 6월 계획에 반영했어요.

6월 행복반 놀이속삭임

○○ 유치원/어린이집

"선생님, 바다가 보이는 곳에서 캠핑을 하고, 피자를 먹고, 사탕을 9개 가져가요"라고 말하며 그림을 보여주었습니다. 그래서 행복반 전체 아이들에게 의견을 물었고, 바다가 보이는 곳에서 친구들과 미니캠핑을 계획했습니다.
놀이평가를 통해 행복반 친구들이 해보고 싶은 재미있는 놀이인 물감놀이, 전쟁(대포)놀이를 계획하고, 아이들이 놀이 할 수 있는 놀잇감을 제공하고, 적극적으로 놀이를 만들어가는 행복반 아이들을 모습을 기대해보려고 합니다. 또한 지난주부터 계속 진행 중인 마트놀이를 온;프로젝트와 함께하여 진짜 물품으로 해보려고 합니다.
6월에도 너무 즐거워서 유치원에 매일 가고 싶도록 행복하게 보내겠습니다.

6월 선생님과 함께하는 즐거운 활동

- **마트놀이**: 어떤 물건을 구입 할 것인지 계획세우기, 간판 꾸미기, 물건 가게별로 분류하기
  물건 사보기, 물건을 팔아보기, 나의 가게 선택하기
- **물감놀이(물감day):** 다양한 종류의 물감을 활용해 놀이해보기(물감으로 탱탱볼 만들기, 물감
  색의 변화 살펴보기, 물감 주사기와 호스로 실험하기, 물감 스프레이로 그림그리기 등)
- **다양한 길이와 모양의 원통 제공:** 경사에 따른 물체의 변화 관찰 실험
- **미니캠핑:** 율포 솔밭에서 친구들과 캠핑 놀이하기
- **전쟁놀이(대포놀이):** 대포를 만들 원통, 군인 옷, 전투기, 장갑차 장남감 제공
- 안전교육 (캠핑·모래놀이시 지켜야 할 안전, 스마트폰 중독교육, 교통안전 캠페인 등)

특색) 어울림	마트놀이, 장난감day	온; 프로젝트	마트놀이, 학부모연수, 키즈카페

※ 유아들의 흥미와 관심을 우선하며, 계획된 활동은 수정 될 수 있습니다.

<아이들의 의견을 6월 월간교육계획에 반영하기>

그리고 7월에는 '여름'이라는 주제로 마인드맵 활동을 했어요. 주제는 '여름'이었지만 아이들에게는 "요즘 날씨가 어떠니?, 혹시 이렇게 점점 더워지는 날 하고 싶은 것이 있나요?"라고 묻고 자신의 생각을 포스트잇에 그릴 수 있도록 했어요. 그림으로 표현하는 것이 서툰 아이들에게는 여름과 관련된 그림(수박, 수영, 부채, 얼음 등)을 보면서 하고 싶은 놀이를 떠올려볼 수 있도록 했어요. 아이들의 의견을 반영해 7월 월간교육계획을 세웠어요. 100퍼센트 실천하지는 못했지만, 자신들의 생각이 놀이로 이어지는 경험을 통해 유아가 존중받는다고 느꼈고, 더 많은 생각을 꺼낼 수 있는 밑거름이 되었어요.

<7월 '여름'에 하고 싶은 놀이 모으기>

팝콘을 준다고 해서 저절로 벚꽃을 만들어 보자는 이야기가 나올 수 없어요. 옥수수를 냄비에 넣고, 팝콘이 만들어지는 과정을 살펴보고 맛도 보고 나무에 붙여본 아이들은 금방 벚꽃을 떠올리는 것처럼 경험이 필요해요. 또한 주제를 놓고 마인드맵을 만들어가는 과정을 어려워한다면 교사가 몇 가지 의견을 제시해주다가 점차적으로 유아의 생각으로 채워갈 수 있어요. 예를 들면 "봄에는 벚꽃이 많이 피는데 벚꽃으로 할 수 있는 놀이가 있을까?", "따뜻해진 날씨에 바깥(놀이터)에서 해보고 싶은 것이 있니?" 등 구체적으로 아이들에게 제안을 해보면서 마인드맵을 채워볼 수도 있어요.

마지막으로 만 3, 4세 유아에게는 마인드맵 활동 자체가 어려울 수 있어요. '봄'이라는 계절에 대한 개념도 없고, 이에 대한 흥미도 적기 때문에 벚꽃, 진달래보다 엄마 아빠놀이, 로봇, 블록 놀이가 더 재미있어요. 이때는 마인드맵보다 유아가 하고 싶어 하는 놀이와 주제와 관련된 활동을 함께 계획해서 유연성 있게 실천하세요.

몇 명의 유아가 주도하는
우리 반 놀이 괜찮을까요?

우리 반에는 놀이주도성이 높은 아이들이 다섯 명 정도 있는데 이 아이들이 하는

놀이가 학급의 놀이가 되는 경우가 많아요. 놀이 리더 몇 명이 선택한 놀이를 중심

으로 진행되다 보니 일부 아이들은 무작정 따라가거나 소외되기도 해요. 그리고

놀이는 놀이 리더의 관심과 흥미가 다른 것으로 바뀌게 될 때 보통 끝나요. 소수의

놀이 리더가 이끌어가는 우리 반의 놀이 괜찮은 걸까요?

우리반 아이들의 놀이를 자세히 살펴보세요

놀이주도성이 높은 몇 명의 유아에 의해 교실 전체의 놀이가 바뀌는 상황이라

면 다른 유아들의 놀이를 유심히 살펴볼 필요가 있어요. 놀이를 더 하고 싶었는

데 놀이리더가 갑자기 정리를 하거나 놀이 주제를 바꾼 경우 또는 놀이 리더가 장난감을 빌려달라고 해서 거절하지 못한 경우 등 놀이가 너무 일방적으로 흐르거나 방해를 받고 있는 것은 아닌지 살펴보세요. 대부분 놀이를 이끄는 유아들은 항상 재미있는 놀이를 하기때문에 친구들로부터 인기가 많고, 함께 놀고 싶은 대상이기도 해요. 따라서 유아들은 자신의 놀이가 중단되더라도 그 아이와 놀고 싶어서 원치 않는 놀이나 역할을 할 수 있어요. 그런 경우에는 서로의 마음을 생각해볼 수 있는 기회를 주세요.

놀이를 주도하는 친구들에게는 모든 친구들이 각자 하고 싶은 놀이가 다를 수 있고, 갑자기 하고 있던 놀이를 정리하면 더 놀고 싶은 친구들은 속상할 수 있다고 이야기해주세요. 그리고 놀이가 중단되어 속상한 아이들을 공감해주는 한편, 더 놀고 싶은 마음을 표현해야 친구들이 알 수 있다는 걸 말해주세요.

개별 유아의 성향 맞춰 지도하세요

놀이 리더는 중요하거나 좋은 역할, 재미있는 놀잇감을 차지할 때가 많아요. 예를 들어 엄마, 아빠놀이를 하면 엄마나 첫째 언니 역할, 가게 놀이 할 때는 주인, 전쟁놀이를 할 때는 가장 힘이 강한 역할이나 무기는 놀이리더가 하는 경우가 많아요. 모든 아이들이 서로 하고 싶은 역할을 바꿔가며 놀이하면 좋겠지만 놀이리더만 좋은 역할을 계속하는 경우 교사는 어떻게 해야 할지 고민하게 돼요.

이럴 때에는 아이들마다 가진 성향과 상황에 대한 파악을 먼저 해야 해요. 놀이를 이끄는 유아들은 적극적이고 활발해요. 그렇게 태어났을 수도 있고, 가정환경, 부모의 양육태도, 출생순위, 놀이경험 등 유아를 둘러싼 여러 요인에 의해 영향을 받을 수도 있어요. 이런 유아들은 친구들 앞에 나와서 발표를 하거나 모둠 속에서 활동을 이끌어나가는 것을 좋아해요. 또한 놀이 속에서 활발한 상호작용을 통해 놀이를 만들어가는 힘도 많아요. 그런 반면 부끄러움을 많이 타고, 소극적이며 목소리도 작고 주목받는 것을 불편해하는 아이들이 있어요. 보통은 놀이를 이끌어가는 아이들을 따라 놀이를 하거나 혼자 놀이를 하는 경우가 많아요.

이렇게 우리 반 아이들의 놀이 모습 속에서 각자가 가진 성향을 파악한 후 여러 가지 지원 방법을 찾을 수 있어요.

먼저 놀이를 이끄는 유아와 놀이를 따라가는 유아가 서로 역할을 바꿔볼 수 있도록 기회를 줄 수 있어요. 놀이를 따라 가는 유아도 놀이를 이끄는 친구가 되고 싶은 마음이 있다면 교사가 놀이 속에 들어가 지원해줄 수 있어요. "사랑아, 이번에는 역할을 바꿔서 희정이도 할 수 있게 해보자"라고 이야기 해볼 수도 있고, 각자가 동일한 역할을 하면서 의도적으로 해야 할 일을 나눠줄 수 있어요. 예를 들어 마트 놀이를 하는데 두 명 다 주인을 하되 희정이는 돈을 받는 사람, 사랑이는 물건을 파는 사람으로 역할을 나누어 주인 역할을 할 수 있어요.

반면에 유아들 중에는 앞에 나서는 것보다 놀이를 따라가는 것이 조금 더 편하고 재미있는 유아들이 있어요. 선생님에게 누군가 무대에서 노래를 해보라고 하면 어떨까요? 좋아하는 분도 계시겠지만 저는 무대 위에 올라가는 게 부끄러워서 손사래를 치며 싫다고 할 것 같아요. 마찬가지로 유아가 주도하는 것보다 놀이를 따르는 것이 편하다고 한다면 관찰하면서 기다려줄 필요가 있어요. 엄마가 되어 놀이를 주도해보라는 선생님의 도움이 아이에게는 스트레스가 될 수도 있고, '나는 잘 못해'라는 생각으로 놀이를 이끄는 경험을 스스로 포기할 수도 있어요.

그리고 놀이를 이끄는 유아가 엄마를 하고, 놀이를 따르는 유아가 아기를 하고 있는 상황에서 아기 역할만 하는 게 아니에요. 아기를 하면서도 엄마 역할을 관찰하고, 같이 이야기를 나누면서 놀이의 힘을 기르고 있는 중요한 과정 중에 있어요.

　몇 명의 유아들로 놀이가 주도되는 특수한 상황이라면 아이들 각자가 가진 성향과 놀이스타일을 파악하여 적절한 지원을 하고, 변화무쌍한 우리 반 아이들의 놀이모습에 귀 기울이려는 노력을 많이 해야 해요.

놀이할 때마다 선생님을 찾는
만 3세 아이들 어떻게 해야 할까요?

만 3세반을 맡고 있는데 아이들이 저를 너무 많이 찾아서 고민이 돼요. 자동차 놀이를 하자고 해서 그 놀이를 하고 있으면 멀리서 미용실 놀이하는 친구가 손님 해 달라고 해요. 그래서 미용실 손님으로 머리를 한 후에 적절한 순간에 놀이에서 빠져 나오면 아이들도 놀이를 그만두고 저를 따라다녀요. 그리고 잘 놀고 있던 아이들도 "왜 선생님은 나랑은 안 놀아 줘요?"라는 이야기를 하기도 해요. 놀이 지속 시간도 짧은데 많은 친구들이 같이 놀자고 하니까 놀이 관찰이나 기록도 어려운 상황이에요. 어떻게 하면 좋을까요?

만 3세 아이들은 선생님과 같이 놀고 싶어서 선생님 다리나 옷에 매달려 졸졸 따라다니는 경우가 많아요. 특히 3, 4월에는 정말 1초에 한 번씩 선생님! 선생님! 뒤돌아보면 또 선생님! 여기저기에서 불러대는 "선생님" 소리에 대부분 정신이 없어요. 거기다 함께 놀이하며 유아 스스로 놀수 있는 환경을 어느 정도 만들어 주었는데, 교사만 빠지면 놀이의 흐름이 깨지거나 사라져버려요. 그래서 교사는 놀이가 계속 진행이 되지 않는 이유가 무엇인지 고민하게 되었고, 놀이를 기록할 수 없으니 유아·놀이중심 교육과정을 잘 실천하고 있는 것인지 불안하기도 했을 거예요.

☷ 만 3세 아이들은 왜 교사와 함께 놀고 싶어 할까요?

3월, 만 3세 유아들에게는 모든 것이 새로워요. 새로운 원, 새로운 친구, 새로운 선생님, 새로운 교실. 이 낯선 환경에서 아이들의 마음은 어떨까요? 이 글을 읽고 있는 선생님은 낯선 환경에서 어떤 마음이 드시나요? 어른들도 새로운 공간이나 환경을 만나면 불안해요. 그런데 이 낯선 환경에서 조금이라도 아는 사람이 있다면 어떨까요? '나 혼자서는 좀 그랬는데 너라도 있으니 진짜 다행이다' 라며 서로 의지하며 불안한 마음은 조금 내려놓게 돼요. 아이들도 같아요. 모두 다 새로운 것뿐인 낯선 환경에서 그나마 믿을 수 있는 사람을 찾는데 그 존재가 바로 선생님 인 거예요. 그러다보니 선생님을 따라 다니거나 옷자락, 다리라도 붙잡고서 불안한 마음을 잠시나마 내려놓는 거예요. 아이들도 본능적으로 노는 것보다 편안한 마음을 갖는 것이 우선이라 선생님 가는 곳마다 따라가는 것이랍니다. 그래서 놀이도 교사와 함께 하고 싶어 하는 거예요.

☷ 관계 형성을 위한 활동을 해 보세요

이럴 때는 유아 주도 놀이를 줄이고 관계 형성을 위한 활동 시간을 늘려보세요. 승패가 갈리거나 복잡한 활동 보다는 쉽고 재미있는 놀이를 준비하세요. 예를 들면 수건돌리기, 친구에게 스티커 붙여주기, 동대문 놀이, 가위 바위 보를 통한 기차 만들기, 무궁화 꽃이 피었습니다, 숨바꼭질, 술래잡기 등을 할 수 있어요. 3월은 기본생활습관도 중요하지만 이렇게 교사와 친구들과 친밀감을 형성할 수 있는 놀이를 통해 원에 빨리 적응하는 게 중요해요. 이렇게 교사와 함께하는 활동을 많이 하다가 점차적으로 아이들끼리 놀이를 할 수 있는 시간을 늘려가는 것도 하나의 방법이에요.

☺ 이제 적응도 끝났는데 계속 교사만 찾아요

4월, 5월이 되었는데도 계속 선생님만 찾는다면 아마도 선생님이 아이들의 눈높이에 맞춰 잘 놀아줬기 때문이에요. 선생님과 관계가 좋기 때문에 선생님과 노는 것 자체가 아이들에게는 즐거움이고 행복이에요. 이 때 아이들끼리 놀이를 하도록 도와주고 싶다면 아이들에게 충분히 설명을 해주세요. 일방적으로 "아니야, 선생님은 바빠. 너희들끼리 놀아", "지금부터 선생님을 찾지 않는 거에요"라고 말하기 보다는 함께 놀지 않아도 멀리서 놀이를 바라보고 있음을 이야기해주세요.

"선생님 블록으로 같이 집 만들어요." "전에 만들었던 집도 멋있었는데 오늘 만들 집도 기대가 되는데. 그런데 선생님은 지금 아기를 하고 있어서 당장 갈 수가 없어. 우선 놀이하고 있으면 중간에 갈게. 블록으로 집 만든 후에 선생님과 친구들에게 꼭 소개해줘."

"선생님은 한 사람인데 너희들과 모두 놀아주기는 어려워. 도움이 필요할 때는 언제든지 이야기해줘. 선생님은 여기서 보고 있을게."

"초롱이한테 손님 해달라고 해볼까? 초롱이에게 부탁하는 것은 선생님이 도와줄 수 있어."

아이들에게 말로 설명을 했다면 이제는 교사가 놀이에서 한 발짝 물러서는 연습을 해야 해요. 처음에는 아이들이 아무것도 안 하고 앉아 있는 모습을 보면 아이들의 부탁을 거절한 것 같아 마음이 불편할 수 있어요. 하지만 점차 아이들이 스스로 놀이하는 힘을 꺼내서 노는 모습을 볼 수 있을 거예요. 이 모습을 발견했다면 즉시 혹은 놀이 평가시간에 격려해 주세요.

🖏 만 3세의 놀이를 아이들의 입장에서 이해해 주세요

만 3세는 태어나서 어린이집에 갈 때까지는 부모의 도움이 있었고, 어린이집에서는 스스로 할 수 있는 것들이 있긴 했지만 지금보다 더 많이 교사의 도움과 지도를 받았어요. 그래서 누군가의 도움 없이 자유롭게 놀이하는 것 자체를 어리둥절해 할 수 있어요. 만 3세 유아 일지라도 놀이 능력은 충분해요. 다만 그동안에 유아 스스로 주도해서 놀이하는 경험이 부족하기 때문에 다른 연령에 비해 조금 더 많은 시간이 필요해요. 따라서 처음에는 교사의 지원을 많이 해주되 점차 유아 주도적으로 놀이하는 시간을 늘려주는 것이 좋아요. 또한 교사는 만 3세 유아의 놀이 속도에 따라 천천히 따라가며 그 안에서 유아의 놀이가 어떤 의미가 있는지 생각하며 작고, 소소한 놀이지만 의미 있게 바라보려는 노력이 필요해요.

🎏 아이들과 함께 놀아주세요

때로는 아이들과 함께 놀이하는 것이 관찰과 기록보다 더 중요한 지원이라는 것을 인정했으면 해요. 결국 놀이를 기록하는 이유가 아이들을 더 깊이 관찰해서 놀이를 이해하고, 이에 적절한 지원을 하면서 유아 스스로 배움에 이르기까지의 전 과정을 돕기 위함이에요.

한 번 지나가면 다시 돌아오지 않을 우리 아이들의 가장 소중한 시간! 아이들의 놀이 안에 들어가 함께하는 것 자체가 가장 좋은 기록과 지원임을 기억하세요. 그리고 이 소중한 시간에 너무 많은 것을 하기 보다는 물이 흘러가는 대로 놀이 속에 빠져 놀기를 바라요.

만 3세 유아, 놀이만 해서는
배울 게 없겠다는 생각이 들어요

만 4, 5세반만 하다가 2년차에는 '어린이집에 가는 게 제일 좋아'라는 말이 가슴에 와 닿아 아이들의 즐거움에 초점을 맞췄어요. 그래서 올해 처음 맡아본 만 3세 아이들과 만났을 때에도 3월 한 달은 재미있게 놀아보자고 다짐했었어요. 그런데 아이들이 대체적으로 소근육 발달도 미숙하고, 줄서기나 식습관, 규칙 등 기본생활습관이 부족했어요. 그러다보니 갈등도 많이 일어나고, 제멋대로 놀이를 해서 안전사고도 일어나니까 교사인 저도 버겁고, 특성화 선생님도 두 손 두 발 들 정도로 감당이 안 되더라고요. 거기다 매일 아기 놀이만 하고, 장난감을 다 바구니에 쓸어 담아서 봄 소풍을 간다고 해요. 그런데 제가 보기에는 그냥 장난감을 가지고 돌아다니는 걸로만 보이는데 이럴 때는 어떻게 지원을 해줘야 할지 모르겠더라고요. 이렇게 한 달을 보내고 나니까 놀이만 해서는 배울 것이 없겠다는 생각이 들어서 4월부터는 생활주제로 돌아가서 즐거움보다 발달과 학습적인 측면을 강조하게 되었어요. 그런데도 여전히 활동 자체가 잘 안되기도 하고, 유아·놀이중심 교육과정으로 바뀌었는데 이렇게 해도 되는 걸까에 대한 불안한 마음도 있어요.

㈜ 만 3세반이니까, 만 3세반이라서

너무나도 당연한 3월, 만 3세반 이야기예요. 만 4, 5세반만 하다가 처음 만 3세를 맡은 선생님들은 유독 유아·놀이중심 교육과정을 운영하기 어렵다고 이야기해요. 만 4, 5세는 기본적인 생활습관도 어느 정도 형성되어있고, 유아 주도 놀이경험도 있기 때문에 만 3세반보다는 당연히 안정적이에요. 하지만 만 3세는 앞에서 말한 것처럼 감당이 안 될 때가 많아요. 저도 처음 만 3세를 맡았을 때 매일 오전에 1, 2, 3, 4, …22 아이들 머릿수만 세고 있었어요. 돌아다니면 다시 세고, 또 세고, 혹시 어디로 가버린 애는 없는지, 아이들 머릿수 세는 것이 하루 일과 중 가장 많이 하는 일이었어요. 그만큼 다른 연령에 비해 만 3세는 원에 적응하는 데 시간이 많이 걸리고 우는 아이들 달래다가 오전이 끝나기도 해요. 이게 만 3세의 당연한 모습인데 만 4, 5세의 기준으로 바라본 것은 아닌지 교사가 점검해 볼 필요가 있어요.

유아·놀이중심 교육과정이라고 해서 3월부터 아이들에게 무한으로 하고 싶은 놀이를 할 수 있도록 하는 것은 아니에요. 기존처럼 3월에는 '유치원/어린이집과 친구'라는 생활주제를 운영하며 하나씩 기본 생활습관을 지도하는 것이 필요해요. 3월 유아들은 모든 것들이 낯설어요. 유치원, 친구, 선생님, 교실 등 새로운 것에 불안정한 상태예요. 그렇기 때문에 자칫 안전사고로도 이어질 수 있어요.

성인들이 낯선 장소에서 어려워하는 것보다 어린 유아들은 더 많이 힘든데도 잘 버텨주고 있는 거예요. 1~2주는 기본 생활습관보다는 유아들이 새로운 환경에 적응하도록 많이 안아주고, 손도 잡아주며 교사와 긍정적인 관계형성을 맺기 위한 노력이 필요해요. 원이 즐겁고 편안한 곳이라는 생각을 가지면 유아들이 차차 원에 적응하게 되고, 그때부터 줄서기나 식습관, 약속 등에 대해 천천히 알려주도록 해요. 당연히 한 번 했다고 바로 좋아지는 것은 아니며 유아들의 속도에 맞춰 천천히 지속적으로 지도해야 해요.

☺ 즐겁게 놀고 있는 만 3세 유아들을 아이들의 눈높이로 바라봐주세요

아마 교사는 봄 소풍 놀이라면 맛있는 음식들로 도시락을 싸서 친구들과 꽃도 보고, 재미있게 놀면서 먹는 것을 상상했을지 몰라요. 그래서 장난감을 가지고 돌아다니는 것만으로는 봄 소풍이라고 생각하지 않았고, 봄 소풍 다운 놀이를 위한 지원을 고민했을 거예요. 하지만 아이가 바구니에 담은 장난감, 예를 들어 블록이나 색종이를 맛있는 음식으로 상상했을 수도 있고, 봄 소풍에 가지고 가고 싶은 장난감을 고르고 골라 바구니에 담았을 수도 있어요. 바구니를 들고 교실 이곳 저곳 돌아다니는 것이 그 아이에게는 봄을 구경하는 제대로 된 소풍일 수 있어요.

만 3세 유아는 허용적인 분위기 속에서 맘껏 놀 수 있다는 것을 경험해보는 것 자체가 잘 노는 거예요. 교사의 욕심을 조금 내려놓고 만 3세 아이들을 이해하는 시각을 가질 필요가 있어요.

☺ 만 3세 놀이의 특징은 무엇일까요?

지금까지 만났던 만 3세 아이들을 생각하면서 놀이의 특징에 대해 이야기해볼게요. "우리 반과는 좀 다른데?" 하는 선생님도 계실 테고 "오오~ 우리 반이랑 똑같다" 하는 선생님도 계실 거예요. 학급마다 놀이의 특성이나 유아의 개별 성향이 다르기 때문에 놀이 모습이 다를 수 있음을 감안하고 "아 그럴 수도 있구나"라고 생각해주세요.

1. 일상이 역할놀이인 만 3세

만 3세 유아의 놀이는 역할놀이로 시작해서 역할놀이로 끝난다고 해도 과언이 아니에요. 역할놀이라고 하니 역할영역에서의 놀이만 생각하실 수 있지만, 자신이 다른 역할이 되어보는 가작화 놀이까지 모두 포함시킨 놀이를 말해요. 예를 들어 만화 속 자동차 캐릭터인 '메블릭'이 되었다며 등에 손을 뾰족하게 세우고 달려가는 아이들도 있고, 당근을 먹는 척하며 옥토넛 만화 속 주인공인 트윅이 되기도 해요. 또는 자신이 아기가 되었다며 친구에게 "엄마 엄마" 하며 따라가는 아이들도 자주 볼 수 있어요. 선생님 역할을 맡아 교사인 제 모습을 따라 하기도 해요. 하나의 역할이 계속적으로 이루어지기도 하고, 짧은 시간 안에 여러 가지 역할을 하면서 놀이하기도 해요.

2. 움직이는 것이 좋은 만 3세

잠깐 이야기를 나누려 해도 온 몸을 비틀고 움직이고 눕는 아이들이 만 3세에요. 그렇지만 음악만 나오면 엉덩이를 흔들며 춤을 추고 즐거워해요. 그대로 멈춰라 놀이 하나에도 계속해달라며 움직이고 싶어 해요. 때로는 화장실에 갈 때도 다다다, 다른 놀잇감을 찾으러 갈 때도 다다다 뛰어가고 위험한 줄도 모르고 높은 곳에서 뛰어내리려고 해서 교사를 당황시킬 때도 있어요. 위험을 인지하기 보다는 만 2세때 보다 훨씬 자유로워진 자신의 몸을 통해 끊임없이 움직이고 싶어해요.

3. 내 것이 있어야 하는 만 3세

자기중심성이 강한 시기이기 때문에 놀이 속에서 소유 욕구를 강하게 나타내요. 그래서 친구와 함께 장난감을 나눠 쓰거나 양보해주기가 참 어려운 시기에요. 그래서 선생님이 나눠쓰자 한마디만 하면 이내 울음을 터트리거나 고집을 피우기도 하고, 친구를 때리는 행동을 하기도 해요. 공이나 풍선을 가지고 놀 때도 내 손에는 내 것이 있어야 하고 놀지 않는 것 같아도 공을 들고 있는 자체가 아이들에게는 놀이일 때도 있어요. 그리고 아무리 다른 인형이 많아도 내가 마음에 든 인형만 고집하고, 이 인형은 나만 가지고 놀아야 한다고 생각해요. 때로는 자신의 풀이 없어져 이번에는 다른 친구의 풀을 쓰자고 하면 싫다고 하거나 말없이 서있는 이유도 내 풀이 필요하다는 만 3세의 표현이기도 해요.

4. 매일 좋아하는 놀이를 반복하는 만 3세

블록을 쌓기도 하지만 블록을 늘어놓는 단순한 놀이가 많아요. 그리고 자동차 놀이도 좋아해요. 자동차가 없어도 네모난 모양을 이용해 자동차라고 하며 놀이하기도 해요. 포크레인, 불도저, 레미콘 등 중장비 자동차, 자동차가 로봇으로 변신하는 놀이를 좋아해요. 그리고 아기를 돌보거나 우유를 주는 등 엄마 아빠놀이나 음식을 요리하고 식당을 차리는 소꿉놀이를 많이 해요. 매일의 놀이가 비슷하고 반복적으로 이루어지는 경우가 많아요. 공룡놀이를 해도 유아들은 이불을 가져와 공룡을 재우기도 하고 목욕도 시키고 밥도 먹여요. 주인공은 공룡이지만 엄마 놀이를 하는 아이들을 흔히 볼 수 있어요.

5. 혼자 놀이하지만 단순한 상호작용이 가능한 만 3세

만 3세 유아들은 비교적 혼자놀이를 많이 하지만 발달 특성에 따라 단순한 상호작용까지 가능해요. 친구와 함께 앉아서 엄마놀이를 하는 걸 보면 분명히 같이 노는 것 같은데 자세히 보면 각자 놀 때가 많아요. "애기가 자니까 조용히 해"라고 친구에게 말해요. 그러나 친구는 그 이야기에 답하지 않고 "애기야 밥 먹자"라며 아기 인형에게 밥을 주며 놀이를 이어가요. 상대에게 말은 하지만 대화가 길게 이어지지 않는 경우가 많아요. 그러다 2학기가 되면 보다 상호작용이 활발해져요.

6. 모방을 많이 하는 만 3세

친구를 통해 모방을 하기도 하지만, 혼합연령학급이거나 형님 반 친구들이 놀러왔을 때 만 3세 유아의 모방은 더 활발하게 이루어져요. 만 3세 유아들은 형님들과 같이 놀면서 형님들의 놀이를 그대로 따라 해요. 예를 들면 형님들이 블록을 높이 쌓아가며 키 재기 놀이를 해요. 그런데 키를 넘은 블록을 쌓기 어려워지자 바닥에 블록으로 계단을 만들어 블록을 쌓아요. 그런 다음 다른 놀이를 하러 가자 그 옆에 만 3세 유아들이 블록을 쌓고, 그 아래 계단을 만들어 놓고 키를 재는 모습을 볼 수 있어요.

7. 미술영역에서 단순한 작업이 있는 놀이만 하는 만 3세

조작 능력이 발달하는 과정 중에 있기 때문에 가위나 풀, 색종이 등 여러 재료에 대한 호기심은 있으나 단순한 찢기 놀이나 종이에 긁적이기, 좋아하는 캐릭터 등에 색칠하기 등을 많이 해요.

8. 정리정돈에 시간이 더 필요한 만 3세

바구니 하나에 온통 사용했던 놀잇감을 넣어두고 정리를 다 했다고 해요. 교구장 위에 퍼즐 한 조각, 싱크대에 그릇 한 개 등 바닥에 있는 놀잇감을 그냥 위쪽으로 올려놓는 모습을 볼 수 있어요. 또한 정리를 하다가도 한쪽 교구장에 앉아 새로운 놀이를 하고 있기도 해요. 물론 유아에 따라 정리를 잘하는 유아도 있지만, 대부분의 유아들이 정리정돈을 어려워하고 그 시간을 좋아하지 않아서 많은 시간이 소요돼요.

9. 선생님과 함께하고 싶어 하는 아이들

만 3세 유아들은 자기와 관련해 일어난 모든 일들을 교사에게 말하며 자랑하거나 확인받고 싶어 해요. 예를 들어 "선생님 나 새 신발 샀어요!. 선생님 나 양치 잘했죠?, 선생님 나랑 같이 놀아요. 내가 자장면 만들었어요"라고 말하며 교사에게 칭찬받고 싶어 해요. 다른 연령에 비해 교사를 더 많이 따르며, 놀이를 할 때도 선생님과 한 팀이 되고 싶어 하고 선생님이 하는 것들을 좋아해요.

😊 만 3세 유아가 보다 주도적으로 놀기 위해서는 어떤 지원을 할 수 있을까요?

만 3세는 개인차가 있겠지만 기본생활습관을 비롯한 신체, 사회, 언어 등 대부분의 발달 영역에서 만 4, 5세에 비해 스스로 할 수 있는 부분이 적고, 행동 하나하나에 많은 시간이 걸려요. 평소 이런 부분에 대해 교사의 도움이 많이 필요하기 때문에 아이들의 놀이도 마찬가지로 도와줘야 한다는 생각하는 선생님들이 많아요. 반면에 만 교사가 이끄는 활동을 많이 한 만 4, 5세 유아보다 만 3세가 훨씬 주도적으로 놀이를 잘한다고 이야기하는 선생님들도 있어요. 그런데 이것은 만 3세 아이들의 특성과 놀이를 바라보는 교사의 생각에 따라 달라질 수 있는 부분이에요. 그렇다면 만 3세 유아의 주도적인 놀이가 잘 이루어지기 위해 교사는 어떤 준비와 지원을 할 수 있는지 알아볼까요?

1. 교사가 여유로운 마음을 가져요

교사가 아이들의 놀이를 바라볼 때 여유를 가지는 것이 필요해요. 머리로는 아이들의 발달을 이해했지만, 늘 만 3세 유아는 부족하기 때문에 도움을 주어야 한다는 생각과 하나라도 더 빨리, 보다 많이 알려주고자 하는 교사의 욕심이 앞서기도 해요. 화려하지 않지만 유아의 놀이를 있는 그대로 바라봐주는 교사의 여유가 필요해요.

2. 놀이 공간에 대한 지원이 필요해요

만 3세 유아들은 교실 속 위험을 인지하지 못한 채 자신의 놀이나 행동에 집중하는 특성이 있어요. 따라서 놀이영역을 교구장으로 구분하는 것을 최소화하고, 충분한 공간에서 놀이할 수 있도록 최대한 넓은 공간에서 마련해주는 것이 필요해요. 그런데 이와 반대로 우리 반 아이들은 꼬물꼬물 정적인 놀이를 좋아한다면 다양한 놀이 공간을 만들어 줄 수도 있어요. 나아가 유아들이 좋아하는 놀이 공간을 관찰해서 그 공간을 넓혀줄 수 있어요. 이렇게 실천과정 중에 우리 반 유아의 특성에 맞춰 놀이 공간을 변화 시키는 것이 필요해요.

3. 놀이뿐만 아니라 휴식에 대한 지원을 해요

만 3세 유아들은 낮잠이나 놀이 중 쉴 수 있는 시간이 필요해요. 피곤하거나 쉬고 싶을 때는 언제든지 쉴 수 있는 공간을 만들어 주세요. 또한 재미있고, 즐겁게 놀기 위해서는 휴식이 필요하다는 것도 자주 이야기해주세요. 특히 오랜 시간 기관에 머무르는 유아들은 오후 낮잠이나 음악을 들으며 즐겁게 놀 수 있는 힘을 충전시켜줘야 해요.

4. 이미 완성된 놀잇감이나 캐릭터 등과 같은 인기 있는 기성제품도 필요해요

비구조적 놀잇감도 필요하지만 만 3세 유아들에게는 이미 제품화된 놀잇감이나 캐릭터 등과 같은 장난감들도 필요해요. 가정에서 사용하는 익숙한 장난감이기도 해서 놀이에 집중을 잘하기도 하고 친구들과 같이 놀기도 해요. 예를 들어 유모차가 있다면 인형을 올리고 재우기도 하고, 마트를 다녀오는 놀이를 해요. 또한 아이스크림 가게 놀이 장난감으로는 여러 친구들과 자연스럽게 아이스크림을 사고 파는 역할 놀이도 할 수 있어요.

5. 같은 종류의 놀잇감을 충분히 제공해주세요

만 3세는 자기 물건에 대한 소유욕이 강해 양보가 어려워요. 만 3세 유아의 놀이를 살펴보면 좋아하는 놀잇감에 대한 선호도가 분명해요. 다양한 놀잇감을 지원하기 보다는 같은 놀잇감을 충분히 마련해주는 것이 좋아요.

6. 동생, 형들과 함께 놀 수 있는 경험을 제공해주세요

여러 연령이 있는 기관이라면 만 4, 5세 또는 만 1, 2세 유아와 함께 놀이하는 경험을 제공해주세요. 만 4, 5세 형님들의 놀이를 살펴보면서 모방하기도 하고 상호작용을 배워가요. 또한 동생들과 함께 놀면 놀이를 알려주기도 하고, 함께 놀이하는 경험을 통해 자신감을 가질 수 있어요.

7. 정리를 쉽게 할 수 있는 환경을 마련해주세요

교구장과 바구니에 놀잇감 사진을 붙여 정리를 쉽게 할 수 있도록 도와주세요. 그리고 놀잇감 짝꿍 찾기나 놀잇감 집 찾기 등 즐겁게 놀이를 하며 정리를 할 수도 있어요. 또한 블록은 바구니 여러 개에 담기 보다는 큰 통에 한꺼번에 정리할 수 있어요. 충분한 시간을 제공하면서 정리를 잘 하는 친구들을 격려하며 함께 정리를 해보세요.

8. 놀이에 함께해주세요

꼭 유아의 요청이 없더라도 유아의 놀이를 관찰하며 다른 연령에 비해 더 많이 놀이친구가 되어주세요. 교사와 놀이하다가 다른 친구와 놀이가 이어지기도 하고, 그 안에서 교사의 행동을 모방하면서 자신의 놀이로 만들어가기도 해요.

9. 아이들이 좋아하는 활동을 계획하세요

만 3세 유아는 집중 시간이 길지 않기 때문에 좋아하는 놀이를 해도 일정시간이 지나면 "그만 하고 싶어요.", "언제 밥 먹어요?"라며 놀이를 그만하거나 선생님 주변을 맴돌아요. 이때는 유아가 몸을 움직이며 즐겁게 할 수 있는 활동(예 : <그대로 멈춰라> 동요를 들으며 함께 춤추기, 풍선놀이, 생활주제에 관련된 활동 등)을 미리 준비해서 할 수 있어요. 만 3세 유아는 놀이경험이 많지 않아 학기 초에는 교사가 계획한 활동의 비중이 다른 연령에 비해 많을 수 있어요. 매일 일정시간을 정해놓고 놀이와 활동을 구분하여 운영할 수도 있고, 놀이를 지원하다가 유아가 흥미를 잃거나 집중하지 못할 때 활동을 할 수 있어요.

공격적인 행동을 하는 아이들은
어떻게 지도해야 할까요?

"A는 친구들이 블록으로 탑을 쌓거나 레고로 만들기를 하고 있으면 발로 차서 작품을 망가뜨려요. 쌓기놀이를 좋아하던 아이들도 이제는 작품을 만드는 놀이를 안 하고, A가 나타나면 위축되고 무서워해요."

"B는 화가 나면 친구를 심하게 때려요. 격투기를 많이 봐서 친구가 도망가지 못하게 팔로 목을 붙잡고, 무릎으로 때려요. 제가 옆에서 말리는데도 분이 안 풀려서 친구를 때리려고 해요. 교사가 감당하기 힘들 정도에요."

"C는 친구들에게 거친 말을 많이 해요. '뚝배기 조심해라. 뚝배기 깨진다', '돼지 XX야 꺼져!' 등. 하지 말라고 여러 번 지도를 했지만 전혀 바뀌지 않고 있어요."

"D의 공격적인 행동 때문에 학부모님으로부터 민원이 많이 들어와요. 그리고 실제로 D때문에 원을 옮긴 친구도 있었고요. 반 아이들도 D랑 놀면 맞기도 하고, 놀이를 방해받으니까 함께 놀기 싫어해요."

"E는 친구를 때려서 사과하라고 하면 두 손을 양쪽으로 펴고 어깨를 으쓱하며 '제가 왜요? 저 잘못한 거 없어요'라며 저를 째려봐요. 오히려 억울하다면서 소리를 지르다가 우는 경우가 많아요."

"F는 화가 나면 보이는 대로 장난감을 던져요. 어떤 말을 해도 소용이 없어요."

"G는 친구들뿐만 아니라 교사에게도 공격적인 행동을 해요. 저를 꼬집을 때도 있고 주먹으로 때리기도 해요."

"H를 잘 지켜본다고 했는데도 순식간에 친구 얼굴에 상처를 냈어요. 상대방 학부모님께 상황 설명을 하면서 사과를 했는데 아이가 다치는 동안 선생님은 도대체 뭘 하고 있었냐면서 화를 내셨어요. 죄송하다는 말 밖에 할 말이 없었는데 다음에도 같은 일이 일어날까봐 벌써부터 걱정이 돼요."

☺ 눈이 아니라 마음으로 아이의 변화를 지켜봐주세요. 포기하지 마세요

위의 사례를 보면서 선생님과 만난 아이 중 누군가를 떠올렸다면 아마 마음이 무거울 거예요. 저 역시 비슷한 경력의 교사였을 때 공격성이 강한 아이를 만나 얼마나 좌절을 했는지 몰라요. 처음에는 사랑으로 감싸 안아줘야지 다짐하면서 이 방법 저 방법 다 써봤지만 그 아이를 만나면 저도 모르게 화를 내게 되었어요. '교사로서 나는 왜 이렇게 무능력할까?', '내가 무엇을 더 할 수 있을까?', '나보다 더 좋은 선생님을 만났다면 달라지지 않았을까?' 이런 후회와 좌절감이 계속 생기게 되니 교실에 들어가는 게 겁이 날 정도였어요. 열심히 노력했지만 안타깝게도 그 아이는 큰 변화 없이 초등학교에 입학하게 되었고, 이후로도 그 아이를 떠올릴 때마다 무거운 마음의 짐이 느껴졌어요. 그러던 중에 정용철의 <사랑의 인사>라는 글을 읽게 되었어요.

> "키가 자라는 일, 말을 배우는 일, 생각이 깊어지는 일, 마음이 넓어지는 일, 삶이 자유로워지는 일…. 이런 일들은 우리가 모르는 사이에 일어납니다. 오랜 시간이 자연스럽게 만드는 일일수록 우리에게 중요하고 가치 있는 일입니다. 뚜렷한 변화가 빨리 일어나지 않는다고 낙심할 필요는 없습니다. 변화가 눈에 보일 정도로 빠르다면 별로 가치가 없거나 삶에 도움이 안되는 일일수도 있습니다. 내 마음이 정말로 중요한 무언가를 향해 가고 있다면, 변화가 느리더라도 언젠가는 그 곳에 닿을 것입니다. 뚜렷한 성장이 없어 낙심하고 있습니까? 중요한 변화는 느리지만 분명히 일어납니다."

저와 함께 한 1년 동안 아이의 변화가 눈에 보이지 않았기 때문에 제가 한 모든 노력이 물거품같이 느껴졌어요. 그런데 중요한 변화는 느리지만 분명히 일어나고 있다는 말이 제게 힘이 되더라고요. 그래서 저처럼 힘든 선생님이 계시다면 마음에 있는 후회와 아쉬움을 덜어내 보세요. 아이가 잘됐으면 하는 바람으로 했던 모든 일은 다 의미가 있어요. 그러니 조금만 힘을 내세요. 선생님이 그 아이의 편이 되어 포기하지 말아 주세요. 눈이 아니라 마음으로 변화를 보고 그 아이에게 한 번 더 손을 내밀어 보세요.

⊕ 공격적인 행동을 하는 원인이 무엇인지 아이의 마음을 읽어야 해요

물건을 던지거나 친구를 밀치고 때리는 등의 공격적인 행동을 한다면 유아 관찰과 함께 학부모 상담으로 원인을 찾는 게 중요해요. 교사나 친구들이 자신의 공격적인 행동에 반응을 보이면 더욱 관심을 받기 위해 강화가 되는 경우가 있어요. 제가 만난 친구 중에는 유니트 블록을 폭탄이라며 영역장이나 벽에 던지며 놀이하는 아이가 있었어요. 친구들이 하지 말라고 소리를 지르니까 그게 재미있어서 더 공격적인 놀이로 바뀌더라고요. 나중에 이야기를 해보니 친구들과 친해지고 싶은데 어떻게 친해져야 할지 몰라서 장난이 공격적인 행동으로 바뀌게 된 거였어요.

이와 비슷한 사례로 동생이 태어나서 부모님의 관심을 뺏기게 되자 이에 대한 불만이 친구들을 꼬집는 행동으로 나타난 경우도 있었어요. 부모님이 다른 형제자매를 더 챙긴다고 느끼거나 일방적으로 양보를 강요당한 경험이 쌓이면 사랑이나 관심을 받기 위해 공격적인 행동을 할 수도 있어요. 그렇기 때문에 형제자매 관계에 대해서도 학부모님과 이야기를 나눌 필요가 있어요. 또한 부모님의 폭력적인 행동이나 말을 반복적으로 보거나 직접 경험한 경우, 공격성이 포함된 유튜브나 게임에 빠진 경우 그 행동을 모방할 확률이 높아요. 또는 기질적으로 자신의 행동이 어떤 결과를 불러올지 생각하지 못한 채 충동성이 높아 감정의 기복이 크고 공격적인 행동을 보이는 경우도 있어요.

이 외에도 아이가 공격적인 행동을 하는 이유는 많아요. 원인을 제대로 분석하지 않고 아이를 혼내고 고치려고만 한다면 양쪽 모두에게 상처만 남는 전쟁이 시작될 거예요. 그러므로 감정표현이 서툰 아이가 꽁꽁 숨겨놓은 힘들고 아픈 마음부터 살펴본 후에 이를 긍정적인 방법으로 해소할 수 있는 방안을 모색해야 해요.

😞 아이의 행동에 좌지우지 되지 말고, 교사는 평정심을 유지해야 해요

"선생님은 왜 매일 화를 내요?"

부끄럽지만 이 말은 제가 한 아이에게 들은 말이에요. 매일 친구를 때리고 울고 떼쓰는 아이가 자신의 잘못은 인정하지 않고 오히려 제 잘못인양 굴더라고요. 화를 내지 말아야지 다짐했지만 저와 기 싸움을 하려는 아이를 보면 화가 머리 끝까지 나더라고요. 그런데 화를 내게 되면 그 아이에게 가르쳐야 할 본질은 전혀 전달이 되지 않아요. 그러니 악순환은 계속 되는 거죠. 중요한 것은 아이에게 바른 행동을 정확히 알려주는 훈육이에요. 훈육은 그냥 화를 내면서 무섭게 혼내는 것이 아니라 지속적으로 아이가 해야 할 행동을 알려주는 거예요. 분명 아이의 잘못으로 인해 화가 날 수 있지만 그럴 때에는 크게 심호흡 세 번하고 본질만 이야기해주세요. 그럼에도 감정조절이 안 된다면 차라리 한발 물러서서 선생님 마음을 먼저 다스리는 시간을 갖고 난 후에 아이와 이야기하세요.

😞 교사의 말을 스스로 점검해보세요

"선생님이 저번에도 때리지 말라고 말했었지? 너는 왜 이렇게 말을 안 들어? 우리 반에서 너처럼 행동하는 애가 어디 있어? 너 마음대로 할 거면 집에 가! 다음에 너 또 이러면 가만 안 둬!"

아이에게 이러한 강압적이고 지시적인 말들은 반발심을 불러일으킬 뿐 긍정적인 영향을 주지 못해요. 그런데 무의식적으로 지나간 잘못을 들추기도 하고, 아이가 행동을 멈추도록 겁주는 말들을 사용해요. 교사 스스로 부정적인 상호작용을 하고 있는 것은 아닌지 점검해볼 필요가 있어요. 말을 바꾸는 것은 생각보다 어렵지만 가장 우선시 되어야 할 효과적인 방법이에요.

🤏 열 단어 법칙을 활용해서 본질만 간단하게 이야기하세요

J가 게임에서 지자 화가 나 친구의 자동차를 빼앗아 망가뜨리고 친구의 등까지 때렸어요. 저는 J가 무슨 잘못을 했는지에 차근차근 이야기를 하고 있는데 중간에 J가 손을 들어 이렇게 말했어요.

"선생님 언제 끝나요?"

보통 이렇게 동시다발적으로 문제를 일으키면 아이의 잘못이 무엇인지 하나하나 짚어주고 싶어요. 그런데 아이는 선생님의 이야기가 길어지면 길어질수록 귀를 닫아요. J에게는 선생님의 말이 하나도 들리지 않고 그저 반복되는 잔소리일 뿐이에요. 그래서 빨리 끝나기를 바라는 조급한 마음에 언제 끝나냐고 묻게된 거죠. 하지만 아이가 듣지 않는다고 잘못을 그냥 넘길 수는 없어요. 그래서 아이에게 말을 할 때에는 오은영 박사님의 "열 단어 법칙"을 사용해보세요. 가르쳐야 할 본질만 간단하게 추려서 열 단어 내외로 말해주세요. 길게 붙이고 싶은 말들이 많겠지만 효과적으로 전달될 수 있도록 꼭 필요한 핵심만 이야기 해주세요.

"화가 많이 났구나. 하지만 친구를 때리면 안 되는 거야."

"친구가 아프니까 때리지 마."

"장난감을 던지면 친구가 다칠 수 있어. 장난감을 던지는 행동은 위험하니 조심하자."

🤏 친구들과 조금 떨어진 곳에서 이야기를 해주세요

공격적인 아이가 많이 혼나는 것을 본 친구들은 무의식적으로 그 아이를 문제아 취급하게 돼요. 그렇게 되면 친구들이 같이 놀기 싫어하게 되고 이로 인해 자신감도 부족하고 화를 자주 내거나 예민한 성격이 되기도 해요. 그래서 친구들과 사이좋게 지내게 하려면 편견의 환경을 최대한 차단하는 것이 좋아요. 친구들과 조금 떨어진 곳에서 맞대응하지 않고 차분하지만 분명하게 해야 할 이야기를 하세요.

😵 사과보다 먼저 가르쳐야 할 본질이 있어요

아이가 친구를 때리면 바로 사과하라고 해요. 그럼 한 손으로 친구의 어깨를 위에서 아래로 쓸어내리면서 "미안해"라고 로봇처럼 말해요. 그럼 상대방이 "괜찮아"라고 이야기하면 문제 해결! 😫 이런 상황 많이 경험해보셨죠?

아이가 친구를 때리면 사과를 해야 하지만 그보다 먼저 하지 말아야 하는 행동에 대해 단호하게 알려줄 필요가 있어요.

"친구를 때리면 안 되는 거야!"

아이가 친구를 때릴 때마다 분명하게 이야기 하고 또 이야기 해주세요. 아이가 선생님의 이야기를 제대로 듣고 있지 않다면 눈을 맞춘 후에 다시 이야기 해주세요. 아이가 때리지 않을 때까지 몇 번이라도 반복해서 알려주는 것이 우리 교사의 역할이에요.

😊 건강하게 자신의 감정을 표현할 수 있는 방법을 알려줘요

공격적인 행동의 경우 자신의 감정을 적절하게 표현하는 방법을 모르는 경우가 많아요. 격한 감정이 어느 정도 누그러져서 차분해지면 왜 그런 행동을 하게 되었는지에 대해 아이와 이야기를 해보세요. 자신의 감정을 인식하는 것이 어렵기 때문에 화가 난 마음을 말로 표현하지 못할 수도 있어요. 그런 경우에는 인형이나 역할놀이를 통해 상황을 재연해 보면서 이야기를 하는 것도 좋은 방법이에요. 화가 난 자신의 감정을 인식하는 경험이 쌓일 수 있도록 해주고, 화가 났을 때 스스로 조절해주는 장치를 제공해주는 것도 좋아요. 예를 들어서 물감으로 찍은 손바닥 그림을 벽에 붙여놓고 화가 날 때 5~10초 동안 손을 대고 화를 가라앉혀보는 시간을 가져요.* 그리고 화가 난 상황에서 구체적으로 문제를 해결하는 방법을 알려주는 거예요.

"친구가 장난감을 뺏으면 '안 돼! 내 거야! 줘!' 라고 분명하게 이야기 해."

그리고 선생님이 친구가 되어 실전처럼 아이와 그 상황에 대한 연습을 실제처럼 해보세요.

또는 평상시에 모래놀이나 바깥놀이, 운동 등을 통해 과도한 에너지를 표출할 수 있는 시간을 넉넉하게 가져보세요.

😊 아이와 함께 약속을 정해요

아이의 감정이 누그러졌을 때, 공격적인 행동을 또 하면 어떻게 할지에 대해 약속을 정하세요. 친구들을 때리거나 물거나 물건을 집어던지는 등의 공격적인 행동은 즉각 중단시키고, 아이와 미리 약속한대로 실천해요. 놀이를 중단하고 함께 정한 장소에서 자신의 감정과 행동을 돌아 볼 수 있도록 기회를 주는 거죠. 화가 난 아이의 마음을 교사가 전부 해결해줄 수는 없어요. 어렵겠지만 스스로 마음을 해결할 수 있도록 시간을 주고 옆에서 기다려주는 것도 중요해요.

😊 교사는 아이와 친밀한 관계를 형성하기 위해 꾸준히 노력해야 해요

아이가 마음을 열어야만 변화를 위한 물고를 틀 수 있어요. 이를 위해 가장 중요한 것은 선생님이 나를 믿고 사랑해준다는 느낌을 아이가 받는 거예요. 아이

---

* 활동 출처 : 채널 A <금쪽같은 내 새끼>, EP.15

가 좋아하는 놀이를 같이 하면서 원이 즐거운 곳으로 인식될 수 있도록 편안한 분위기를 만들어가야 해요.

🈁 아이가 잘 했을 때 칭찬과 격려를 듬뿍 해주세요

아주 사소한 것이라도 아이가 잘하고 있는 것이 있다면 칭찬해주세요. 칭찬은 아이가 더 잘하고 싶은 마음이 생기게 만드는 마법 같은 방법이에요. 아이의 공격적인 행동의 이면에는 관심을 받고 싶은 마음이 숨겨져 있을 때가 많아요. '나를 바라봐 주세요. 나 여기 있어요' 라고 말하고 있어요. 이러한 마음의 결핍이 충족될 수 있도록 아이에게 선생님의 관심을 표현해 주세요.

"유진이가 오늘 신발 정리를 정말 잘했네. 정말 대단해. 신발장을 보다가 선생님이 깜짝 놀랐어. 너무 예쁘게 놓인 신발이 있어서 누구 신발인가 봤는데, 유진이 신발이더라. ('엄지척' 하며) 최고야."

또한 교실 안에서 놀이하고 있을 때 머리를 쓰다듬어 줄 수도 있고, 멀리서 바라보고 눈이 마주치면 고개를 끄덕이거나 '엄지척'을 보여주며 '선생님은 너에게 관심이 있어' 라는 모습을 보여주세요. 이러한 칭찬과 관심 속에서 아주 조금씩 건강한 마음의 씨앗이 자라고 있을거예요.

🈁 부모님과 아이의 일상에 대해 공유해 보세요

공격성이 강한 아이의 경우 부모님과 함께 지도했을 때 효과가 커요. 부모님께 아이의 상황과 가정에서 지도방법 등에 대해 설명하고, 변화 과정에 대해 자주 소통을 해야 해요. 하지만 부모님과 제대로 소통하는 것이 말처럼 쉬운 일이 아니에요. 어려운 이유 중 하나는 아이가 잘못을 했을 때만 선생님이 전화를 거는 경우가 많기 때문이에요. 부모님 역시 아이를 사랑하지만 이 마음만으로 잘 되지 않는 것이 육아에요. 그런데 선생님이 전화를 할 때마다 '친구의 얼굴에 상처를 냈어요. 장난감을 부쉈어요, 욕을 했어요' 등등 잘못된 행동만 전달한다면 부모님 입장에서는 휴대폰에 선생님 이름만 떠도 부담이 되겠지요. 그러니 아이가 오늘 했던 놀이나 좋아하는 부분 등 일상적인 아이의 생활에 대해 이야기를 해도 좋고, 변화의 과정 중에 잘한 부분이 있다면 꼭 기록해두었다가 바로 알려드리는 것이 중요해요. 부모님께는 선생님의 문자나 전화가 한줄기 빛이 될 수도 있고, 집에서도 한 번 더 사랑으로 감싸 안아줄 수 있는 에너지가 될 수도 있어요.

⬚ 부모님께 체벌의 위험성에 대해 이야기 해주세요

"아빠가 나 회초리로 혼낼 때 진짜 싫었어!"

"잘못을 했으니까 혼내는 거지."

"아빠가 할아버지 됐을 때 나한테 잘못하면 내가 회초리로 때려도 돼?"

"너 아빠가 어른들 때리는 거 봤어?"

"와! 진짜! 그럼 나는 왜 때려? 그럼 지금 내가 동생 때릴까? 동생 때문에 짜증나면 나도 때릴까? 어른이라고 해서 내가 못 때리는 것 같아?"

금쪽같은 내 새끼에 나온 한 금쪽이가 아빠와 체벌에 대해 나눈 이야기에요. 아이에게 체벌은 지워지지 않는 기억이면서 공격성을 심어주는 씨앗과도 같아요. 잘못을 하면 때릴 수 있다고 정당화할 수 있는 계기가 되고 이러한 폭력이 모델링이 되는 거예요. 부모님과 아이가 잘못을 했을 때 가정에서는 어떻게 지도하는지에 대해 이야기를 나눠보세요. 그리고 혹시나 아이를 때려서 지도하고 있다면 체벌의 위험성에 대해 이야기 해주세요. 체벌은 즉각적으로 행동을 멈추게 하여 효과적이라는 오해를 할 수 있어요. 하지만 체벌은 중독성이 있어서 점점 강도가 높아져야만 하고, 체벌이 행동을 멈추는 시간은 점점 짧아져요. 아이가 잘못을 했을 때 체벌 대신 제가 지금까지 선생님께 알려드린 방법을 천천히 소개해드리세요. 그리고 아이가 더 좋아지기를 바라는 뜨거운 선생님의 진심과 사랑도 전해주세요. 분명히 부모님의 마음을 움직이게 될 거에요.

🗨 선생님이 할 수 있는 것을 하세요

선생님이 부모님과 소통하려고 했으나 마음처럼 잘 안될 수도 있어요. 부모님이 협조적이지 않다면 선생님이 할 수 있는 것을 하세요. 반복되는 아이의 공격적인 행동에 힘들고 지칠 때가 오면 잠시 쉬세요. 혼자서 묵묵히 해나가는 것은 무척 힘든 일이니까요. 그리고 에너지가 쌓이면 다시 한번 또 해보세요. 선생님의 모든 노력이 아이의 인생 가운데 분명히 의미가 있을 거예요. 응원합니다.

왜 이렇게 정리가 힘들까요?
정리정돈을 잘하게 만드는
특급 비법이 있을까요?

아이들이 자유롭게 놀이를 하면 할수록 선생님들에게는 정리정돈에 대한 고민이 쌓여요. 정리 음악만 나오고 있지 정리하는 아이들이 안 보여요. 정리해 놓은 것까지 뛰어다니다 떨어뜨리는 아이들, 전혀 치워지지 않는 교실과 소란스러운 소리가 교사의 인내심을 자꾸 넘나들며 신경을 곤두서게 만들어요. 너무 엉망이라 나라도 정리를 해야지, 하다 보면 지금 내가 뭐 하고 있는 것인지 잘 모르겠어요. 그러다 보면 또 화가 나서 잔소리를 하게 돼요. 더 놀고 싶다는 아이들에게 정리를 강요하는 것 같고, 그렇다고 정리를 안 할 수도 없는 그 사이에서 선생님들은 오늘도 지쳐가고 있어요.

교사가 생각하는 '정리의 한계선'을 잘 살펴보세요

깨끗한 교실을 한두 시간 만에 난장판과 무질서함으로 꽉 채운 아이들을 보면 놀라고 또 놀라요. 쉴 새 없이 봇물처럼 터지는 잔소리를 막을 수 없어 답답해요. 선생님들의 이 마음을 충분히 공감해요. 건강한 유아·놀이중심 교육과정을 운영하기 위해서는 선생님이 정리에 대해 어떻게 생각하고 있는지, 어느 정도 허용할 수 있는지를 정확히 알고 지도해야 해요.

놀이만큼 아이들이 어렸을 때부터 정리하는 습관을 갖는 것도 중요해요. 가방, 신발, 옷 등 자기 물건을 챙기는 것부터 자신이 가지고 논 장난감을 제자리에 갖다 놓는 경험이 차곡차곡 쌓여 습관이 되는 거예요. 그래서 아이들의 놀이만큼 매일 매일 정리하는 경험도 필요해요. 따라서 정리를 강요한다는 생각보다는 선생님의 정리 한계선에 따라 적절하게 지도할 필요가 있어요. 대신 놀이를 살펴보면서 때에 따라 융통성을 가지고 단계적으로 정리 한계선의 범위를 좁히거나 넓혀갈 수도 있어요.

정리정돈은 유아에게 쉽지 않은 일이라는 것을 이해해주세요

주변 친구들을 보면 무엇이든 제자리에 두고, 깔끔하게 정리를 잘하는 친구와 늘 지저분하고 여기저기 물건들이 널려 있어서 어디에 뒀는지 헤매는 친구가 있어요. 이렇게 어른이 되어서도 성향에 따라서 정리를 어려워하는 사람들이 있어요. 아이들 역시 이제 기본 생활 습관을 배워나가는 중이기 때문에 정리 자체가 쉬운 일이 아니에요. 그리고 어른의 눈으로 보면 장난감을 바구니에 넣고 교구장에 놓는 게 간단한 일인데 꾸물거리는 아이들이 이해가 안 될 수 있어요. 어른은 장난감만 담으면 되니까 정리가 쉽지만, 아이들은 놀고 싶은 마음까지 함께 담아야 해서 손과 발이 느릴 수밖에 없어요. 그러니 놀이에 진심인 아이들을 조금만 더 기다려주세요.

☺ 여유를 가지고 충분한 정리 시간을 주세요

정리정돈에 대해 더 여유로운 마음을 가지고 충분히 시간을 주고 있는지 점검해보세요. 흥미 영역의 구분 없이 놀잇감을 가지고 놀다 보니 전보다 더 많은 시간이 걸려요. 그런데 예전과 같은 시간에 정리가 끝나기를 바라고 있는 것은 아닌지, 또는 11시에 행사가 있어서 강당에 모여야 하는데 15분이면 정리하겠지 하는 마음에 촉박하게 정리를 하지는 않았는지 등 교사 스스로 점검해보는 것도 필요해요.

☺ 아이들과 '정리'에 대해 이야기 나눠보세요

아이들이 정리를 왜 어렵고 힘들게 생각하는지에 대해 알면 거기에 맞는 지도 방법을 찾을 수 있어요. 예를 들어 정리할 곳이 어디인지 몰라서 정리를 못 한다면 바구니에 놀잇감 사진을 붙여줄 수 있어요. 또는 교구장이나 바구니가 놀

<정리가 어려운 이유>

이자료로 사용되어 정리하려고 보면 처음 있던 자리에 없어서 더 어렵게 생각할 수도 있어요. 이런 경우에는 바구니를 충분히 제공해서 정리를 도울 수도 있고, 정리가 시작되기 전에 바구니를 먼저 정리할 수도 있어요.

<놀잇감 사진을 붙인 바구니>

그리고 아이들이 정리를 하기 싫은 가장 큰 이유는 더 놀고 싶은데 놀이를 멈춰야 하기 때문이에요. 아이들의 마음을 충분히 공감하지만 정리가 필요한 이유에 대해서도 충분히 설명을 해줘야 해요. 교실은 아이들의 것이고, 즐겁게 놀고 어질렀다면 깨끗하게 할 책임도 아이들에게 있다는 것을 이야기 해주세요.

🗨 유아와 함께 정리정돈 방법을 정해보세요

선생님은 유아에게 놀이에서만 주도권을 주는 것이 아니에요. 정리정돈에서도 아이들이 방법을 정하고 실천해나갈 수 있도록 도와줄 수 있어요. 처음에는 다양한 정리 방법을 말하기 어려워하기 때문에 교사가 몇 가지 제안을 해보고 실천 과정 중에 유아가 수정하거나 추가할 수 있어요. 예를 들어 저희 반의 경우에는 팀끼리 정리를 할 수 있게 해 달라고 해서 유아들끼리 짝꿍을 정해서 정리를 하고, 보관하고 싶은 것들은 포스트잇을 붙여 정리를 안 하기로 했어요. 그리고 정리를 너무 오래 하는 것 같아서 정리를 마치는 시간을 함께 정했어요. 아이들이 말하는 숫자에 포스트잇을 붙여놓고 시계를 보면서 정리를 할 수 있도록 했어요. 이 과정에서 정리를 재촉하는 잔소리를 하지 말라는 아이들의 부탁을 지켜주는 것이 가장 힘이 들었어요. 이렇게 아이들과 하나둘 정리 방법을 정해서 실천해나가고 있어요. 이렇게 약속을 정해도 어떤 날은 잘 되고, 어떤 날은 잘 안 됐어요. 정리가 잘 되지 않는 날은 아이들과 또 이야기를 하면서 조금씩 방법을 수정해가고 있어요.

아이들이기 때문에 정리정돈에는 특급 비법도, 정답도 없어요. 유아들에게 성인처럼 완벽한 정리를 기대한다는 것 자체가 아이들에 대한 기준을 높게 잡은 것이에요. 말 그대로 정리정돈은 지속적, 꾸준히, 또다시 돌아보며 해나가는 것이 가장 중요해요.

너무 어질러져서 참기 어려운데
중간중간 정리를 해야 하는지
고민이 돼요

저희 반 교실은 놀이를 하다가 두고 간 장난감들 때문에 발 디딜 틈이 없을 정도로 엉망이에요. 정리를 안 하고, 다른 곳에 가서 놀거나 놀잇감을 섞어 노는 게 반복되고 있어요. 정리를 너무 강요하면 아이들의 놀이가 제한될까 참고 있는데 이게 정말 놀이를 하고 있는 교실이 맞는지 저도 헷갈릴 정도예요. 다른 놀이를 하러 갈 때는 정리를 하고 가라고 해야 할까요? 아니면 놀이를 더 하도록 그냥 두어야 할까요?

이전에는 흥미 영역 안에서 놀잇감을 가지고 놀다가 다른 영역으로 이동할 때에는 바구니에 정리를 하고 가도록 지도했어요. 그런데 지금은 흥미 영역에 대한 구분도 모호해지고, 아이들의 놀이가 어떻게 확장될지 모르기 때문에 지나치게 정리를 강요하지 않아요. 이렇게 놀이의 흔적들이 점점 늘어나면 어느 순간 교실이 난장판이 되죠.

교사는 계속해서 '이게 교실일까?', '정리를 시킬까?', '정리를 강조하면 유아의 놀이를 방해하게 된다고 들었는데…' 같은 몇 가지 생각 사이에서 고민을 해요. 이때는 아이들의 놀이와 정리정돈을 바라보는 입장에 대해 자신의 생각을 정리해보세요.

'좀 지저분 하지만 아이들의 놀이가 진행 중인 상황이니 조금 더 지켜보자.'

vs.

'그래도 이것은 아니야. 블록을 밟아서 다칠 것 같고,

적어도 자신이 사용한 사인펜이나 색연필은 정리하고 가야지.

교실도 작은 사회인데 기본 생활 습관은 지켜야지.'

전자라면 아이들의 놀이를 조금 더 지켜보고, 놀이를 마무리하는 시점에서 정리정돈을 한 번에 할 수 있어요. 어질러진 것처럼 보여도 이전 놀이와 합쳐져 새로운 놀이가 나오기도 하고 다른 친구가 와서 그 놀이를 이어갈 수도 있어요.

그런데 후자라면 아이들과 정리에 대한 약속을 정해보세요. 자신이 사용한 필기도구 등 최소한의 정리 약속을 정할 수도 있고, 다른 놀이를 하러 갈 때는 정리를 하고 간다는 약속을 정할 수도 있어요. 대신 정리 약속을 정했어도 유아의 놀이를 따라가면서 상황에 맞게 수정하는 융통성도 필요해요.

정리정돈에 있어서 어떤 기준이나 답이 있다기보다는 선생님이 스스로를 돌아보면서 기준을 정하고, 우리 반 아이들의 놀이 특성과 상황에 맞게 바꿔나가세요.

계속 전시나 보관을
해달라고 해요

아이들이 만든 레고나 자석 블록 등의 작품을 바로 정리하지 않고 전시를 많이 하는 편이에요. 그런데 전시를 많이 하다 보니 놀이 공간과 놀잇감이 부족해졌어요. 공간과 자료는 한정적인데 계속 전시를 하고 싶다고 해서 난감해요.

「2019 개정 누리과정」에서는 유아의 놀이가 분절되지 않고 이어질 수 있도록 교사의 지원이 필요하다고 하고 있어요. 그래서 놀이 속에 사용한 구조물이나 블록, 그림 등을 유아의 요구에 의해 보관하거나 전시를 하고 있어요. 그런데 점점 전시나 보관이 늘어나면서 여러 가지 문제가 생겼어요.

교실 한가운데 전시를 많이 해서 함께 모일 공간이 없어요

이때는 함께 모이는 공간을 변화시켜보세요. 보통 교실 앞 텔레비전 앞에 모이는데 이 공간에 전시가 되어있다면 교실 뒤쪽이나 환경판 앞쪽에 비어있는 공간을 활용해보세요. 그런데 텔레비전을 활용해야 할 경우에는 보관하고 있는 놀잇감을 피해 주변에 앉을 수도 있고, 아이들에게 상황을 설명하고 전시 공간을 옮길 수도 있어요.

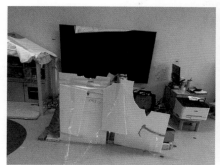

<텔레비전 앞 놀잇감 보관하기>

너무 많이 전시해서 전시할 공간이 더 이상 없어요

클레이 만들기, 색종이를 붙여서 꾸미기, 블록으로 로봇을 만들기 등 유아의 작품은 끊임없이 나와요. 보통 교구장 위쪽이나 책상에 전시하는 경우가 많은데 전시할 수 있는 공간이 한정적이니 고민이 생겨요. 이때는 작품을 찍어서 사진을 전시할 수 있어요. 또는 작품만 전시할 수 있는 빈 교구장을 만들어 전시 공간을 만들어줄 수 있어요. 그래도 부족하다면 아이들과 함께 하루에 전시할 수 있는 작품 개수 또는 전시 기간을 정해보세요. 이 때 아이들에게 작품 전시를 제한할 수밖에 없는 상황에 대해 충분히 설명해주세요.

<레고 작품 사진으로 전시하기>

✉ 전시를 많이 하다 보니 놀잇감이 부족해요

유아들의 놀잇감은 한정적인데 일정 기간 전시를 하다 보니 장난감이 부족할
수 있어요. 이런 경우에는 전시를 한 유아에게 친구들의 사정을 설명한 후 정리
하도록 할 수 있어요. 또는 이 상황에 대해 어떻게 하면 좋을지 유아들과 약속을
정할 수 있어요. 예를 들어 화, 목요일은 교실을 깨끗하게 정리하는 날로 정해 그
동안 전시해놓은 것을 정리할 수 있어요.

정리시간에 정리를 안 하고 놀거나 가만히 있어요

사랑이는 정리 시간만 되면 좋아하는 놀잇감을 들고 돌아다녀요. 자기가 사용한 놀잇감을 정리하도록 여러 번 지도 했지만 싫다며 떼를 쓰거나 삐져서 아무 것도 안 하려고 해요. 집에서도 정리를 안 해서 많이 혼난다고 하는데 끝까지 고집을 피워서 결국 부모님이 치우는 경우가 많다고 해요. 사랑이처럼 정리를 싫어하는 아이들은 어떻게 지도해야 할까요?

아이가 정리 방법을 몰라서 어려워하는 것인지 아니면 정리에 대한 경험이 없어서 하기 싫은 것인지 등 왜 정리가 싫은지에 대해 알아보세요. 가정에서 그동안 부모님이나 형제, 자매가 대신 정리를 해줘서 필요성을 느끼지 못할 수도 있고, 정리는 내 일이 아니라고 생각할 수도 있어요.

㊅ 나도 정리를 할 수 있다는 생각을 심어주세요

정리를 싫어하는 아이들에게는 '정리가 쉽고 나도 충분히 할 수 있다!' 는 자신 감이 중요해요. 처음에는 정해진 수량이나 공간을 정해 정리를 할 수 있도록 도와주세요. 그리고 아이가 정리할 공간이나 놀잇감을 선택 할 수 있는 기회를 주세요.

"사랑이는 무엇을 정리해 볼까?"
"사랑이가 만든 음식이랑 접시만 정리해 볼까?"
"텔레비전 앞에 있는 블록 정리해 볼까?"
아주 작은 부분이라도 스스로 정리하는 모습을 보이면 많이 격려해 주세요.

너무 오랜 시간 정리를 하면 '역시 정리는 힘들고 귀찮아' 라는 생각을 할 수 있어요. 사랑이 같은 아이가 있다면 전체적으로 정리를 빨리 끝내도록 환경을 조성하는 것도 좋아요. 예를 들어 정리하는데 시간이 많이 걸리는 놀이 공간은 중간에 정리 할 수 있도록 하거나 정리 5분에서 10분 전에 미리 알려주세요. 되도록 짧은 시간에 정리를 마쳐서 정리는 할 만하다는 긍정적인 이미지를 갖는 게 좋아요.

㊅ 정리하지 않으면 놀이도 할 수 없다는 걸 알려주세요

아이도 놀이 후에 정리해야 한다는 책임을 인식할 필요가 있어요. 이 부분에 대해 이야기를 한 후에 정리를 하지 않으면 재미있는 놀이도 할 수 없다고 약속을 정하세요.

"사랑이는 오늘 무슨 놀이를 했어? 어떤 놀잇감 가지고 놀았어?"

"식당 놀이를 하면서 음식들을 많이 차렸구나. 맛있었겠네. 그런데 이 놀잇감을 치우지 않으면 어떻게 될까?"

"다음번에도 식당 놀이를 재미있게 하려면 치우는 것도 잘해줘야 해. 정리하기 싫은 친구는 놀이도 할 수 없어. 우리가 즐겁게 놀이하면서 어질러 놓은 교실을 우리가 함께 힘을 모아 정리한다면 모두가 깨끗한 교실에서 다시 즐겁게 놀이할 수 있어. 함께 열심히 해보자!"

이렇게 이야기를 했음에도 다음날 또 정리하기 싫다며 삐지거나 하지 않으려는 행동을 보일 수 있어요. 함께 모여 지저분한 교실에 대한 느낌을 나누며 즐거운 놀이를 위해서는 어떻게 해야하는지 아이들 스스로 생각보는 시간이 필요해요. 이런 과정을 통해 정리정돈에 대한 책임을 자연스럽게 느끼도록 할 수 있어요.

✍ 부모님과 함께 정리 지도를 하세요

아이가 삐지고 고집을 부리면 결국에는 누군가 도움을 줬던 경험이 쌓여있기 때문에 정리 습관이 생기려면 오랜 시간이 걸릴 거예요. 이때는 선생님이 혼자서 지도하기 보다는 가정과 협조해야 해요. 집에서는 정리를 어떻게 하는지, 부모님은 정리에 대해 어떻게 생각하는지 등에 대해 상담을 하고, 구체적인 정리 tip을 알려주세요. 그리고 현재 원에서의 정리 모습과 선생님의 지도 방법, 나아지고 있는 과정 등을 공유하면서 함께 지도하세요.

예) 4월 30일 사랑이 어머님과 통화 📞

"사랑이 어머님 안녕하세요. 오늘 사랑이가 친구들이랑 팽이 놀이를 했는데 엄청 멋진 팽이를 만들었어요. 다른 친구들도 사랑이 팽이 보고 따라 했어요. 사랑이는 놀이를 더 재미있게 만드는 능력이 있는 것 같아요. 그런데 정리하는 걸 유독 힘들어해요. 집에서 정리정돈은 어떻게 하고 있나요?

사랑이 뿐만 아니라 많은 친구들이 정리 시간만 되면 힘들어해요. 그래서 정리정돈을 잘하게 해보려고 여러 방법을 써봤는데 저희 반 친구들 모두 여전히 어려워해요.

그래도 유치원이 사랑이가 만나는 작은 사회이고, 이제 초등학교에도 가야 하잖아요. 그래서 사랑이에게 조금이라도 정리하는 습관을 길러주고 싶어요. 어렵겠지만 여러 가지 방법을 사용해 보려고 해요. 가장 먼저는 사랑이가 정리를 잘 할 수 있다는 자신감을 가질 수 있도록 구역을 정해주거나 몇 개 놀잇감만 정리하려고 해요. 집에서 많이 어질렀어도 어느 정도 공간을 정해서 정리하게 해주세요. 그리고 그 부분 정리를 잘하면 칭찬 많이 해주세요. 일정 시간에 정리정돈 동요 틀어서 부모님과 같이 정리하는 것도 좋아요. 이렇게 정리지도 해 보고 저도 또 연락드리도록 하겠습니다."

예) 5월 2일 사랑이 어머님 통화

"어머님 안녕하세요. 오늘 찬희가 알루미늄 통에 든 스티로폼을 빼지 못해서 힘들어했는데 사랑이가 도와줬어요. 여러번 시도를 하더니 스티로폼 공을 빼주기까지 했어요. 놀이할 때 친구들도 많이 도와주고 재미있게 놀이를 많이 해서 인기가 많아요.

사랑이가 요즘 집에서는 정리를 잘 하고 있나요?

정리 구역을 나누니까 처음에는 잘 했는데 며칠 지나니까 또 정리 싫다고 안 한다고 하더라고요. 중간에 정리 잘하면 스티커도 주고 비타민도 주면서 달래봤는데 아직까지는 힘들어하는 것 같아요. 그래서 정리를 하지 않으면 놀이도 할 수 없다고 이야기를 해줬어요. 그리고 내일은 정리를 안 하면 놀이 대신에 책 보기나 그림 그리기 활동만 할 수 있다고 이야기했어요. 정리는 놀이를 더 재미있게 하기 위해서 지켜야 하는 약속이기 때문에 모든 친구들이 함께 정리해야 한다는 이야기를 계속 해줬어요. 하고 싶은 놀이를 못 하면 또 삐지거나 집에 가서 유치원에 안 간다고 이야기할 수도 있어요. 아이의 속상한 마음을 공감해주시되 정리 약속을 지키면 더 재미있게 놀 수 있다고 다독여주세요. 그리고 가기 싫다고 해도 저를 믿고 꼭 유치원에 보내주세요. 그리고 집에서도 정리를 잘하면 알려주세요. 저도 같이 칭찬해줄게요."

정리시간만 되면
물을 먹거나 화장실에 가요

정리하자는 말이 무섭게 "선생님 저 화장실 갔다 올게요", "선생님 물 마시고 올게요"라고 말하는 아이들이 많아요. 매번 정리시간만 되면 이러니 정리가 하기 싫어서 핑계 대는 것처럼 느껴져요. 그리고 몇몇 친구들이 이렇게 가버리면 정리를 잘하고 있던 아이들도 안 하려고 해서 문제 인 것 같아요. 어떻게 해야 할까요?

잘 놀다가도 정리정돈 동요만 틀면 화장실과 물 마시러 가는 아이들 참 많아요. 그런데 아이들 입장에서 생각해보면 놀이에 한창 몰입해 있어서 화장실 가는 것도, 목마른 것도 생각 안 날 수 있거든요. 선생님의 "정리하세요"라는 말이 "화장실 가고 싶어", "물 마시고 싶어"라는 마음의 소리를 깨운 것일 수도 있어요. 아이들의 자연스러운 모습이라고 생각하면서 너그러이 보내주세요. 그렇지만 정말로 정리하기 싫어서 핑계를 대는 아이들이 있을 수도 있어요. 정리를 하지 않으려고 행동이 느릿느릿한 경우가 많은데, 물만 마시고 바로 정리하러 가라고 단호히 이야기해주세요.

그리고 한 명이 물이나 화장실 간다고 하면 반 전체 아이들이 갑자기 같이 우르르 가는 경우가 많아요. 친구가 하면 덩달아 하고싶어지는 마음도 자연스러운 현상이니 놔두세요. 대신 정리가 시작되기 전인 5~10분 전에 알려주고, 화장실에 다녀올 수 있도록 해주세요. 아니면 물을 먹고 화장실을 다녀오는 시간을 준 후에 정리를 시작하세요.

정리 시간이 되었으니 무조건 참으라고 하거나 못 간다고 말하는 대신 함께 하는 정리 정돈의 필요성에 대해 이야기 해주세요.

"지금은 화장실이나 물을 마시러 가는 시간이 아니라 정리정돈을 할 시간이야."

"재미있게 놀아서 어질러진 교실을 친구들과 힘을 모아 정리하는 시간이야. 다 같이 정리해 보자!"

통합학급에서 놀이중심 교육과정을 어떻게 실천해야 할까요?

저는 올해 처음으로 통합학급을 맡았는데 교사로서 어떤 역할을 해야 할지 모르겠어요. 학급의 유아 수도 많은데 특수교육대상 유아를 돌보느라 정신이 없어요. 그나마 특수 선생님이 들어오시는 날은 낫지만 전반적으로 아이들의 놀이를 관찰하고 지원하는 것이 어려워요. 거기다 마음 한편으로는 특수교육대상 유아도 친구들과 함께 활동을 했으면 하는데 같이 노는 것 자체가 잘 안 돼요. 통합학급에서도 유아·놀이중심 교육과정을 잘 실천할 수 있을까요?

통합학급이라고 해서 유아·놀이중심 교육과정의 실천방향이 다르지는 않아요. 물론 장애 정도에 따라 차이가 있겠지만 이전에는 함께 모여 앉거나 규칙이 있는 활동을 많이 했기 때문에 착석이 어려운 특수교육대상 유아의 행동이 튀어 보였어요. 하지만 유아·놀이중심 교육과정에서는 유아가 주도하는 놀이를 강조하고, 각자의 놀이를 최대한 허용해주기 때문에 저는 전보다 특수교육대상 유아가 통합학급에 머무르기 쉬워졌다고 생각해요.

㉢ 특수교육대상 유아도 우리 반 유아 중 한 명임을 인정하고 마음으로 이해하기

통합학급을 맡게 되면 별도 인력이 학급에 배치되는 경우가 많아 특수교육대상 유아는 특수교사나 실무자 몫으로 생각하기 쉬워요. 저 역시 통합학급을 맡기 전까지 '통합교육'은 저희 반에서 특수교사가 특수교육대상 유아를 지원하는 것이라고 생각했어요. 그래서 우리 반 아이라고 해도 '특수교육대상 유아는 특수교사의 몫!, 나는 그 외 유아들 담당!'이라고 은연중에 구분 짓고 있었어요. 거기다 특수교사가 놀이 중에 다른 유아들까지 지원해주니 '고맙고 좋다'라는 생각만 했지, 제가 특수교육대상 유아를 더 적극적으로 지원할 생각은 못했어요.

'건강한 통합교육'이 통합학급 교사와 특수교사가 협력하여 특수교육대상 유아를 함께 지원하는 것이라는 걸 알게 됐어요. 이를 통해 처음 통합학급을 맡았던 미숙함도 있었지만 특수교육대상 유아로 인해 제약이 크니 힘든 탓만 한 것은 아니었을까 반성하게 되었어요. 그래서 그때부터는 특수교육대상 유아 역시 우리 반 유아 중 한 명이라고 인정하고, 특수교사와 협력해서 지원해야 할 방안을 모색하기 시작했어요. 통합학급 교사의 역할은 결코 쉬운 일이 아니지만 첫시작은 각자가 통합교육에 대해 어떻게 생각하는지에 대해 돌아보고, 아이를 마음으로 이해하고 받아들여주는 교사의 노력이라고 생각해요.

☺ 통합학급교사, 특수교사, 유아와 친밀한 관계 맺기

저희 원의 특수 선생님은 3월부터 꾸준히 특수교육대상 유아의 지도방향에 대해 이야기하면서 저와 친해지기 위해 많은 노력을 했어요. 나아가 특수교육대상 유아뿐만 아니라 모든 아이들과 놀이를 하면서 조금이라도 더 친밀한 관계를 형성하려고 했어요. 특수교사와 관계 맺기가 잘 되면 아이들이나 담임 선생님이 조금이라도 더 특수교육대상 유아와 함께 하는 시간이 많아지기 때문에 남다른 노력을 하셨다고 했어요. 확실히 시간이 지나니 통합학급의 유아들이 특수교육대상 유아의 물건을 챙겨주거나 놀이에 초대해 함께 놀이하는 장면들을 볼 수 있었어요. 특수교사가 없는 날에도 특수교육대상 유아가 저와 함께 하는 시간이 늘어나기도 했어요.

3월 초에는 너무 바빠서 이런 부분까지는 살피지 못했어요. 하지만 통합학급에서 관계 맺기가 얼마나 중요한지 알고 나니 특수교사와 통합학급 교사가 함께 노력해야 하는 부분이라는 사실을 깨달았어요. 통합학급 교사와 특수교사는 유아의 성장이라는 같은 목표를 가진 교육공동체예요. 따라서 서로가 가지고 있는 교육철학을 공유하면서 어디까지 놀이를 허용해줄 것인지, 교사는 어느 시점에서 지원을 할 것인지, 이 놀이에는 어떤 지원을 더 해줄 수 있는지, 특수교육대상 유아가 보다 더 많은 시간 교실에 머물게 하려면 어떻게 해야 할 것인지 등 끊임없이 이야기를 해야 해요.

그리고 특수교사는 아무래도 통합학급 교사가 특수교육대상 유아를 보다 신경 써주길 바라요. 반면 통합학급 교사는 특수교육대상 유아를 포함한 전체를 신경 쓰고 챙겨야하기 때문에 부담이 더 많아요. 그래서 '왜 우리 반 아이를 더 신경써주지 않을까?' 생각하기보다는 특수교사가 좀 더 여유로운 마음을 가지고 통합학급 교사를 기다려줄 필요도 있어요.

㉢ 특수교육대상자에게 맞는 통합교육의 방향 정하기

특수교육대상 유아는 장애의 정도에 따라서 개인차가 커요. 기저귀를 사용하는 친구부터 발화에 어려움이 있는 친구, 휠체어를 타야하는 친구까지 다양해요. 따라서 통합학급 교사와 특수교사가 통합의 방향에 대해 이야기를 나누며 계획을 세워야 해요.

이때는 특수교육대상 전체 유아의 수, 보조 인력지원 가능 여부, 장애정도 및 특성, 유치원의 규모 등에 따라 복합적으로 고려해야 해요. 가장 먼저 해야 할 일은 특수교육대상 유아에 대한 이해예요. 장애등급을 받은 친구도 있지만 아직은 「장애인 등에 대한 특수교육법」에 의해 발달지체로 배치받은 친구들이 많아요. 속도는 느리지만 조금씩 나아가고 있는 아이들이고, 발달의 가능성이 큰 유아들이기 때문에 특정 장애에 한정하여 특수교육대상 유아를 이해하기보다는 그 아이가 가지는 다양한 능력 중 하나의 특별함으로 바라봐 주세요.

따라서 특수교육대상 유아마다 가진 특성과 장애 정도가 다르기 때문에 한 가지 방향으로 운영하기 보다는 개별 유아 성향에 따라 통합의 방향을 정하는 것이 필요해요.

예를 들면 통합교육은 필요한 것이지만 특수교육대상 유아가 통합학급에 가는 것을 심하게 거부한다면 일단은 특수학급에 머물면서 조금씩 통합학급에서의 시간을 늘리는 것이 필요해요. 또한 낮잠을 자야하거나 개별화교육계획에 따른 시간(숟가락 들기, 착석하기, 발화 연습하기, 아이변기에 소변보는 연습 등)이 필요하다면 오전 놀이시간 1시간 정도는 통합학급에 머물다가 특수학급으로 올 수 있어요. 그런데 반대로 통합학급에 있는 것이 크게 문제가 없다면 통합학급에서 하루의 대부분을 머물 수 있어요. 한 두 학급에서 특수교육인력지원이 어느 정도 가능하고 특수교육대상유아의 장애의 정도가 경하다면 대부분의 시간을 통합학급에서 보낼 수 있어요. 그렇지만 큰 규모의 원에 장애의 정도도 중하고, 특수교사나 보조 인력이 매일 교실에 머물 수 없다면 특수학급에서 개별적인 지원이 더 많이 필요할 수도 있어요.

🖭 특수교육대상 유아가 좋아하는 것을 교실에 배치하기

3, 4월에는 예원이(특수교육대상 유아)가 가장 좋아하는 것이 무엇인지를 파악하면서 관찰을 했어요. 예원이는 주로 친구들이 없는 교실 구석에서 놀이를 했고, 멜로디 북, 머리 끈, 연필통 등을 좋아했어요. 그래서 장난감을 포함해 예원이가 좋아하는 것들을 교구장에 넣어 교실 중앙에 배치했어요. 예원이가 좋아하는 놀이를 하려면 교실 가운데까지 들어와야 하고, 들어오면서 친구들의 놀이가 예원이에게 좋은 자극이 되길 기대했어요. 또한 이 교구장 주변은 평소에도 친구들이 모여 놀이를 하기 때문에, 지금 당장 함께 놀지는 않아도 친구들 주변에서 놀았으면 하는 바람도 있었어요. 예원이가 좋아하는 것들로 구성된 교구장이지만, 예원이만 사용하는 것이 아니라 우리 반 친구들 모두 사용할 수 있다고 이야기했어요. 처음에는 자신이 좋아하는 놀잇감이 있는 교구장에 흥미를 보여서 교실에 가운데까지 들어갔는데, 소리에 민감한 예원이는 조용한 곳을 더 좋아한다는 것을 알게 되었어요. 그래서 교구장을 조용한 곳으로 다시 옮겨주었어요. 이렇게 아이의 성향을 살펴보면서 지도 방법에 조금씩 변화를 주었어요.

⊜ 더 할 수 있는 게 없을까? 협력교수를 실천하다

3, 4월에는 유아주도 놀이를 주로 해서 예원이가 교실에서 놀이를 하는 시간이 많았어요. 그런데 매일 같은 장난감만 가지고 놀다보니 '필기구가 담긴 연필통, 말랑말랑한 머리끈, 멜로디 북 말고 예원이가 더 좋아하는 놀이는 없을까?', '언어적 표현이 어렵고, 조용한 것을 좋아하지만 의도적으로 친구와 함께하는 경험도 필요하지 않을까' 라는 생각이 들었어요. 특수 선생님과 이 고민에 대해 이야기를 나누면서 예원이에게는 교사의 수업을 통해 의도적으로 경험을 제공하는 것이 좋겠다는 결론에 이르렀고, 이에 대한 방법으로는 협력교수의 방법을 사용하기로 했어요.

협력교수는 특수교사와 통합교사가 교수자 역할을 동시에 또는 번갈아가며 맡는 방식이에요. 예를 들어 특수교사가 수업을 진행하는 동안 통합교사는 특수교육대상 유아를 포함한 모든 유아들을 지원하고, 통합교사가 수업을 진행하면 특수교사가 유아들을 지원하는 방법이에요.

수업 전에 어떻게 수업을 전개할 것인지, 누가 담당할 것인지, 동시에 진행할 수 있는 부분은 어떤 부분인지 정해 공유했어요. 또한 수업 주제나 방법도 특수교사와 통합학급 교사가 각자 자율성을 가지고 계획했어요. 3월부터 충분한 관계형성을 해왔고 서로에 대한 교육철학에 대한 이해가 있었기에 가능한 일이었어요. 그리고 따로 수업안을 만들지 않고 아래 사진처럼 간단하게 역할을 나눴어요. 수업안을 만드는데 힘을 쓰기보다는 협력교수의 다양한 방법을 함께 연구해보고 싶었어요.

수업을 미리 계획했지만 실제 상황에서는 여러 가지 변수가 있었어요. 가족 얼굴을 만들기 위한 재료로 운동장 주변 화단에서 꽃을 모으려고 운동장 주변을 돌아다니고 있었죠. 그런데 예원이는 벌써 운동장 가운데를 가로질러 달리고 있

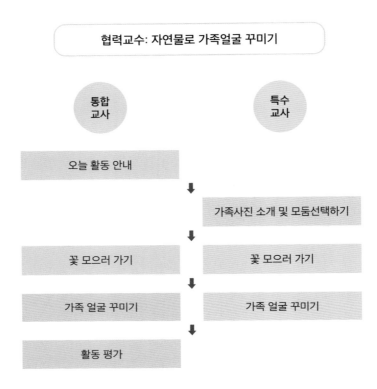

협력교수: 자연물로 가족얼굴 꾸미기

통합
교사

특수
교사

오늘 활동 안내

가족사진 소개 및 모둠선택하기

꽃 모으러 가기

꽃 모으러 가기

가족 얼굴 꾸미기

가족 얼굴 꾸미기

활동 평가

었어요. 이때는 자연스럽게 한 교사는 예원이를 데리러 가고, 한 교사는 다른 아이들과 활동을 진행해요. 그리고 수업을 마치고 간단하게 반성을 해요. 이날 예원이는 잠깐이지만 스스로 친구 옆에 와서 점토를 만졌어요. 정말 짧은 순간이었지만 새로운 경험을 했다는 것에 만족했고, 또 다른 지도 방법을 고민하게 되었어요.

그리고 아이들과 농사 지은 쌀로 밥을 해서 인절미를 만드는 날이었어요. 바닥에 앉기를 거부하는 예원이를 선생님과 함께 의자에 앉혀 오늘의 활동을 소개하는 꼬마 선생님 역할을 시켰어요. 하지만 활동을 시작하자마자 소리를 지르고, 울면서 바닥에 누웠어요. 마침 소리 나는 것을 좋아하는 예원이의 성향이 생각나서 양푼에 쌀을 넣어 주었어요. 다행히 양푼에 쌀을 쏟을 때 나는 소리를 좋아해서 활동에 집중하였고, 교사가 힘들긴 했지만 놀이에 참여하게 하는 또 하나의 가능성을 발견했어요.

우리는 누구나 장애를 가질 수 있는 확률을 갖고 살아가고 있어요. 우리가 원에서 만난 아이들은 시기가 좀 더 빨랐을 뿐이에요. 혹은 어떤 이유 때문에 결정적 시기를 놓쳐서 조금 느리게 배우고 있는 중이예요. 그럼에도 불구하고 교실이라는 사회에서 세상에 대해 배우려고 안간힘을 쓰는 아이들을 보면 대견하기도 하고, 기특하다는 생각이 들어요. 그 아이들이 소리를 지르든, 바닥에 드러누워 고집을 피우든, 하루에 기저귀를 여덟 번씩 갈든 사랑으로 대하는 교사들을 보면 대단하다는 생각이 들어요. 이런 아이들과 특수교사의 노력에 통합학급 교사의 노력이 더해진다면 조금 느린 아이들이 따뜻한 세상을 마음으로 느끼고, 더 많이 힘과 용기를 낼 거라 믿어요.

II.
교사와 유아가
함께 만들어가는
교육과정

지금까지의 교육과정을 돌이켜보자면 미루고 미루다 학사일정, 중점활동, 실
태분석 등만 조금씩 바꿔 기한 내에 제출하기 바빴어요. 이렇게 세운 교육과정
은 주간교육계획안을 세울 때나 체험학습 날짜를 확인할 때만 살펴볼 뿐 교육
과정 운영에 크게 영향을 주지 못했어요. 남들이 만들어놓은 교육과정을 적당히
ctrl+c, ctrl+v한 적도 있었어요. 5개 영역에 맞춰 편성하다보니 중점이 5개, 10개
일 때도 있었죠. 이런 상황에서 유아의 흥미나 놀이가 들어갈 자리는커녕 계획
된 활동만으로도 늘 시간이 부족했어요. 결국 이렇듯 교사가 만든 체계적인 교
육과정이 유아 주도적인 놀이를 실현하는데 걸림돌이 되었어요. 그렇다면 개정
누리과정이 강조한 '교사와 유아가 함께 만들어가는 교육과정'이란 어떻게 해
야 하는 것일까요? 교육과정의 변화를 위한 준비와 연간, 월간, 주간교육계획, 평
가 등 교육과정 전반에 대해 살펴보도록 할게요.

✦—✦—✦—✦—✦

이제는 저만의 브랜드를 가지고 학급운영하기 어려울 것 같아요

유아·놀이중심 교육과정에서 놀이를 중요하게 여기다 보니 제가 좋아하는 수업을 하면 안 될 것 같다는 생각이 들어요. 저는 동극을 좋아해서 오랫동안 특색교육으로 운영했는데 유아 주도 놀이를 강조하는 주변의 분위기 때문에 올해는 동극을 한 번도 못했어요. 아이들과 동극을 하면서 저만의 노하우도 생기고, 우리 반만할 수 있는 동극을 만들어 가며 뿌듯했었는데 이제는 이런 것들이 '다 소용없나?'라는 생각이 들어요.

개정 누리과정에서는 교육과정이 교육목표를 달성하기 위해 교육 내용을 선정·조직하는 방식임을 고려하면서 '유아가 경험하는 총체'임에 중점을 두고 교사와 유아가 함께 만들어가는 교육과정의 중요성을 강조하였다.

「해설서」, 10쪽

놀이를 강조하는 개정 누리과정으로 인해 교사가 준비한 수업을 하면 안 되는 것인지 고민하는 선생님들이 꽤 많아요. 하지만 「2019 개정 누리과정」은 유아와 교사가 동시에 주체가 되는 교육과정을 추구해요. 유아를 강조한다고 해서 교사가 배제되는 것이 아니라 지금까지 교사가 너무 많이 주도했던 부분을 돌아보고 이제는 유아와 함께 만들어가자는 것이 포!인!트!에요. 그래서 개정 누리과정이 지원하는 교사의 자율성을 최대한 활용해서 유아가 주도적으로 즐겁게 참여할 수 있는 활동을 실천해 나가면 돼요. 즉 유아의 놀이나 일상생활과 연계할 수 있는 활동을 하거나 생활주제에 맞춰 계획된 활동을 진행할 수 있어요. 다만 교사가 일방적으로 활동을 주도하는 것이 아니라 그 안에 아이들의 생각을 담기 위한 노력이 필요해요.

그렇다면 평소에 교사가 좋아하고, 자신있어하는 극 놀이를 어떻게 우리 학급만의 브랜드로 만들어갈 수 있을까요?

☰ 교육과정에 계획하기

먼저 생활주제와 해당 연령의 일반적인 발달특성을 고려해서 계획을 해요. 개별 유아의 발달수준과 특성, 현재 흥미는 학기가 시작된 이후에 우리 반 아이들에 맞게 수시로 수정할 수 있어요. 교육과정에 반영된 예를 한번 볼까요?

극놀이를 통해 꿈꾸는 반의 행복 소통 능력 기르기

1. 기대되는 배움

'극놀이는 아이들의 마음을 사로잡는다.'

아이들과 극놀이를 하면 친구들의 몸짓과 대사에 자연스럽게 웃음꽃이 핀다. 용기가 없어 손사래를 치던 아이들의 손이 주인공이 되기 위해 번쩍 드는 손으로 바뀐다. 또한 자신의 보잘 것 없는 작은 움직임을 보아 주는 친구들의 시선에 힘을 내고, 어설픈 행동에도 경청하는 태도를 갖고 서로를 응원한다. 그리고 극놀이를 통해 유아들은 신나는 모험과 즐거움의 세계 속에 무한한 상상력과 소통하는 능력을 익힐 수 있었다.

행복 소통 능력이란 자신, 또래, 가족, 이웃에 관심을 가지고 극놀이를 통해 서로 협력하여 행복한 관계를 형성하는 능력과 유아의 말하기, 듣기와 관련된 의사소통능력을 말한다. 꿈꾸는반의 극놀이를 통해 아이들이 더 많이 상상하고 마음을 열어가며 행복한 의사소통능력을 기를 수 있도록 한다.

2. 방침

· 극놀이는 표현놀이, 동극놀이, 역할놀이, 상황극 놀이 등 생활주제 또는 현재 유아의 흥미와 관심에 맞춰 다양한 유형의 활동을 할 수 있다.

　　- 표현놀이 : 친구와 함께 협력하여 몸과 마음을 열고, 극놀이의 상황에 맞게 언어와 신체로 표현할 수 있도록 돕는 기초적인 사전 표현 놀이

　　- 동극놀이 : 동화 속 주인공이 되어 인물이나 사건을 표현하는 놀이

- 역할놀이 : 일상생활 속에서 경험할 수 있는 역할이나 다양한 직업 등을 체험·반영하는 놀이
- 상황극놀이 : 특정 사건 속 주인공이 된 유아가 문제를 해결하거나 적절하게 대처하는 놀이
· 표현의 기초가 되는 놀이를 통해 극놀이에 몸과 마음을 열 수 있도록 단계적으로 접근한다.
· 극놀이 활동을 통한 공연인 결과물 보다는 함께 극놀이를 만들어 가는 과정을 즐기도록 한다.
· 극놀이 하는 과정에서 유아의 흥미를 반영하여 융통성 있게 운영한다.
· 극놀이 중 유아가 스스로 결정하고 선택할 수 있도록 다양한 지원을 한다.
· 극놀이 후 유아 평가와 교사의 반성적 저널을 통해 다음 활동에 반영한다.

3. 세부 계획

예시1) 생활주제에 따라 계획된 세부계획

월	주	생활주제	극놀이	비고
7	1	여름	·표현놀이 : 그림자를 만들어요 ·동극놀이 : 모자장수와 원숭이 ·역할놀이 : 모자 가게 놀이	
	2			
	3			
	4			

· 생활주제와 유아의 연령에 따라 다양한 극놀이를 계획하였으나 유아의 흥미나 상황에 따라 융통성있게 운영될 수 있음.

예시2) 유아의 현재 흥미와 관심에 맞는 극놀이를 한 후 기록하는 세부계획

월	주	극놀이	비고
7	1		
	2		
	3		
	4		

· 계획 없이 현재 유아의 흥미와 관심을 살펴 그 때 그때 극놀이를 하고, 빈칸에 기록하는 방식임.

예시3) 교사가 계획한 활동을 하다가 점차 유아의 흥미에 따라 실천하는 계획

월	주	생활주제	극놀이	비고
4	1	봄	• 동극놀이 : 봄꽃을 보았나요 • 표현놀이 : 배경막 두더지게임	
	2			
	3			
	4			
5	1	동물	• 동극놀이 : 늑대와 일곱 마리 양 • 역할놀이 : 동물병원놀이	
	2			
	3			
	4			
⋮				
12	1	겨울		
	2			
	3			
	4			

- 최소한의 활동을 계획하여 상황에 맞게 운영하되 점차적으로 유아의 흥미에 맞춰 수시로 계획을 하는 방식임.

극놀이를 운영하는 방향에 따라 세부계획은 예시처럼 다양하게 계획할 수도 있고, 세부계획 없이 목적과 방침만 간단하게 넣을 수도 있어요. 다만 계획은 모두 실천해야 한다기보다 유아의 흥미와 놀이를 반영해서 언제든지 융통성 있게 바꿀 수 있어야 해요.

🎭 우리 학급만의 브랜드로 극놀이 실천하기

보통 무지개 물고기로 동극을 한다면 기존에는 동화를 듣고 대사를 서로 맞춰가는 방식이 많았어요. 그런데 아이들이 화려한 비늘을 가진 무지개 물고기가 되기만을 원하고 동극의 내용에는 크게 관심이 없다면 모두 무지개 물고기가 되는 즉흥극이나 무지개 물고기의 비늘과 관련된 활동을 할 수도 있어요. 또는 동극을 좋아하지만 아직은 표현이 서툴다면 처음부터 동극 전체를 완성시키기 보다는 아이들이 가장 좋아하는 동화의 한 장면으로만 동극을 해볼 수도 있어요.

이 과정에서 교사가 준비한 동극이 잘 이루어지지 않았다면 동극에 대한 유아의 경험정도를 살펴보고, 동화가 유아의 발달수준에 비추어 어렵지는 않았는지, 유아들의 관심 또는 경험과 동떨어졌는지 등을 평가해볼 수 있어요. 다음에는 이를 반영하여 유아의 일상생활이나 흥미를 더 많이 고려해볼 수 있고, 반복되거나 쉬운 대사의 동화를 선정할 수도 있어요. 이러한 과정을 통해 교사가 계획한 활동일지라도 유아와 함께 만들어가는 동극으로 천천히 물들어 가며 유아·놀이중심 교육과정을 실천해갈 수 있어요.

교사의 철학을 세우라는 이야기는
정말 어려워요

제가 교육과정과 관련된 연수에서 자신만의 교육철학을 세우라는 이야기를 들었어요. 그런데 사실 신규교사인 저에게는 교육철학이라는 말 자체가 너무 어려워요. 좋은 교사가 되고 싶지만 교육 철학은 어떻게 세울 수 있을지 막막해요.

교사에게 교육철학이 필요하다는 이야기는 저도 연수에서 많이 들었어요. 그런데 교육철학이라고 하니까 두꺼운 교육학 책에서 본 철학자들만 떠올라서 뭔가 어렵고 멋들어진 말로 채워야 할 것 같은 부담감이 들 때가 많아요.

그런데 '철학'이라는 말을 지우고 조금 더 쉽게 생각해보면 교육에 대한 나의 생각이나 학급 운영의 방향이라고 할 수 있어요. 더 좁게는 우리 반 아이들에게 어떤 교사가 되고 싶은지, 어떤 부분을 길러주고 싶은지에 대한 나의 기준을 정하는 일이라고 생각하면 될 거예요.

우선 앞으로의 긴 교직 생활을 두고 생각하기 보다는 당장 올해 1년을 바라보며 생각을 정리해보면 더 쉬울 수 있어요. 선생님들에게 도움을 드리고자 관련 단어들을 준비해봤어요. 우리 반 아이들에게 길러주고 싶은 부분이나 마음에 와 닿는 단어 3가지를 선택해보세요. 그리고 그 단어를 선택한 이유도 생각해보세요.

● 건강	● 행복	● 사랑	● 존중
● 꿈	● 끼	● 배려	● 사회성
● 믿음	● 신뢰	● 희망	● 즐거움
● 탐구	● 호기심	● 창의성	● 자존감
● 예절	● 인성	● 책임감	● 긍정
● 열정	● 자유	● 나눔	● 협력
● 감수성	● 배움	● 소통	● 아름다움

단어 3개를 선택해서 적어보세요~

●   ●   ●

단어를 선택한 이유는 무엇인가요?

마음에 드는 단어를 그냥 선택했다고 생각할 수도 있지만, 이 세 단어는 신기하게도 선생님이 평소에 교육에 대해 어떤 생각을 가지고 있는지 알 수 있고, 이미 이러한 부분은 선생님의 학급에 스며들고 있을 거예요.

이렇게 나의 마음을 들여다보면서 내가 어떤 생각을 가지고 있는지 돌아보는 것은 교사로서 정말 중요하고 필요한 시간이에요. 물론 내가 어떤 교사가 되고 싶다고 해서 바로 그렇게 되는 것은 아니지만, 내가 원하는 교사상이 무엇인지 아느냐 모르느냐에 따라 변화의 차이가 클 수 있어요.

저는 아이들을 지도할 때 후회하고 아쉬운 순간들을 만나면 좋은 선생님이 아닌 것 같아 때론 움츠러 들 때가 있어요. 그럼에도 저와 만나는 아이들이 행복한 웃음을 지었으면 좋겠다고 계속 생각해요. 내가 되고 싶은 교사의 모습을 상상하며 지금은 제자리 걸음을 걷는 것 같아도 아주 조금씩 성장하고 있을 거예요. 리우 올림픽에서 펜싱선수 박상영이 경기 중 쉬는 타임에 "그래 할 수 있어 할 수 있어"를 계속 되뇌였던 장면이 강력하게 기억에 남았어요. 똑같아요. 목표를 가지고 할 수 있다는 생각으로 포기하지 않고 자기 자신에게 주문을 거는 거예요. 그렇게 수많은 아이들과의 만나고 시행착오의 시간들을 겪다보면 어느새 선생님만의 교육철학이 다듬어져 있을 거라 믿어요.

연간교육계획에 대해
동료선생님과 생각이 달라요

선생님들과 내년 연간교육계획을 짜고 있는데 생각보다 어려운 것 같아요. 계획된 생활주제보다 아이들의 흥미를 중심으로 주제를 재설정하는 경우가 많았고, 생활주제가 없으면 놀이 지원을 더 잘할 수 있겠다는 생각이 들었어요. 하지만 동료 선생님은 생활주제가 없으면 너무 막막하다고 어느 정도는 계획을 했으면 좋겠다고 하셨어요. 이렇게 동료 선생님과 의견이 좁혀지지 않을 때는 어떻게 해야 할까요?

유치원과 친구, 나와 가족, 우리 동네, 동식물과 자연, 건강과 안전, 교통기관, 우리나라, 세계 여러 나라, 환경과 생활, 생활도구, 봄여름가을겨울 이렇게 총 11개의 생활주제가 있잖아요. 사계절을 풀면 실제로는 14개에요. 지금까지의 연간교육계획에는 14개의 생활주제가 거의 다 포함되어 있어 빈자리가 없었어요. 그래서 「2019 개정 누리과정」이 나오기 전부터 유아의 발달수준에 비해 생활주제가 너무 많아 깊이 있는 놀이가 이루어지지 못한다는 지적이 있었어요. 아이들은 물건을 사고 파는 것에 흥미를 느껴 시장놀이에 매우 관심을 보이지만 연간계획안에 계획된 '동식물과 자연' 주제를 할 시기가 되면 어떻게 했나요? 아이들이 좋아하는 시장놀이와는 상관없이 바로 동식물에 맞춰 자유선택활동 자료부터 모든 활동이 바뀌었어요. 이전에는 이렇듯 유아보다 체계적인 계획을 따르는 게 중요했고, 그렇게 해야만 잘하고 있다고 생각했어요.

하지만 유아·놀이중심 교육과정에서는 계획을 세웠더라도 아이들의 흥미나 관심에 맞춰 융통성 있게 수정해서 지원하는 것을 강조해요. 그러다보니 주제 역시 유아의 놀이나 흥미에서 찾는 것이 좋은 방법이긴 해요. 하지만 주제를 중심으로 운영하던 교사들에게 갑자기 생활주제를 없애는 것은 쉬운 일이 아니에요. 앞의 사례 속 선생님과 같은 생각을 가졌다면 생활주제 없이 놀이에서 주제를 찾아가는 게 좋은 방법일 수 있죠. 하지만 어느 정도 생활주제를 계획해두고 유아의 흥미를 반영하여 수정해 나가는 것이 편한 선생님도 있어요. 교사마다 유아·놀이중심 교육과정에 대한 생각과 허용의 수준이 다르기 때문에 각자의 의견이 존중되는 게 필요해요. 그래서 교육공동체가 모여서 평소에도 실제 놀이 속에서 느꼈던 고민이나 놀이 지원의 방법들을 나누면서 공유하는 게 중요해요. 계획을 통해서 아이들이 더 다양한 경험을 할 수도 있고, 계획이 없어서 자유롭게 아이들의 놀이를 지원해줄 수도 있어요. 이 모든 의견들을 함께 공감하면서 연간교육계획을 조정해나가는 거죠.

또는 각자에게 맞는 연간교육계획을 작성하는 것도 괜찮아요. 같은 기관이기 때문에 어느 정도 통일성이 필요하다고 생각할 수도 있지만 교사도 다르고 유아도 다른데 꼭 같은 틀에 맞춰야 할 필요성이 있을지 생각해보는 것도 좋아요.

연간계획안의 다양한 변신! 시작해볼까요?

⊡ "생활주제의 소중함을 느꼈어요."

유아의 흥미나 놀이가 강조되다보니 기존의 생활주제가 많이 사라졌고, 주제를 중요하지 않게 생각하는 의견도 많아요. 그런데 유아·놀이중심 교육과정을 실천을 할수록 11개의 생활주제가 그냥 만들어진 것은 아니라는 생각이 들었어요. 3월에 아이들과 친밀감을 형성하는 유치원과 친구를 하다보면 봄이 오고, 그리고 가족 관련 행사가 많은 5월에는 가족에 대해 알아보고, 운동회도 하면서 건강과 관련한 활동을 하다보면 여름이 와요. 1년의 흐름이 생활주제와 잘 맞는 학습계획들을 보면 아이들의 일상을 주의깊게 살피며 생활주제를 선정했다는 생각이 들었어요.

⊡ "갑작스런 변화는 힘들어요. 한 걸음, 한 걸음씩"

연간교육계획에 유아의 흥미를 어떻게 반영하고 변화를 줄 수 있을지에 대한 고민을 하면서 4가지의 변화요인을 생각해봤어요.

생활주제   주제   자유놀이주제   빈자리주제

- '생활주제'는 이전 누리과정 지도서에 나와있는 11개의 생활주제 또는 유치원의 환경, 유아의 발달수준, 경험을 고려하여 자율적으로 선정하거나 재구성할 수 있어요.
- '주제'는 생활주제를 세분하여 교사가 필요하다고 생각한 내용이에요. 생활주제와 관련하여 유아들이 충분히 탐색하고 놀이해볼 수 있는 내용으로 선정할 수 있어요.
- '자유놀이주제'는 유아가 주제와 관련하여 하고 싶은 놀이를 정해서 해보는 활동이에요.
- '빈자리 주제'는 주제를 정하지 않고, 유아가 하고 싶은 놀이를 하거나 유아의 흥미에 따라 교사가 놀이를 계획할 수 있어요.

예시1) 기존 생활주제에서 작은 변화 주기

월	주	일정	생활주제	주제
4	1		봄	봄의 날씨와 생활
	2			봄에 활짝 핀 꽃
	3	15. 봄체험학습		봄에 볼 수 있는 동물
	4			**봄 자유놀이**
5	1		나와 가족	어린이 날, 어버이 날
	2	04. 재량휴업일		**가족 자유놀이**
	3		**유아 상상 놀이터**	**유아가 하고 싶은 놀이하기**
	4			

예시1)은 기존의 생활주제에서 작은 변화를 준 예시로 주마다 주제가 계획되어 있어요. 여기에 자유놀이 주제와 빈자리 주제를 더했어요.

예를 들어 봄 생활주제에는 봄의 날씨와 생활, 봄의 동식물에 대해 알아본 후에 4월 4주에 봄 자유놀이를 해요. 봄 자유 놀이는 3주간 진행된 봄에 관한 놀이를 바탕으로 유아가 봄과 관련하여 하고 싶은 놀이를 정해보는 거예요. 아이들이 나비, 벌, 꽃 등에 흥미를 보인다면 이와 관련된 놀이를 이어갈 수도 있고, 유아들이 직접 봄과 관련된 놀이를 정해볼 수도 있어요. 또한 꼭 봄이 아니더라도 유아들의 흥미를 반영한 놀이나 활동을 할 수도 있어요.

또는 아이들의 흥미에 따라 계획이 변경되었을 때 대체 기간으로 활용할 수 있어요. 예를 들어 5월 1주에 결혼식 놀이를 했는데 아이들이 너무 재미있어 해서 1주 연장되었다면 5월 2주의 가족 자유놀이를 한 주 더 미뤄 3주에 운영 할 수도 있어요. 5월 3~4주에는 빈자리 주제로"유아 상상 놀이터"라고 표기했어요. 이 때는 유아가 함께 정한 놀이를 할 수도 있고, 자유롭게 하고 싶은 놀이를 선택 할 수도 있어요.

예시2) 생활주제를 줄이고 주제 운영에 유연성 두기

월	주	일정	생활주제	주제
6	1		동식물과 자연	내가 좋아하는 동물 동물 자유놀이
	2			
	3	03. 공룡박물관 체험		
	4			
7	1		여름	여름철 날씨와 안전 여름 자유놀이
	2	04. 물놀이 체험		
	3			
	4			

예시2)는 생활주제를 줄이고, 주별로 주제를 계획하지 않았어요. 6월은 4주지만 주제는 두 개만 계획해서 조금 더 여유 있게 계획이 운영될 수 있어요. 내가 좋아하는 동물에 대한 탐색 놀이를 한 후 동물과 관련해서 아이들이 하고 싶은 놀이를 할 수 있어요. 또한 꼭 동물이 아니더라도 그 때의 흥미를 반영한 놀이나 활동을 할 수도 있어요

예시3) 주제 없이 전개방향만 넣어 빈자리 늘리기

월	주	일정	생활주제	전개방향
9	1		우리나라에 대해 알아봐요	전통놀이, 태극기, 한복, 전통집, 탑, 민화, 우리나라를 빛낸 사람들 등 유아가 관심을 가지는 주제를 중심으로 놀이를 전개한다. 추석과 다른 나라의 명절에 대해 알아보고, 송편 빚기 활동을 한다.
	2			
	3			
	4	20-22. 추석		
10	1		풍성한 가을 즐기기	자연에서 꽃, 나무, 바람, 구름, 곤충 등을 통해 가을을 느끼고 경험할 수 있도록 한다. 사과, 배, 감 등의 가을과일과 곡식을 탐색하거나 이를 이용한 놀이를 전개할 수도 있다.
	2	12. 숲 체험학습		
	3			
	4			

예시3)은 생활주제만 있고, 주제가 없어요. 주제 대신 전개방향만 간단하게 기록했어요. 생활주제만 정해두고 현재 유아의 놀이나 흥미를 보면서 주제를 정할 수 있어요.

예시4) 최소로 필요한 생활주제만 계획하고 빈자리 채워나가기

월	주	일정	생활주제	진행된 주제 및 놀이기록
5	1	05. 어린이날	어린이날이 좋아요	
	2	08. 어버이날 15. 스승의 날	엄마, 아빠, 선생님 사랑해요	
	3			
	4			
6	1			
	2			
	3			
	4			
7	1	06. 동물원체험	동물원에서 만난 동물들	
	2			
	3			
	4			

예시4)는 최소한의 생활주제만 남겨놓고 나머지 칸은 모두 빈자리로 둔 연간 교육계획이에요. 최소한의 생활주제에는 교사가 꼭 필요하다고 생각되는 주제를 중심으로 계획하였고 생활주제도 주제처럼 구체적으로 적어보았어요. 예를 들어 5월에는 가정의 달로 기관별 행사가 많은 것을 고려하여 1주에는 어린이날, 2주에는 어버이날과 스승의 날에 대해 함께 생각하며 행사나 놀이, 활동을 운영할 수 있도록 계획했어요. 이 외에도 기본생활습관과 관계형성을 위한 '유치원과 친구', 추석에는 '우리나라', 사계절, 체험학습 등과 관련된 주제 등을 선정할 수 있어요. 생활주제가 없이 빈칸으로 남겨져 있는 부분은 유아의 흥미나 놀이를 관찰하면서 유아와 함께 채워 나갈 수 있어요.

예시5) 생활주제를 계획하되 시기를 정하지 않고 유아의 흥미에 맞춰 주제 선정하기

연간 놀이 주제 예상 계획

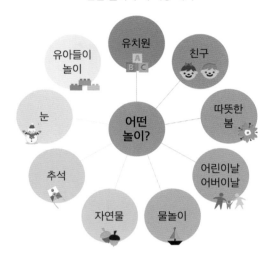

월	주	진행된 놀이주제	교사 반성
3	1		
	2		
	3		
	4		
4	1		
	2		
	3		
	4		

  예시5)는 교사가 필요하다고 생각하면서 유아가 흥미를 보일만한 생활주제를 계획하지만, 시기를 정하지 않아요. 유아의 흥미와 놀이, 날씨나 환경 등을 교사가 고려해서 놀이 주제를 선정해요. 놀이 주제는 한 개일 수도 있고, 여러 개가 한꺼번에 진행될 수도 있어요.

⑤ 나에게 맞는 연간교육계획을 찾아보세요!

예시1)은 생활주제와 주제의 비중이 많았다면 예시4), 5)로 갈수록 자유놀이 주제와 빈자리 주제의 비중이 커지면서 유아의 흥미를 더 많이 반영할 수 있어 요. 유아·놀이중심 교육과정을 실천하기 위해 연간교육계획에 조금씩 변화를 주고 싶은 선생님은 예시1), 2) 중에 선택할 수 있어요. 또는 우리 반 유아의 발달 수준이나 연령에 비추어봤을 때 주도적인 놀이가 어려울 것 같은 선생님 역시 예시1), 2)를 선택할 수 있어요. 반면 유아·놀이중심 교육과정에 대해 알면 알수 록 많이 실천해 보고 싶고, 유아 주도 놀이의 기회를 더 주고 싶은 선생님이라면 예시3), 4), 5)를 선택할 수 있어요. 그리고 소인수학급이라서 모든 유아의 흥미를 충분히 지원해줄 수 있다고 생각되는 선생님들도 예시3), 4), 5)를 할 수 있어요.

단, 예시1), 2), 3), 4), 5)를 유아·놀이중심 교육과정의 단계가 아니에요. 예시1)을 선택했다고 해서 유아·놀이중심 교육과정을 잘못 하는 게 아니고, 예시5)를 선 택했다고 해서 실력있는 선생님이 아니라는 것을 기억하세요. 기관의 특성, 교사 의 성향, 이해와 실천정도, 유아의 연령, 발달수준 등 다양한 요인을 고려해서 우 리 원이나 학급에 맞는 연간교육계획을 세울 수 있어요.

꼭 예시대로 연간교육계획을 만들어야 하는 것은 아니에요. 시기에 따라 유아 의 발달이나 놀이를 살펴보면서 수정할 수 있어요. 예를 들어 학기 초에는 주도적 인 놀이가 잘 이루어지기 어렵다고 느껴지면 1학기에는 예시1), 2)를 하다가 2학 기에는 예시3), 4), 5)를 단계적으로 바꿔나갈 수 있어요.

무엇보다 교사공동체가 모두 모여서 자신에게 맞는 연간교육계획이 무엇인지 의견을 나누는 과정이 중요해요. 교육과정은 교무부장이나 연구부장 등 1명이 맡아서 하는 업무가 아니에요. 교육공동체가 함께 머리를 맞대고 다양한 의견을 나누는 과정이 담겨야 해요. 함께 만들 때 더 활기차고 살아있는 실제의 교육과정을 만들 수 있어요.

🗨 생활주제는 어떻게 정할까요?

연간교육계획의 형식이 정해졌다면 아래 사항을 고려하여 우리반에 맞는 생활주제를 찾아보세요.

유아가 좋아하는 놀이 주제는 무엇인가?

교사가 필요하다고 생각되는 주제는 무엇인가?

유아의 발달수준을 고려해서 생략하거나 추가되면 좋을 주제는 무엇인가?

타 생활주제와 통합 가능한 주제는 무엇인가?

특별한 날이나 행사와 관련하여 필요한 생활주제는 무엇인가?

위의 내용을 바탕으로 생활주제를 과감하게 줄여나가는 작업이 필요해요. 그래야 여유로운 교육과정을 운영하면서 아이들의 놀이를 충분히 반영해줄 수 있어요. 그런데 막상 생활주제를 줄이려고 보면 이것도 필요할 것 같고, 저것도 있어야 할 것 같아요. 많은 생활주제와 다양한 내용도 좋지만 아이들이 즐겁고 주도적으로 놀 수 있는 환경을 만들어 주는 것이 더 중요해요. 이를 위해서는 '비워내는 작업'이 필요해요. 선생님의 욕심을 덜어내는 작업이기도 해요. 그럼에도 너무 어렵게 느껴지신다면 생활주제 간 통합 가능성을 염두 해두고 주제끼리 합쳐보는 작업을 먼저 해보는 것도 좋아요.

그리고 꼭 지도서에 있는 생활주제만을 주제로 정해야 하는 것은 아니에요. 주제는 유아들의 경험과 관련된 친숙한 내용이나 흥미, 호기심을 보이는 내용을 주제로 선정할 수 있어요. 예를 들어 나비에 관심을 보이는 아이들이 많다면 '나비'를 주제로 정할 수도 있어요. 꼭 주제가 '봄'처럼 범주가 커야 하는 것은 아니에요. 아이들이 관심 있는 작은 주제를 선정할 수 있어요. 또한 현장학습이나 행사와 관련해 주제를 선정할 수도 있어요. 예를 들어 영화관이나 시장에 간다면 '영화관 놀이', '시장놀이'를 주제로 정할 수 있어요. 이렇게 변화시키는 과정에서 여전히 '이게 가능할까' 불안할 수 있어요. 우선 선생님의 생각대로 계획하여 실천해보세요. 실천하는 중에 답이 보일거예요.

☺ 실제적인 연간교육계획을 위해 기록하세요!

4월 2주에는 주제가 '봄의 식물과 흙'이었는데 갑작스럽게 전학을 가는 아이가 생겼어요. 그래서 '봄의 식물과 흙' 대신 '전학 가는 친구와 이별'로 주제를 바꿔 그 친구와 하고 싶은 놀이를 했어요. 4월 4주에는 빈자리주제로 운영했어요. 5월 3주에는 '행복한 우리 집'으로 계획했지만 실제 놀이 기록을 보면 동물농장 놀이, 숨바꼭질 놀이 등이 진행되었어요.

월	주	놀 이 주 제				
5 가족·장수풍뎅이	1	어린이날. 어버이날.				
		어린이날 행사	어버이날 행사	자기 가족 휴일이날		
	2	가족. 아트놀이				
		거울딱지놀이.거울 (딸기맛·딸)	가족만들기 신상놀이 (자연목)	바늘 (꽃) 걸이로 야외매 새기	우드랜드 가족놀이	돌멩이 아트놀이
	3	(아트+영아벽놀이) ·또켓물.				
		저도— 다이노가서 올겨캠입	인형극 (아트+무아+신형 놀이저녁매)	숨가탄벽	가족없축 무이기(5인)	또켓물.장수풍뎅이 걸명돌이.케이크놀이
	4	소방관놀이	대또 걸엉놀이	전쟁.준비		번죽욱진 깨기

<5월 진행된 놀이 주제 기록>

5월은 어린이날, 어버이날 등 특별한 날을 반영해 '가족' 주제를 계획했어요. 그런데 갑자기 장수풍뎅이를 키우게 되어 계획에 없던 '장수풍뎅이' 주제를 동시에 운영하게 됐어요. 5월은 날씨가 좋아 가족과 캠핑을 다니는 아이들이 많아 캠핑 놀이가 날마다 진행되었고, 4월에 이어 엄마 아빠놀이, 미용실, 선생님 놀이가 복합적으로 이루어졌어요.

　계획은 계획일 뿐 언제든지 바뀔 수 있다는 생각으로 아이들의 놀이를 있는 그대로 교육과정에 기록했어요. 이렇게 기록을 하다 보니 교사가 세운 주제와 아이들의 놀이가 많이 다르다는 것을 느꼈어요. 동시에 교사가 계획한 생활주제 역시 아이들에게 새로운 경험을 주면서 그와 관련한 놀이를 만들어 내거나 현재의 놀이를 전환시키는 효과가 있었어요. 연간교육계획에 대한 고민이 많았는데 기록을 살펴보면서 계획과 놀이에서 저만의 적절한 선을 찾을 수 있었어요. 변화는 한 순간에 이루어지지 않아요. 실천하는 과정 속에 유아의 놀이와 교사의 시선 등을 계속 기록하면 유아의 흥미를 더 잘 읽어낼 수 있고, 교사로서도 성장할 수 있어요.

주간교육계획안 때문에
유아 주도 놀이를 지원하기 어려워요

저희 원의 주간교육계획안은 이번 주에 놀이를 어떻게 했는지에 대한 사진과 글이 들어가고, 다음 주에는 어떤 놀이를 할 것인지에 대한 계획을 두 페이지 분량으로 넣어요. 그래서 작성하는데 시간도 많이 들고, 매주 계획을 하는 것이 부담스러워요. 거기다 원장선생님께서 생활주제에 맞는 활동을 넣어 계획안을 작성하라고 하셔서 때로는 하지도 않은 활동을 적을 때도 있어요. 이건 아니지 않나요?

주간교육계획안이라고 하지만 이번 주에 진행한 놀이를 사진과 글로 소개하고 있으니 사후놀이안의 역할도 함께 하고 있어요. 교사 입장에서는 매주 계획안에 사후놀이안까지 써야 하는 부담감과 원장 선생님의 경영관에 따라 정해진 주제에 대한 활동을 꼭 계획해야 하는 어려움을 동시에 가지고 있어요.

☺ 주간교육계획안에 사후놀이안까지 보내려니 너무 힘들어요

교육계획안에 유아 주도 놀이를 반영하기 위해 다양한 변화를 시도하고 있어요. 그 중 사례와 같이 주간교육계획안과 사후놀이안을 함께 사용하는 원도 많아졌어요. 원의 사정과 필요에 따라 그럴 수도 있겠지만, 놀이를 지원하는 것보다 문서를 만드는 것에 교사의 힘과 노력이 치우쳐지는 상황이라면 교육공동체의 논의가 꼭 필요해요. 교육계획안을 작성하면서 힘든 점은 없는지, 작성하는데 드는 시간과 대비해서 효율성이 있는지, 현 교육계획안을 통해 놀이지원이 잘되고 있는지 등을 점검해보면서 변화의 지점을 찾아보세요. 사후놀이안을 통해 이번주의 놀이를 가정과 공유하고 있다면 이를 대체하는 방법으로 학급 SNS나 어플을 사용할 수도 있어요.

☺ 원장 선생님과 의견이 맞지 않을 때는 어떻게 해야 할까요?

먼저 원장선생님의 경영관을 이해할 필요가 있어요. 「2019 개정 누리과정」에서는 계획안에 있어서 교사에게 자율성을 주었지만 원의 설립형태, 운영 방법 등에 따라 자율성의 정도가 조금씩 다를 수 있음을 이해하는 것도 필요해요. 원장선생님이 강조한 생활주제별 활동은 아이들에게 다양한 경험을 제공할 수 있고, 놀이를 전환시켜주는 등의 긍정적인 측면이 많아요. 그동안 오랜 경험을 통해 쌓아온 관리자의 운영방법이 있다면 논의 과정을 통해 서로의 입장을 절충하려는 노력이 필요해요. 또한 선생님들이 실제 교실 속에서 아이들의 놀이가 어떻게 이루어지고 있는지, 계획이 유아 주도 놀이를 지원하는데 얼마나 도움이 되는지 등에 대해 관리자와 소통을 할 필요가 있어요.

주간교육계획안에 생활주제별 활동을 계획했어도 계획대로 모두 실천해야 하는 것은 아니에요. 실천해가는 과정 중에서 계획된 활동과 실제 놀이가 다르다면 이에 대한 기록을 해두고, 누적된 기록을 통해 공동체와 이야기를 해볼 수 있어요. 이때는 계획된 생활주제나 활동이 유아의 발달수준이나 흥미와 맞는지를 점검해볼 수도 있고, 현재 유아들의 놀이가 더 많이 반영될 수 있게 계획을 여유 있게 수정할 수도 있어요.

또한 관리자도 교육공동체의 일원으로서 '라떼'에서 벗어나 선생님들의 고민이나 어려움에 대해 귀 기울여야해요. 학급의 교사들은 아이들과 가장 가까이에서 호흡하며 성장과 배움을 지원하는 사람으로 누구보다 학급의 유아에 대해 잘 알고 있는 전문가에요. 교사가 가지는 부담감과 어려움을 최대한 이해하며 지원하려는 노력이 관리자의 가장 중요한 역할이예요. 교사가 공동체로부터 존중받을 때 행복감을 느끼게 되고, 이것은 자연스럽게 아이들에게 흘러가게 되어있어요. 이를 통해 온 공동체가 행복한 교육과정을 운영할 수 있어요.

월간교육계획안을
작성하기 어려워요

주간교육계획안만 작성하다가 갑자기 월간교육계획안을 만들려고 하니까 너무 어려운 것 같아요. 4주 분량의 활동을 압축해서 어떻게 한 장의 계획안에 넣을 수 있을지, 계획안에 유아의 놀이를 어떻게 반영할지, 교사의 수업을 넣어도 되는 것인지 등등 예시가 부족하다보니 답을 못 찾겠어요.

이전에는 누리과정 지도서에 나온 예시를 참고하여 교육계획안을 작성했어요. 그런데 개정 누리과정에서 간단한 지침을 바탕으로 교육계획을 작성하라고 하니 부담을 느끼는 교사들이 많아요. 그래서 월간교육계획안 작성에 도움이될 만한 세 가지에 대해 이야기를 해볼게요.

월간교육계획안으로 바꾸려는 이유는 무엇일까요?

이전 주간교육계획에는 흥미영역별 자유선택활동과 유형별 활동을 균형 있게 계획했어요. 교사들은 실습이나 지도서 등을 통해 교육계획을 수립하는 방법을 배웠기 때문에 계획과 실제 놀이가 달라도 크게 의문을 가지지 않았어요. 오히려 생활주제와 관련해 다양한 경험을 줄 수 있다는 생각에 더 많은 활동을 빼곡하게 채워나갔어요. 교사들은 계획한 내용을 모두 지키려다보니 유아의 흥미나 놀이를 반영할 여유가 없었어요. 그런데 「2019 개정 누리과정」을 접하면서 계획보다 현재 유아의 흥미와 놀이를 지원하는 것이 중요하다는 생각을 갖게 되었어요. 거기다 계획대로 잘 이루어지지 않는 경우가 많아서 최소한의 활동만 계획하고, 수시로 바뀌는 유아의 흥미를 따라 지원을 하게 되었어요. 유아의 현재 흥미와 놀이에 따라 적절하게 지원할 수 있다면 어떤 계획안이든 상관이 없지만 최소한의 활동을 담기에 월간교육계획안이 더 적합하다고 생각하는 선생님들이 많아졌어요.

유아의 놀이와 교사의 활동은 어떻게, 얼마나 담아야 할까요?

월간교육계획안에 매일 바뀌는 유아의 놀이를 어떻게 반영하고, 교사의 활동은 몇 개정도 계획해야 하는지 묻는 선생님들이 많아요. 이럴 때 "교사의 활동은 ○개 넣으세요"라고 답을 드리면 좋겠지만 이건 선생님만 결정할 수 있어요. 교사의 활동 안에서 유아가 주도할 수 있는 부분을 반영하는 선생님, 대부분 유아주도 놀이로 운영하는 선생님, 놀이와 활동을 섞어 사용하는 선생님 등 유아·놀이중심 교육과정을 운영하는 방법은 교사마다 달라요. 다만 전처럼 생활주제에 맞는 활동만 계획하는 것이 아니라 유아가 흥미를 보이는 놀이를 주제나 활동에 반영할 수 있어요. 중요한 것은 계획을 하되 최대한의 빈자리를 마련해서 유아의 놀이를 반영할 수 있는 융통성을 갖는 거에요. 저 같은 경우에는 이전 달에 보였던 유아의 흥미나 요구, 교사가 필요하다고 생각하는 주제 안에서 관련 활동을 3~5개 정도 계획하는데 계획보다 유아의 흥미를 우선해서 운영하고 있어요.

➡ 학부모님이 계획안에서 관심 있는 부분은 무엇일까요?

월간교육계획안은 유아의 흥미와 놀이를 반영한 활동을 계획하기도 하지만 학부모님께 원의 교육내용을 소개해 함께 아이들을 지도하려는 목적도 있어요. 그래서 학부모님이 월간교육계획안을 쉽게 이해할 수 있도록 작성하는 것도 중요해요. 보통 학부모님은 원의 행사나 준비물을 중심으로 확인하는 경우가 많고, 이를 잊지 않으려고 달력에 체크하기도 해요. 그렇지만 한계도 있어요. 학부모님 입장에서는 '오늘' 아이가 무슨 놀이를 했는지가 가장 궁금한데 최소한의 계획이 담긴 월간 교육계획안으로는 이것을 알기가 어려워요.

이러한 측면들을 반영해서 월간교육계획안을 수정해보았어요.

- 해당 월의 주제 : 이전 달 놀이 경험을 통해 발견된 흥미, 교사가 유아들에게 주고 싶은 경험에 대한 주제, 유아가 요구한 주제 등에 대해 주제로 정하게 된 이유와 기대감을 적기
- 교사의 활동 : 유아의 놀이 경험을 통해 모아진 주제와 관련한 여러 유형의 활동과 교사가 함께 하고 싶은 활동 계획하기(특색활동, 공모 사업 등과 관련한 활동 포함)
- 행사, 체험학습, 준비물, 안내사항 : 한 눈에 볼 수 있도록 달력 형식과 메모를 한 장에 넣기
- 특성화 활동 : 수업의 구체적인 내용 적기

행복반 놀이의 속삭임 [5월]

5월은 가족의 달이라고 불리울 정도로 '가족'과 함께하는 날이 많은 달입니다. 어린이날을 맞이하여 나의 소중함에 대해 알아보고, 즐거운 체험을 하며 아이들이 가장 행복한 시간을 갖도록 준비했습니다. 또한 자신의 몸에 관심을 보이는 행복반 아이들이 많아져서 우리 몸의 소중함에 대해 알려주는 시간도 계획하고 있습니다.
가족과 하는 것들이 많은 달인 만큼 자신의 가족을 소개하며 여러 가지 아이들과 가족과 관련된 놀이도 이어가보려고 합니다.
교실에 장수풍뎅이가 찾아올 예정인데 곤충을 좋아하는 아이들과 어떤 이야기를 만들어갈지 기대됩니다.

5월 선생님과 함께하는 즐거운 활동
- **나와 가족**: 나의 소중함에 대해 이야기 나누기, 내 몸을 지키는 방법에 대해 알아보기 　　　　　우리 가족 소개하기, 가족과 함께 한 재미있었던 일 소개하기
- **어린이날, 어버이 날**: 의미 알기, 어린이날 노래, 아빠힘내세요, 이세상의 모든 것 노래
- **장수풍뎅이, 스컹크**: 동화책-장수풍뎅이, 곤충(동물) 백과, 장수풍뎅이와 스컹크에 대해 알아보기
- **생일**: 친구의 생일을 축하하는 말 동영상 찍기, 생일파티장 함께 꾸미기 　　　　생일인 친구의 어릴 때 모습을 보며 이야기나누기
- 기본생활습관(정리정돈하기, 인사하기, 자기 물건 정리하기, 화장실 뒤처리 방법 알아보기)
- 안전교육(내 몸은 소중해, 소방안전교육, 실종예방교육, 코로나19 개인 위생 안전 안내 등)

특색교육1) 어울림	어린이날 축제 텃밭이름표 꾸미기	특색교육2) 온; 프로젝트	엄마, 아빠 사랑해요 (꽃바구니만들기), 체험학습 장소정하기

※ 유아들의 흥미와 관심을 우선하며, 계획된 활동은 수정 될 수 있습니다.

5월 방과후 특성화활동 및 특별체험활동		
특별 체험	찾아오는 동물체험	30일) 스컹크(방구쟁이)를 만나요
월	미술 (14:50~15:30)	3일) 카네이션만들기, 10일) 포일아트, 17, 24일) 우리가족이 최고야,
화	영어 (14:00~14:30)	What is this? (교통기관에 대해 알아봐요), 인사송, 날씨송
수	난타 (15:10~15:50)	타령 장단 탐색하기(별달거리장단 구음으로 익힌 후 악기 연주하기)
목	발레 (14:50~15:30)	백조의 호수 中 마루 운동 1, 2
금	체육 (15:00~15:30)	원반 던지기, 원마커 놀이, 홀라우프 건너뛰기, 피자배달 놀이
함께 배워보는 한글		매일 30분 개별 교재 활용
신나는 종이접기		사막여우, 나무, 메뚜기 접기

학부모님과 함께하는 [5월]

일	월	화	수	목	금	토
2	3 ☆온)프로젝트 아빠엄마 사랑해요 - 소방안전교육	4 ♥특색)어울림활동 - 어린이날 축제	5 어린이날	6 재량휴업일	7 재량휴업일	8
9	10 ♥특색)어울림활동 텃밭 이름표 꾸미기	11	12	13 숲 체험학습 (우드랜드)	14	15
16	17	18 찾아오는 안전체험차량	19 부처님 오신날	20 성폭력예방 인형극 관람	21	22
23	24 지진대피훈련	25	26	27 5월 생일파티	28 숲 체험학습	29
30	31 찾아오는 동물 - 스컹크 -					

♡ 학부모님 함께 해주세요 ♡

- 2021학년도 희망반에서는 '온' 프로젝트를 진행합니다. 첫 번째 온 프로젝트 주제인 '체험학습 장소 정하기' 미션을 아이들과 함께 이야기 나눈 후 작성하셔서 유치원으로 보내주시기 바랍니다.

- 3일(월)은 미리 어버이날의 의미를 알아보고 아빠엄마께 사랑을 표현할 수 있는 방법을 찾아보는 활동을 하려고 합니다. 가족사진을 1장(핸드폰 전송 가능)씩 보내주시고, 9시까지 꼭 등원할 수 있도록 해주시길 바랍니다.

- 4일(화)은 유아들이 가장 행복한 날이 될 '어린이날 축제'가 열립니다. 다양한 재미있는 활동이 준비되어 있으니 8시 50분 등원할 수 있도록 해주시길 바랍니다.

- 27일(목)은 5월 생일파티가 있습니다. 생일은 유아는 어렸을 때 사진(핸드폰 전송)과 부모님께서 유아에게 쓴 편지 1통을 준비하셔서 12일(수)까지 보내주시기 바랍니다.

함께 놀면서 배우는 행복한 ○○어린이집/유치원

☎ 000-0000

사실 월간교육계획이든 주간교육계획이든 형식보다 중요한 것은 유아의 놀이와 흥미에 따라 융통성 있게 변화를 주는 것이에요. 계획된 활동을 통해 아이들의 경험을 늘려주면 교사가 생각하지 못했던 놀이가 추가되어 놀이 흐름이 바뀌기도 해요. 그리고 유아의 놀이와 흥미를 따라가다 보면 계획된 활동을 하지 못했지만 더 즐겁고 자유로운 놀이를 만나기도 해요. 따라서 다양한 방법의 실천을 통해 우리 반만의 교육계획안을 만들어 보세요.

사후놀이안에 사진을 넣을 때
신경 써야 하는 부분이 많아서
힘들어요

매주 아이들이 했던 놀이를 정리해서 사진과 함께 사후놀이안을 보내고 있어요. 수도 없이 많은 놀이를 했는데 그 중 어떤 사진을 넣어야 할지, 혹시 빠진 아이는 없을까 고민하며 글을 쓰는데 많은 시간과 노력이 필요해요. 거기다 실제 몇몇 학부모님께서 사진에 자기 아이가 보이지 않아 속상하다고 하셨어요. 그 이야기를 들은 후에는 단체사진도 꼭 한 장씩 넣고, 놀이 모습 중 아이들 없이 블록으로 만든 탑이나 미술 작품 위주로 넣기도 해요. 이렇게 신경 쓸 게 많다보니 사후놀이안의 필요성에 대해 의문이 들어요. 더 간편하고 손쉬운 방법은 없을까요?

사후놀이안을 받아보는 학부모님이 가장 먼저 하는 일이 무엇일까요? 사진 속

내 아이가 어디에 있는지부터 찾아요. 개미만큼 작게 나와도 부모님은 내 아이를 금방 찾아요. 매주 또는 매달 나오는 사후놀이안에 우리 아이가 없을 때 처음 몇 번은 학부모님도 선생님의 입장을 이해해줄 수 있어요. 하지만 이게 반복되면 '선생님이 우리 아이에게 관심이 없나?' 라는 생각을 하며 속상해해요.

그런데 또 교사 입장에서는 유아·놀이중심 교육과정은 놀기만 한다는 학부모님의 오해를 풀고 쉽게 유아 주도 놀이를 소개하기 위해 이왕이면 보다 멋지고 확장된 놀이를 선택하게 돼요. 그러다보니 자연스럽게 놀이를 주도하거나 활동반경이 큰 아이들이 자주 사진에 등장하게 되고, 그렇지 않는 아이들은 빠지는 일이 생기게 돼요. 부모님들의 마음도 공감하지만 한편으로는 누가 들어가고 빠졌는지를 체크하기에는 교사가 일이 너무 많고 힘들어요.

또한 출력한 사후 놀이안의 사진은 인쇄상태에 따라 전달하고자 하는 바가 정확히 보이지 않아서 무의미할 때도 있어요. 거기다 글 밥이 너무 많으면 학부모님이 잘 보지 않기 때문에 디자인 부분도 신경을 써야 해요.

✏️ 학부모님께 선생님의 고민에 대해 이야기하세요

오리엔테이션이나 SNS를 통해 사진에 대한 교사의 고민을 이야기하고 학부모님들께 양해를 구해요. 모든 아이들이 같은 놀이를 하는 것이 아니기 때문에 몇 장의 사진으로 모두 담아내기는 힘들어요. 최대한 빠지는 아이들이 없도록 노력은 하겠지만 그러다보면 더 많은 사진을 넣어야 하고, 그렇게 되면 어떤 놀이를 했는지에 대한 글을 글쓰기가 상당히 어렵다는 부분을 이야기해주세요.

✏️ 사진이 꼭 들어가야 하는 것은 아니에요

사진을 통해 놀이과정을 쉽게 이해할 수 있지만 사진이 부담된다면 꼭 들어가야 하는 건 아니에요. 그리고 놀이 과정을 설명하는 것도 꼭 길 필요는 없어요.
이전에 교육계획안을 보낼 때에도 학부모님은 활동명을 보고 오늘 어떤 놀이를
할 것인지 예측이 가능하기 때문에 간단한 활동명을 통해 놀이를 소개할 수도
있어요.

다양한 사후놀이안을 살펴볼까요?

 ○○유치원/어린이집
무지개반의 놀이 이야기(6월 1주)

놀이주제	공룡 → 아이스크림 가게	기간	202○. 6. 1 ~ 6. 5
재미있었던 지난 주 놀이	공룡박물관을 다녀 온 후 아이들은 공룡박물관에서 본 것들을 직접 만들며 공룡박물관 놀이를 했습니다. 그리고 아이스크림 가게에 흥미를 갖게 되어 아이들이 직접 아이스크림과 가게를 만들어 아이스크림을 사고파는 놀이가 진행되었습니다.		
기본생활습관	친구의 이야기를 끝까지 들어요.		
안 전 교 육	공룡박물관에서 지켜야 할 안전, 통학버스에서 지켜야 할 안전		

일시 \ 내용	즐거운 놀이, 이렇게 놀았어요.
1일 (월)	● 병원놀이 ● 운동장에서 줄넘기하기 ● 공룡박물관에 대해 이야기나누기 및 안전교육(활동)
2일 (화)	**공룡박물관 체험학습** ● 준비물: 간식-플라스틱용기, 물 ● 복장: 원복, 운동화
3일 (수)	● 점토로 공룡 알 만들기 ● 공룡 목욕 놀이 ● 다양한 재료-점토, 호일, 양면테이프-로 공룡 뼈 만들기(활동) ● 공룡아이스크림가게 놀이(구슬아이스크림) ● 딱지 놀이
4일 (목)	● 아이들이 만드는 공룡아이스크림 가게 놀이 "아이스크림 가게 준비하기" – 아이스크림을 다양한 재료로 만들기(점토, 뿅뿅이, 스팽글, 막대, 구슬 등) – 아이스크림 판매대로 활용할 수 있는 재료 교실에서 찾아보기(스티로폼) – 아이스크림 가게를 위한 공간 만들기 (교구장과 책상을 이용해 3곳의 아이스크림 가게를 구성함) – 내일의 아이스크림 가게 놀이를 위해 교실 공간을 그대로 보관하기
5일 (금)	● 아이들이 만드는 "아이스크림 가게 놀이" (공룡의 이름을 없앰) – 손님과 주인의 역할 정하기⇒역할을 번갈아가면서 놀이하기 – 아이스크림 가게 이름 정하기⇒사랑아이스크림가게⇒간판을 만들어 붙임 – 아이스크림을 살 수 있는 돈이 필요함⇒색종이에 숫자 적어 돈으로 사용 – 아이스크림 가게(교실 두 곳과 놀이터 한 곳) 이용 ● 바깥) 무궁화 꽃이 피었습니다 놀이하기, 딱지놀이

☺ 가정에서 함께 해주세요 ☺

다음 주 놀이 주제	아이스크림 가게 놀이(다른반 초대), 딱지놀이

● 가정에서 함께 놀이해주세요!

놀이 1) 딱지를 접어서 놀이하는 가족과 함께 놀이하는 경험을 가져보세요.

놀이 2) 먹고 남은 아이스크림 봉투나 여러 가지 재료로 만든 아이스크림 등을 활용해 아이스크림 가게 놀이를 해보세요.

● 10일(화)은 숲 체험이 있습니다. 안내장을 확인하시기 바랍니다.

 – 등원시간: 9시   – 준비물: 간식(플라스틱 용기에 담아서), 물

※ 유아의 흥미와 관심 및 유치원 상황에 따라 놀이 주제는 변경될 수 있습니다.

5월 2주
사랑반의 놀이를 담다

이렇게 놀이했어요!

이번 주에 가장 재미있었던 놀이는 카페놀이와 과학 연구실 놀이 였어요! 카페놀이에서는
아이들이 직접 토스트 기계로 빵을 굽고, 믹서기로 과일 주스도 만들었어요. 형님반도 초대
해서 주스와 빵도 사먹고, 손님과 주인 역할을 골고루 해봤어요.
과학 연구실 놀이에서는 컵에 사인펜과 매직 등 쓰기 도구들을 넣어서 색깔을 만들었어요.
사인펜이 색깔 변화가 가장 뚜렷했고, 매직은 색이 연했어요. 과학자처럼 실험을 하면서
색의 변화를 관찰했고, 색깔 물은 얼려서 다음 주에 색칠놀이를 하기로 했어요!

가정에서 함께 해주세요

아이와 함께 카페에 다녀오거나
가정에서도 다 먹은 커피잔 등을
활용해 간단하게 주스를 넣어
카페놀이를 해보세요!

다음주에는

🦋 과학연구실 놀이에서 얼렸던
색깔 얼음 으로 놀이 예정!
(얼음 그림 그리기, 얼음 주스 만들기,
얼음 녹이기 등)
🦋 5월 16일 도서관 체험
(준비물 : 원복, 운동화, 모자)

○○ 유치원/어린이집

10월
도란도란 놀이이야기

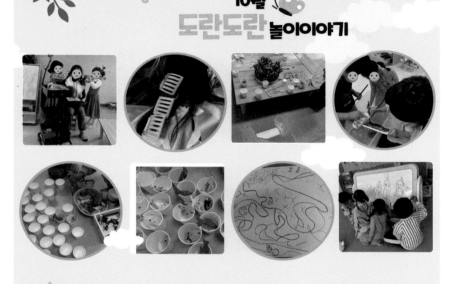

놀이 속 아이들의 즐거움과 배움 들여다보기

행복반 친구들은 10월도 즐겁게 보내고 있습니다!

미용실 놀이에서는 선생님을 예쁘게 만들어준다며 파마를 해준 후 사진도 찍어주었습니다. 덕분에 멋지게 파마가 되어 아이들이 준 종이 돈으로 뱃천만(?)을 지불했습니다.

행복반 친구들이 가장 좋아하는 놀이인 물감놀이는 계속됩니다. 물감놀이를 하려고 떠 온 물을 교실 바닥에 쏟아서 약속에 대해 다시 이 야기를 한 후 정리했습니다.

보물 지도를 보고 찾으러 가자고 책상을 뒤집어 해적선을 만든 아이들! 동물 사육사가 되어 물고기를 컵에 담아 동물들에게 주는 아이들! 모래에 물을 붓자 모래는 젖고 물은 사라지는 과정을 신기해하는 아이들!

끊임없이 친구들과 대화하고, 자신의 생각을 다양한 방법으로 시도하며 자연스럽게 배우는 아이들의 다음 놀이도 기대가 됩니다!

11월에는 무엇을 할까?

	1주	2주	3주	4주
예상주제	동물 사육사놀이	보물탐험대놀이	작은 발표회	
안전교육	몸에 좋은 것만 마셔요	멈추기 생각하기 도와주세요	부모님께 말해요	안전하게 타요
행 사	3일:책놀이터	13일:재난대비훈련		28일:작은 발표회

OO 유치원/어린이집

사후놀이안에 주제와 관련된
특별한 놀이를 넣고 싶어요

저희 원은 사후놀이안을 보내는데 아이들은 같은 놀이만 반복하니까 어떤 내용을 담아야 할지 잘 모르겠어요. 매일 엄마 아빠놀이만 한다고 쓰기도 그렇고, 원장선생님께 결재를 맡아야 하니 주제와 관련된 특별한 놀이가 있었으면 하는 욕심이 생겨요. 그러다보니 생활주제에 관심이 없는 아이들에게 계속 생활주제와 관련된 활동을 교사주도로 이끌고 가고 있다는 생각이 들어요. 그 내용을 사후놀이안으로 쓰면서도 아이들이 원하는 놀이와 활동 사이에 괴리감이 커서 어떻게 해야 할지 잘 모르겠어요.

💬 사후놀이안에 특별한 놀이를 넣고 싶어요

사후놀이안은 교사가 계획한 활동보다 유아 주도적인 놀이가 더 많이 이루어질 때 사용하면 더 효과적이에요. 또, 놀이만 한다고 걱정하시는 학부모님들께 원에서 어떤 놀이를 했는지 소개함으로써 놀이의 가치와 의미에 대해서도 안내하는 역할을 해요. 이러한 장점에도 불구하고 수많은 놀이 중에서 어떤 내용을 선택해야 할지 또는 매일 반복되는 놀이에 대한 소개는 어떻게 해야 할지 막막할 때가 많아요.

💬 아이들의 눈높이에서 놀이를 봐주세요

먼저, 매일 엄마, 아빠놀이만 한다고 쓰는 게 부담스러운 건 관리자나 학부모님이 아니라 교사 자신이 아닌지 돌아보세요. 주제와 관련된 프로젝트 또는 크고 화려한 놀이만 아이들을 성장시키는 것은 아니에요. 대부분의 아이들의 놀이는 일상적인 놀이를 기반으로 해요. 이 놀이를 하는 가운데 아이들의 흥미가 무엇인지, 어떻게 놀이 역할이 바뀌고 있는지, 어떤 대화를 하고 있는지 관찰하면서 '왜 그렇게 생각했을까?', '어느 지점에서 저렇게 재미있었을까?', '어떻게 이런 생각을 했을까?', ' 유아의 어떤 경험이 놀이를 만들어 냈을까?' 등 놀이의 의미를 아이들의 입장에서 이해하려는 노력이 필요해요. 분명 아이들의 놀이 안에는 재미있는 아이들만의 이야기가 숨겨져 있어요.

💬 반복되는 놀이라도 그 과정에서 의미 있었던 부분에 대해 이야기해주세요

그럼에도 불구하고 일상적인 놀이에서 벗어나 다른 놀이로 전환이 필요하다고 여겨질 때에는 자료, 공간, 교사가 계획한 활동 등 환경적인 지원을 통해 변화를 꾀할 수도 있어요. 그럼에도 아이들이 가장 좋아하는 일상적인 놀이가 반복

될 거예요. 그래서 이번 주에도 엄마, 아빠놀이를 했다면 사실대로 쓰세요. 다만, 이런 경우에는 단순히 '엄마, 아빠놀이를 했어요' 라고 쓰기 보다는 놀이과정에서 의미가 있었거나 재미있는 이야기, 변화된 부분에 대해 소개해주세요.

"이번 주에도 가장 인기 있는 놀이는 아빠, 엄마놀이였어요! 이번에는 언니와 이모까지 역할이 더 넓어져서 놀이가 진행되었어요. 그 과정에서 이모, 이모부, 사촌이라는 호칭을 사용해서 아이들과 함께 가족의 호칭에 대해서 알아보는 시간을 가졌어요."

"이번 주 엄마, 아빠놀이는 유치원과 미용실 놀이가 추가 되어 이루어졌어요. 엄마는 유치원 선생님이 되어 친구들에게 재미있는 숫자와 노래를 가르쳐 주었고, 아빠는 헤어디자이너가 되어 친구들의 머리를 예쁘게 손질해주었어요. 퇴근 후 가족이 함께 모여 밥을 차려 먹기도 했어요. 매일 가족놀이를 하지만 선생님과 헤어디자이너의 역할까지 추가되면서 놀이를 더 깊어졌어요. 가족놀이의 변화 어디까지 이루어질지 기대가 되요!"

학부모님들이 사후놀이안의 글을 보고 아이들의 놀이 속 배움을 알아차리기 어려워요. 아이들이 주도하는 놀이 중에서 학부모님들이 생각해 봐야하는 배움의 부분을 구체적으로 이야기해주세요.

"이번 주에는 교실에 텐트를 넣어 줬어요. 텐트로 이사를 온 엄마, 아빠 친구들도 있었고, 가족이 모두 캠핑놀이를 하러 오기도 했어요. 거기다 옆에 있는 트램펄린의 구멍이 화로가 되어 고기를 구워먹기도 했어요. 두꺼운 종이와 빨대로 고기를 만들어서 구멍에 끼워 넣는 친구들도 있었죠. 트램펄린을 화로로 만들어 놀이하는 아이들의 생각에 오늘도 깜짝 놀랐어요! 반짝 반짝 빛나는 아이들의 놀이를 사진으로 살펴보실까요?"

"이번 달에도 아빠, 엄마놀이는 계속 되었어요. 엄마, 아빠놀이가 지겨울 만도 한데 매일 재미있게 하는 이유가 무엇인지 너무 궁금해졌어요. 이 궁금증을 안고 제가 직접 놀이 속에 들어가 아기가 되어보았어요. 아기인 선생님을 돌보느라 우리 반 아빠, 엄마, 언니, 오빠는 너무 바빴어요. 우유 먹여주고 밥 차려주고 재워 주고, 공부도 가르쳐줬어요. 아이들 덕분에 아기인 저는 쑥쑥 자라게 되었답니다. 가정에서도 아빠, 엄마놀이에 함께 참여해보세요. 재미난 이야기가 많을 거예요."

㉣ 생활주제에 따라 계획한 활동에는 관심이 없어요

생활주제와 관련된 활동에 아이들이 흥미를 보이지 않는다면 주제 설정 자체에 대해 고민이 필요해요. 생활주제에서 얽매이지 말고 아이들이 흥미를 보이는 부분을 주제로 정하고, 실천해 보세요. 이 주제를 바탕으로 교사가 할 수 있는 다양한 유형의 활동을 계획한다면 유아의 관심이 모아질 수 있어요.

활동 방법에 있어서도 아이들이 선택하고 주도할 수 있는 부분을 포함하여 즐겁게 참여할 수 있도록 다양한 시도가 필요해요.

III.
놀이기록

기록에 대한 선생님의 고민은?

📝 **기록과 관련한 선생님의 고민은 무엇인가요?**

"유아·놀이중심 교육과정에서 관찰과 기록이 중요하다고 해서 작은 메모장을 들고 다녀보기도 하고, 핸드폰으로 사진도 많이 찍었어요. 그런데 막상 수업이 끝나고 돌아보면 병원놀이를 누가 했고, 엄마놀이도 했고, 남자친구들은 오늘도 로봇만들기를 했구나⋯ 이 정도만 파악이 가능하고, 자세한 놀이 과정을 담지 못해서 놀이 속에 어떤 배움이 있었는지 잘 모르겠어요. '이런 게 놀이기록이라고 할 수 있을까' 싶기도 하고 '이런 기록을 어디다 쓰지?' 라는 생각이 들면서 기록하는 것 자체가 너무 막막해졌어요."

"놀이를 모두 보려고 하니까 기록이 너무 어려웠어요. 그래서 오늘은 한 가지 놀이라도 집중해서 따라가 보자는 마음을 먹었어요. 그런데 한쪽에서 싸움이 일어나서 중재를 하러 가야했고, 우는 아이를 달래주고, 똥 닦아 달라고 해서 화장실에 갔다 다시 와보면 제가 보던 놀이는 사라지고 없어요. 이미 다른 놀이가 진행되고 있는 상황에서 어디서부터 다시 봐야할지, 무엇을 바라봐주어야 할지 잘 모르겠어요. 어떻게 하면 정신없는 교실 속에서 놀이관찰과 기록이 잘 이루어질 수 있을까요?"

"항상 기록하는 애들만 기록하게 돼요. 놀이를 주도하거나 활동 반경이 큰 아이들의 놀이를 주로 기록하게 되는 것 같아요. 아마도 확장되는 놀이가 기록하기 쉽다 보니 기록에서 소외되는 아이들이 있는 것 같아요."

"학기 초에는 아이패드로 사진도 찍고 놀이기록도 열심히 했어요. 그런데 4월초 학부모 상담이 끝나고, 시간이 조금 지나니 기록을 하지 않아도 아이들의 놀이나 특성이 파악되었어요. 그래서 아이들 놀이를 사진으로 찍고, 학급 SNS에 사진과 놀이과정을 올리면서 학부모님과 소통하였고, 아이들이랑 놀이 후에 함께 모여 사진으로 평가를 하고 있는데 큰 부족함은 없는 것 같아요. 그런데 동료 선생님의 기록을 보면 '글로 쓴 기록이 아닌 사진만으로 괜찮은 것일까?' 하는 불안감이 들어요."

"사진을 매일 오려 넣기가 어려워요. 기록과 관련된 예시를 보면 사진이 다 들어가 있어서 넣고 있긴 한데 밀린 숙제하듯이 주말에 몰아서 해요. 그러다보니 일주일 동안 쌓인 사진이 많아서 할 때마다 힘들고, 이걸 꼭 해야 하나 라는 회의감이 들어요. 물론 그때그때 기록을 해두지 못하는 제 탓이기도 한데, 수업 끝나고 일하고 나면 시간이 없어요."

☺ 이렇게 바쁘고 어려운 상황 속에서 놀이 기록을 왜 하려고 하는 거예요?

"메모가 전혀 안 되어 있는 상태에서는 시간이 조금만 지나도 기억이 잘 안 나요. 제 기억력에만 의존할 수 없으니, 그 보조장치로 기록이 필요한 것 같아요."

"학부모님께 아이에 대한 일화 하나라도 더 이야기하려고 기록을 해요. 기록한 걸 분석해서 상담 자료로도 사용할 수 있고요."

"아이랑 대화를 한 부모님이 놀이 상황 속에 있었던 일을 물어보실 때가 있는데 그때 답을 하지 못하면 교사로서의 전문성이 떨어지는 것 같은 느낌을 받아요. 내가 아이에 대해 잘 파악하지 못한 것만 같아 스스로에 대한 만족감이 떨어질 때도 있어요."

"유아·놀이중심 교육과정에서는 아이들의 흥미가 무엇인지 파악해서 지원을 하는 게 중요하니까 이 부분에 대한 파악을 위해서 기록을 해요."

"평가제를 잘 통과하기 위한 자료로 기록을 할 때가 많아요."

"저도 남들처럼 기록을 해보고 싶었어요. 기록을 잘하는 선생님 보면 멋져 보이기도 하고, 더 열정적으로 일하는 것처럼 보여서요."

"기록을 통해 아이들의 놀이를 지원해주고 싶어요. 잘은 못하지만 그래도 열심히 해서 아이들에게 도움이 될 것 같아서 해보는 중이예요."

나만의 놀이기록을 찾아서

이처럼 기록을 하는 이유가 선생님마다 다르기 때문에 「2019 개정 누리과정」에서도 '교사의 자율성'을 강조할 수밖에 없었어요. 교사마다 장점과 특성을 살려서 교육과정을 실천하고 그 과정에서 성장할 수 있는 기회를 갖게 되었다고 생각해요. 저는 「2019 개정 누리과정」이 시작되기 훨씬 전부터 기록을 하고 있었어요. 햇수로는 6년 정도 되었고, 여섯 권의 노트에는 제 기록이 역사처럼 고스란히 담겨있어요. 이렇게 오랫동안 기록을 할 수 있었던 이유는 저만의 분명한 이유가 있었기 때문이에요. 제 기록을 살펴보면서 저만의 이유에 대해 이야기 해볼게요.

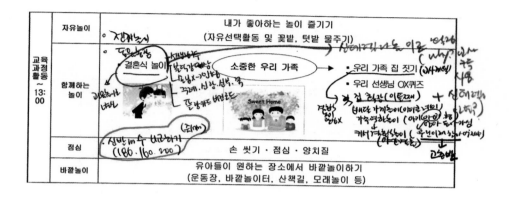

교육과정활동 ~13:00	자유놀이	내가 좋아하는 놀이 즐기기 (자유선택활동 및 꽃밭, 텃밭 물주기)
	함께하는 놀이	소중한 우리 가족 → 우리 가족 집 짓기 • 우리 선생님 OX퀴즈
	점심	손 씻기 · 점심 · 양치질
	바깥놀이	유아들이 원하는 장소에서 바깥놀이하기 (운동장, 바깥놀이터, 산책길, 모래놀이 등)

처음에는 주간교육계획안에 기록을 했어요. 결혼식 놀이 계획 위에 보면 젠가
놀이, 동물농장이 적혀 있잖아요. 교사가 결혼식 놀이를 계획했으나 아이들의 놀
이는 젠가, 동물농장놀이가 진행되었다는 기록이에요. 선생님 구두, 블록 강대
상을 준비했고, 손님이 없어 인형으로 대신했어요. 주례, 신랑, 신부는 꼭 필요해
서 아이들이 역할을 나눴고, 버진 로드는 현수막으로 만들었어요. 결혼식 놀이의
화살표를 따라가다 보면 교사의 구두를 사용해서 신데렐라 놀이로 확장된 걸 알
수 있어요. 우리 가족 집짓기 활동은 2일차에 집이 확장되었고, 배달가게 놀이,

월	화	수	목	금

가족 역할놀이로 진행되다가 아이들이 커서 결혼식을 하게 되었다고 놀이흐름을 기록했어요.

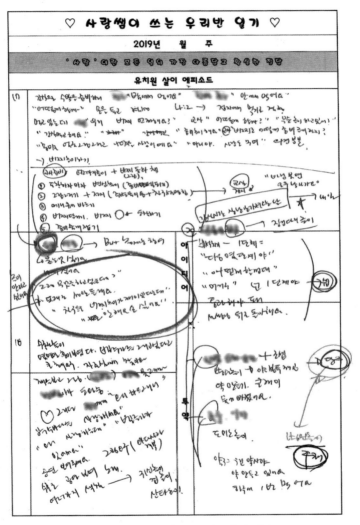

<놀이과정을 빠짐없이 적으려고 했던 기록>

비어있는 주간교육계획안을 채워나가는 기록을 해봤어요. '공벌레와 놀아요'라는 주제에서 요일마다 어떤 활동을 하는지 관찰했어요. 여기에 기록된 놀이 외에도 다른 놀이들이 있었지만 아이들이 재미있어하는 놀이, 저에게 의미 있어 보이는 놀이를 중심으로 기록했어요.

그러다 아이들의 놀이를 좀 더 자세히 기록을 통해 자세히 바라보라고 하니 저 역시도 기록에 대한 부담감이 생겼어요. 그러다보니 아이들이 놀이하는 시간 하나라도 놓칠세라 종이가득 아이들의 놀이 과정이나 모습, 대화를 적기 시작했어요. 하나라도 빠지면 아이들에게 중요한 순간을 교사인 제가 바라봐주지 못한 것처럼 느껴졌어요. 그래서인지 아이들의 놀이에 함께하기보다는 기록하기 바빴어요. 한 장 빼곡하게 매일 기록하는 게 힘들기도 했지만, '왜 기록을 하는 것일까?' 투덜거릴 뿐 의미를 알지 못해 더 힘들었어요.

이런 시행착오를 겪다보니 놀이기록의 형식은 점점 간소화되고, 나에게 맞는 기록에는 어떤 것을 기록하면 좋을지에 대한 것들도 정리가 되었어요. 그래서 '날짜', '놀이기록·지원·평가', '메모' 이렇게 3칸으로만 나눴어요. 긴 문장으로 쓰기 보다는 짧고, 간단하게 작성했어요.

날짜	놀이기록. 지원. 평가	memo(개별유아)

3/26

아그 놀만한 재료기준

준비키트: 딴에 비끼

형님 초대 마케팅기

• 카페 독공 운영 vs 과학 여자사 운영 (   )

• 토스트 가게 ─ ──── → 딴에까지
  각 항.   2아나 잔 이따르께
                  속상

• 아침에 정신 없이 주스 멕써기 가기
                  어드 다고 돌아가여
                  해보기

• 쿠키. 전지. 전시
  카페 영업준비시간 PA
  위해가 끗들이 많아 2시 도움 딴에왔
  그런데 신청시 자격 해당되 "선생님"

  → 신청사 먼저 가방 제엄 (신청)

카페   신청
• 멋된 바로 애드로우   시님여편 X
  (멋) → 마으그리고   사이편 ○
                           메징 △
• 대강이 먹고 인트고   시엄 20해 시각
  너무재이 있어.   → 재해가
                           씩써든든
                           어거미 조검사
                           → 먹써기

동가재   X
  ┌─────┬─────┬─────┐ 신새인 증비 (록 비닝)   아오겠즈이나.
  │ 카에① │ 카에♡ │ 카에♧ │
표방└─────┼─────┼─────┤
초대 한거기   8그

☆ 6가 이미서
  급서세요!!!   예안엇가

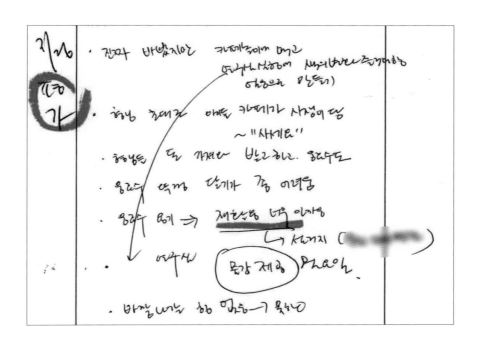

💜 **최소한의 계획과 지원** : 윗부분에는 어제 놀이 평가를 기초로 우리 반 아이들의 흥미에 따라 필요한 교사 계획이나 준비된 지원을 적어요. 실천의 여부를 떠나서 오늘 최소한의 활동 계획은 꼭 필요해요.

기록	해석
아이들이 말한 재료 구입	어제 놀이 평가를 통해 아이들이 추가로 요구한 재료들을 구입함
주스 갈기: 딸기, 바나나	카페놀이에 필요한 주스 중 아이들과 함께 딸기와 바나나를 갈아서 직접 만들어 보겠다는 계획을 함 (전날 평가에서 아이들이 진짜 먹을 수 있는 주스가 필요하다고 해서 계획)
형님 반 초대 미리 알리기	형님 반을 초대하겠다는 계획을 옆반 선생님께 미리 알려서 준비할 수 있도록 함

♥놀이기록 : 놀이는 크게 '카페놀이' 와 '과학연구실 놀이' 로 나뉘었어요.

- 카페놀이에서는 토스터로 빵을 굽고, 쿠키와 젤리도 한쪽에 준비 하고, 믹서기로 주스를 만들었다. 애들이 돌아가면서 믹서기로 과일을 갈았는데 위험한 요소가 많아 내내 교사가 옆에서 도와줬고, 준비하는 시간도 꽤 많이 걸렸다. 놀이를 주도하는 적극적인 아이들은 손님 역할을 해서 빵과 주스를 먼저 먹으려고 했지만, 놀이가 진행되면서 골고루 역할을 맡게 되었다. 형님 반에서는 돈을 가지고 와서 주스와 빵을 사 먹었고, 사람이 많아지자 카페 주인이 손님들에게 줄을 서라고 이야기해주었다.

- 과학연구실 놀이는 컵에 여러 가지 쓰기도구들을 넣어 색깔의 변화를 관찰했다. 물에 넣었을 때 색연필은 변화가 없었고, 사인펜은 색깔 변화가 뚜렷하고, 매직은 색이 연해졌다. 두 명의 유아만 참여했는데, 점차 참여하는 유아 수가 늘어났다. 색깔을 다 만든 물은 얼려 달라고 해서 냉동고에 넣었다.

이렇게 놀이 속 배움을 찾아서 쓰기보다는 교사의 눈에 보이는 놀이의 과정을 시간의 순서대로 간단하게 적었어요.

♥평가 : 오늘의 놀이를 돌아보면서 재미있었던 부분, 힘들었던 부분, 계획과 달라진 부분, 지원과 관련해 고민해야 할 부분, 아이들이 추가한 자료나 교사가 필요하다고 생각하는 자료 등에 대한 평가를 꼭 해요. 이를 통해 내일을 계획하고 교사의 놀이 속 고민이나 의문을 다시 돌아보고 나만의 놀이 허용범위를 조정할 수 있어요.

- 진짜 바빴지만 카페놀이하면서 맛있게 먹으며 즐거워했고, 과학연구실에서는 색의 변화를 살펴보고 얼음으로 만들기까지 했다. 아이들의 흥미대로 두 가지 놀이를 동시에 진행한 것은 힘들었지만 잘한 것 같다.
- 카페 주인이 되어 손님이 된 형님들에게 "사세요", "줄 서세요"라고 상황에 적절한 말들을 사용했다.
- 음료수 컵 뚜껑을 닫는 것을 어려워했다.
- 음료수 컵을 한 번 쓰고 버리는 것이 아까워서 재활용 할 수 있는 방법을 고민했다.
- 과학연구실 놀이에 관심을 보이는 아이들이 많아서 월요일에는 물감을 제공해볼까 생각했다.
- 카페놀이, 과학연구실 놀이를 지원하다보니 힘이 없어서 바깥놀이는 하지 못했다.

4/6 · 송사탕 별꽃구어기 (날꽃자 송바닥에게제법)

(계획) 어묵김 활동 (0:30) → 꽃밥

· 날꽃로 송사탕 가게 → ⬛️가 안녕 친보려그해서 걔네

→ 송사탕 대령시켜중
(용기 내주엃기에~)

백꽃만들기 지혀 라남 X

→ 다녕 송사탕만들어먹기

→ 교실 가운데 (사우이들
송사탕 별꽃담긴

· 내약 = 공동기 밤이서 : " 어디에 까거해야 X /이 |

· 교실 공간이동 향. (모이는 정거 다시 ♡)

· 교실 벼꾸너 사진붙이기 → 정거 정등
에이들의 숫자대신
그링(사진) 붙여구내

(⬛️)

" 어디에 까거해도 "

진을
보통하게 심법게 세운
이매를 칸 맞추거 기울
(이야기로 나눔)

⭕위값놓이 · ⬛️ 2세 탄 작은 앞으로 일어섰더라
위급하더라 게게 아래에마 반격으로 용엇 짓은
하여 ' 이나 2 ' 라고 되었느라.

⬛️ ⬛️ - 거로로 서을 안또기 놀이로 서거~
이매 ⬛️⬛️이 함께 놀이하다 ⬛️건이 아약거
⬛️가 '날 녀강 안또아 ⬛️⬛️ 그들이 놓자' ⬛️⬛️은 '옹'

이라고 앞일. ⬛️⬛️은 ' ⬛️⬛️ 가늘기 놀거/인가자 · '닌 싫어 ' 라고 앞앙-
' 하니 ' 라고 하자. ⬛️⬛️은 ' 넌 다 뭐어머니라 그래써 ' .... 이녀은 도거나안하

4월 6일에는 솜사탕으로 벚꽃 꾸미기 활동을 계획했어요. 그런데 아이들은 벚꽃에는 전혀 관심이 없고, 솜사탕 만들기만 했어요. 솜사탕을 충분히 먹은 후에 교실 가운데 나무를 옮겨 놓고, 거기에 솜사탕을 붙여 벚꽃을 만들려고 했지만, 아이들의 흥미는 여전히 솜사탕 만들기에 집중되어 있어서 솜사탕 만들기를 이어갔어요.

정리정돈이 힘든 이유에 대해 이야기를 나누다가 어디에 정리를 해야 할지 모르겠다고 바구니에 사진을 붙여달라고 했어요.

주로 유아 주도 놀이를 하기 때문에 솜사탕 놀이 외에도 수십 가지의 놀이가 있었지만 아이들이 가장 재미있었던 놀이와 교사가 중요하다고 생각한 부분을 기록했어요.

초록색으로 써진 부분은 방과후과정 선생님의 기록이에요.

- 그네 앞을 지나가는 위험한 행동을 해서 안전교육이 필요하다.
- 창준이는 이쑤시개로 만든 고슴도치를 희정이에게 싫다는 말을 들었는데도 위험한 행동을 계속하였다. 교사가 물어보니 "놀고 싶어서 그랬어요"라고 답했다. 놀고 싶은 마음이 커서 자신의 행동이 친구를 불편하게 한다는 생각을 하지 못하는 것 같다.

날짜	놀이기록. 지원. 평가	memo(개별유아)
4/14 평가	Q. ██의 폭력적인 행동에 대하고민 (과씨 ~ 등)* Q. 사랑반의 계속적인 방문. (놀이흐름 끊어지고. 주목됨) Q. 만4세들의 놀이방해 VS 0나4들의 즐거운 칼놀이! ██가 좋아하는것 잘알고 있음. But 자발해서도움-	

아이들과 함께 놀이를 하게 되어 이날은 기록을 못하고 평가만 간단하게 했어요.

- 우주의 폭력적인 행동에 대한 고민이 생겼다.
- 사랑반의 계속적인 방문(놀이흐름이 끊어지고, 주목됨)은 어떻게 해결해야 할까 고민이 생겼다.
- 만 4세들의 즐거운 칼 놀이가 만 3세 유아들의 놀이에 방해되는 것은 아닌가 하는 고민이 생겼다.
- 특수교육대상 유아가 좋아하는 것을 학급유아들이 잘 알고 있지만, 자발적인 도움은 유진, 나라, 하준이만 주고 있다.

- 매일 같은 엄마 놀이를 하더라도 텐트 지원에 따라 놀이에 변화가 생겼다.
- 교사가 계획한 활동도 아이들이 원하는 방법으로 바꾸기도 했다. (시트지에 거미를 그린 후 끈적이는 부분으로 놀이 계획 → 아이들은 시트지에 거미를 그린 후 벽에 붙이고 계속해서 거미를 추가하는 것에 더 흥미를 가짐)
- 바깥놀이를 하다가도 '거미'를 찾아냈다.(저번주 놀이주제가 거미였는데 계속 관심을 갖고 있음, 아이들이 좋아하는 주제는 다른 놀이와 동시에 진행된다는 것을 알 수 있었음, 계속 관찰하면서 다음 주 놀이에 반영하기)

날짜	놀이기록. 지원. 평가	memo(개별유아)
5/20	· 인형극 ( ) "이땐 (말이 안돼요) "	
	· 포켓몬 도감 이름쓰기 진행중 속사	
	ⓐ 자동차( ) → 복도 : (자신)자기끼리달리기 →	
	ⓑ 집만들기 ( ) 아빠엄마놀이	+ 아빠엄마 놀이되어
5/21	ⓒ 모래놀이 ( )를 좋아하는데 어떤 도구는 더 좋다. 사용경향이 ( )보다. → 체험학습 ? 또?	
	ⓓ 만제 도입을 위해 복도내려가기 바닥에 던지기	체개나길 →가리용사 다음.
5/21	· 떡통합 ( )	
	· 포켓몬 vs 자연놀이 vs 마트 → 미양방이동	ⓔ 갱평놀이 2강 2네어
	· 사방법 ( ) 즉거 비움.	
	· 유리실 = 체육도구 유니바 세우기 ( )	
	경영 좋이다.	

인형극을 보는 날이었기 때문에 따로 활동 계획을 쓰지 않았어요.

- 포켓몬 도감에서 캐릭터별로 이름 쓰기 놀이를 했다.
- 만 4세 형님에게 놀이 공간과 장난감 사용에 밀린 만 3세 아이들에게 넓게 놀이 할 수 있도록 복도를 내주었다.
- 주로 남자 아이들은 공사놀이를 하고, 여자 아이들은 엄마 아빠놀이를 했다. 아이들이 수시로 두 가지 놀이를 왔다 갔다 하면서 놀이가 이어졌다.

공사놀이를 좋아하는 아이들에게 목공놀이 도구를 더 추가해 줄 것인지 아니면 관련 체험활동을 하면 좋을지 고민했어요. 또한 복도로 나간 만 3세 유아들의 놀이를 좀 더 확장해주고 싶어서 꼬깔콘 모양의 도구를 제공했으나 별 관심이 없었어요.

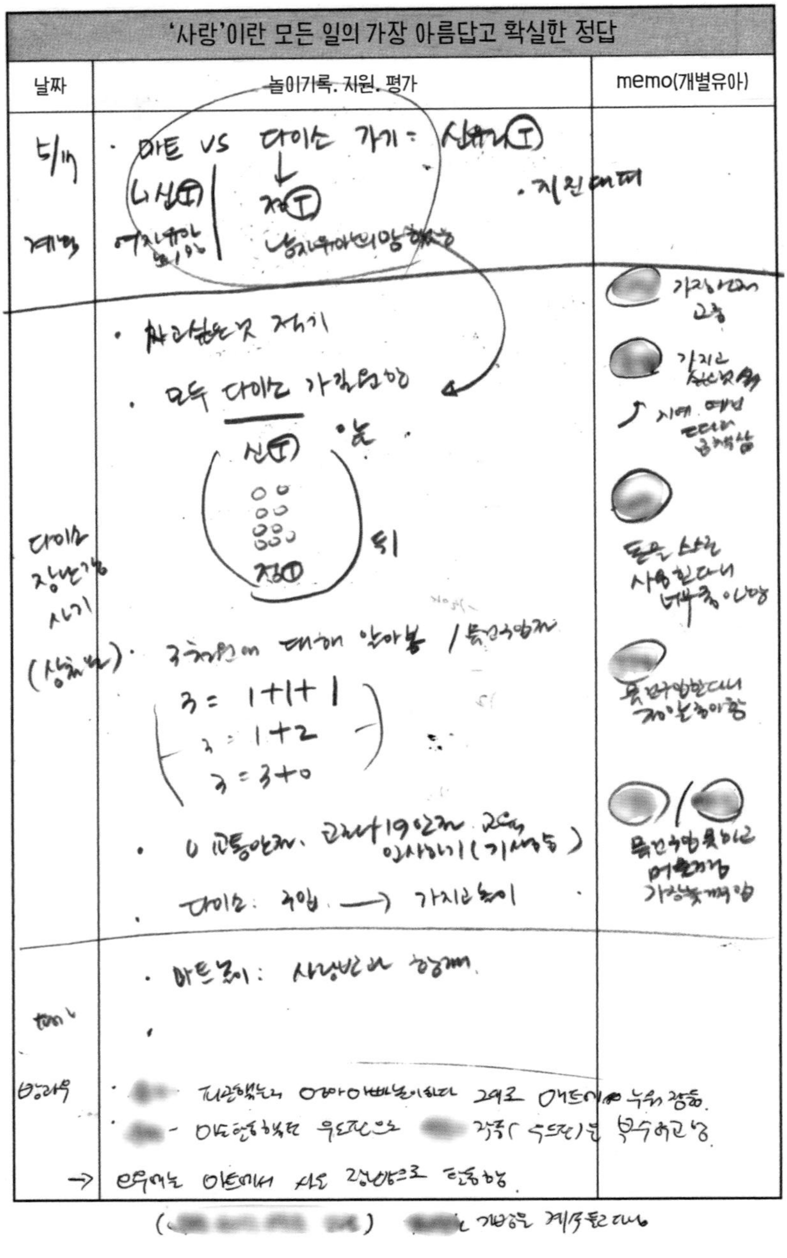

날짜	놀이기록. 지원. 평가	memo(개별유아)
5/11 계획	• 마트 vs 다이소 가기 = 신규T ㄴ신규ⓣ → 정ⓣ 여자 기각 있음 ㄴ 남자유아의 의망 해소 • 지원대비	(개별유아 메모 — 판독 불가)

다이소
장보기
시기
(상황분)
	• 사고싶은것 적기
	 • 모두 다이소 가고싶어함
	  신ⓣ • 눈
	   ○○ • 틱
	  정ⓣ
	 • 3가지씩에 대해 안아봄 / 물건안기
	  $3 = 1+1+1$
	  $3 = 1+2$
	  $3 = 3+0$
	 • ㄴ 이동안전, 줄서기 19인제 2인씩 일사하기 (기서중)
	 • 다이소: 구입 → 가지고놀이	

7이h 평가	• 마트놀이: 사랑반과 함께 • • 지원했으나 ○○아 아빠놀이하러 2부로 아트에서 누워 장동. - 아동현황보고 우드라으로 ○○ 장중(수락시)를 보수하고싶 → 언뜻에노 아트에서 시도 강화로으로 드래하양 (○○○○○○) ○○○ 개원은 계속둘더 대비	

현장학습 장소도 아이들이랑 같이 정했어요.

- 마트와 다이소 중 가고 싶은 곳을 아이들이 정했다(지난번에는 마트와 다이소를 선택했으나 당일에는 모두 다이소로 변경했음).
- 사고 싶은 것을 적고, 물건을 구입하기 전에 3천 원에 대해 알아보았다.

개별 유아 기록은 놀이기록 오른쪽 메모란에 틈틈이 적었어요.

- 유진 – 들어가자마자 원하는 장난감을 골랐음.
- 나라 – 돈을 마음대로 사용할 수 있다는 사실에 기뻐함.
- 찬희 – 물건을 구입 못하고 머뭇거림. 가장 늦게 구입함(시간이 많이 필요한 편이므로 충분히 기다려주거나 도와주기).

평가에서는 아이들이 다녀온 물건을 가지고 놀면서 마트 놀이를 하고 싶다고 해서 옆반과 함께 상의해보기로 했어요.

2021년 4월 1주 돌아보기						
'사랑'이란 모든 일의 가장 아름답고 확실한 정답						
1	정			9	0	0
2	황	✓	✓	9		6W3
3	김		✓✓	9	0	0
4	이	✓		9		로버드
5	서		✓			0
6	이					0
7	김	✓	✓✓	0		0✓
8	박		✓		0	0
9	이		✓	0		

2021년 5월 2주 돌아보기						
'사랑'이란 모든 일의 가장 아름답고 확실한 정답						
1	정		0			
2	황	0				
3	김	0	0			
4	이					
5	서		0			
6	이					
7	김	0				
8	박	0				
9	이	0	0			

기록을 하다 보니 항상 기록하는 아이들만 하게 되는 문제가 생겼어요. 이를 극복하기 위해 소외되는 아이들 없이 골고루 아이들을 관찰하기 위해 주별로 기

록 체크리스트를 만들었어요. 그런데 체크를 한다고 해서 기록이 크게 바뀌지도 않았고, 이것까지 하기에는 무리라는 생각이 들어서 몇 주 쓰다가 포기했어요. 그래서 2학기 놀이기록지에서 체크리스트는 삭제했어요.

또한 개별 유아기록은 놀이기록 옆의 메모 칸에 유아의 이름을 적고 간단히 기록했어요. 이 기록을 개인별 유아평가나 상담때 사용하려다 보니 다시 옮겨적어야하는 번거로움이 있었어요 그래서 2학기부터는 포스티잇에 기록해서 개별유아기록지에 모아 유아의 성장을 바라보기도 하고, 학부모 상담에도 그대로 활용했어요.

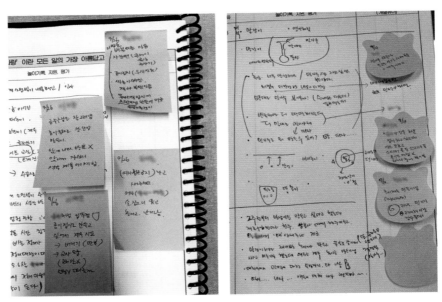

<놀이기록지에 개별유아기록하기>

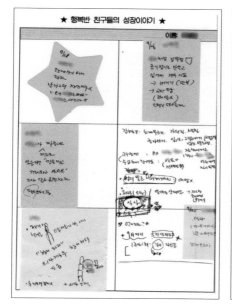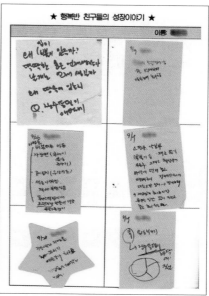

<포스트잇에 기록된 개별유아기록 모아보기>

　교사의 취향에 따라 수기 또는 태블릿에 놀이기록을 할 수 있어요. 태블릿에 기록을 하는 경우는 사진을 찍어 기록지에 바로 추가 할 수 있고, 수정도 자유롭게 할 수 있어요. 또한 페이지의 순서를 마음대로 조정할 수 있고, 하이퍼링크를 통해 원하는 페이지로 이동할 수도 있어요. 이 외에도 여러 기능을 활용해서 놀이기록을 간편하게 할 수 있어요.

　기록의 방법과 형식에는 정해진 것이 없어요. 기록하는 과정에서 나에게 가장 잘 맞는 방법을 찾아갈 수 있어요.

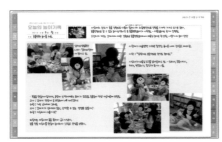

<놀이기록>

<개별유아기록>

<영역별 유아기록>   <학부모 상담 일지>

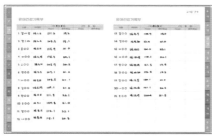
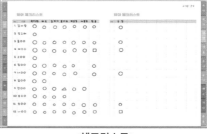

<유아 건강기록부>   <체크리스트>

※ 놀이기록지 제작 : 유교과언니&그래쌤

182

놀이기록을 하는 나만의 이유

유아·놀이중심 교육과정에서 관찰과 기록을 강조하기 전에도 많은 선생님들은 기록을 했어요. 이전의 기록은 유아가 문제 상황으로 인해 울거나 다치거나 거짓말하는 등 잘못된 점에 대한 기록이 많았어요. 기록을 학부모님 상담자료나 학부모 민원이 발생했을때 교사를 보호할 수 있는 방패막 정도로 생각했어요. 그런데 유아·놀이중심 교육과정에서의 기록은 지금까지의 기록과는 좀 달라요. 제가 놀이기록을 하는 이유 속에서 차이점에 대해 설명을 드릴게요.

첫째, 내 학급에 대한 책임과
교사로서 반성과 도전을 위해 놀이기록을 해요

「2019 개정 누리과정」에서는 교사에게 좀 더 많은 자율성이 주어졌지만, 그 안에는 학급에서의 교사의 책임 역시 그 만큼 더 확장되어 부여됐어요. 계획이 중요했던 이전과 다르게 아이들의 흥미에 따라 유연하게 운영할 수 있기 때문에 수시로 새로운 놀이가 생기고, 계획했던 활동들은 사라지기도 해요. 그런 과정을 기록으로 남기며 교사로서 자율적인 학급 운영에 대해 좀 더 책임감을 가지려고 노력했어요.

또한 유아·놀이중심 교육과정을 실천하면서 의문점이 쌓일 때나 아쉬운 점이 많은데 기록을 하면서 저만의 해답을 찾아가고 있어요. 예를 들어 정리를 안 하고 다른 놀이로 가버릴 경우 기본 생활습관으로서 정리 지도를 해야 할지, 아니면 놀이의 연장선에서 허용해줘야 할지 고민이 된다고 써요. 정리정돈에 대한 고민이 많다보니 놀이기록에도 이와 관련해서 아이들과 함께 나눈 이야기나 실천 방법 등이 많아요. 그런 기록들을 통해 스스로에게 물어 보고, 또 고민에 대한 해결책 역시 스스로 찾아 보고, 또 실천해 보고 다음에는 이런 저런 방법을 써봐야겠다 다짐해보는 거죠. '아, 이래서 기본 생활습관은 일상생활 속에서 지속적

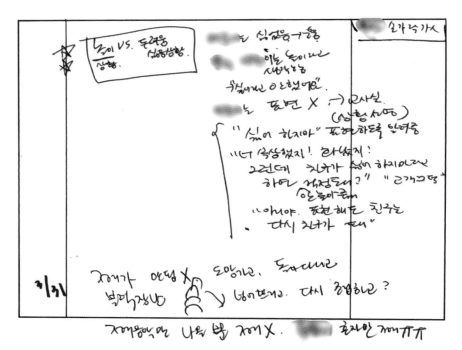

<놀이 상황에 대한 고민>

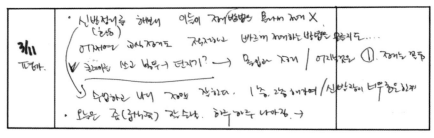

<정리정돈에 대한 고민>

으로 알려주어야 한다고 하는구나.' 책에서 글로 배웠던 지속성을 기록을 통해 발견하는 과정이 저에게는 성장이고, 배움이었어요.

어떤 때는 아이들의 놀이와 관련 없이 그날 저의 컨디션이나 기분, 마음을 적어요.

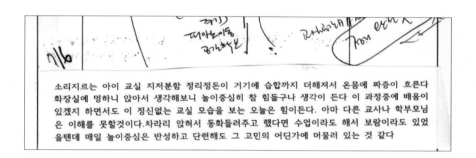

소리지르는 아이 교실 지저분함 정리정돈이 거기에 습합까지 더해져서 온몸에 짜증이 흐른다 화장실에 멍하니 앉아서 생각해보니 놀이중심히 참 힘들구나 생각이 든다 이 과정중에 배움이 있겠지 하면서도 이 정신없는 교실 모습을 보는 오늘은 힘이든다. 아마 다른 교사나 학부모님은 이해를 못할것이다. 차라리 앉아서 동화들려주고 했다면 수업이라도 해서 보람이라도 있었을텐데 매일 놀이중심은 반성하고 단련해도 그 고민의 어딘가에 머물러 있는 것 같다

"소리 지르는 아이…. 교실 속 지저분함. 거기에 습기까지 더해져 온몸에 짜증이 흐른다. 화장실에 멍하니 앉아 '놀이중심 교육이 참 힘들구나' 하는 생각을 한다. '놀이과정 중에 배움이 있겠지' 하면서도 이 정신없는 교실 모습을 보니 오늘은 힘이 든다. 아마 다른 교사나 학부모님은 이해를 못할 것이다. 차라리 앉아서 동화를 들려주고 수업이라도 했다면 보람이라도 있었을 텐데…. 매일 놀이중심은 반성하고 단련해도 그 고민의 어딘가에 머물러 있는 것 같다."

제가 좋아서 열심히 하는 유아·놀이중심 교육과정이지만 어느 날은 이렇게 힘이 쭉 빠지기도 해요. 이런 날은 놀이관찰, 기록, 지원…. 아무것도 안 하고 싶어요. 그래서 이런 날에는 계획부분에 '아무것도 안 하고 싶은 날'이라고 사실대로 썼어요. 많이 힘들고 지치면 지친대로 그냥 솔직하게 '나 진짜 힘들다'고 종이에 소리치듯 감정을 쏟아내면 어느새 또 다시 힘이 나기도 하더라고요.

놀이기록을 하는 첫 번째 이유는 솔직히 유아라기보다 교사인 저 스스로를 위해서예요. 누구를 보여주거나 검사를 받아야 하는 것이 아니기 때문에 기록은 이렇게 나를 돌아보기 위한 하나의 방법이에요. 나를 돌아보는 과정에서 아주 작은 부분이지만 '성장'이라는 보답이 있었기에 6년이란 시간동안 기록을 할 수 있었어요.

☺ 둘째, 방과후과정 선생님과 놀이, 일상생활 등 전반적인 연계를 위해 기록해요

놀이가 확장 중이라면 흐름이 끊어지지 않기 위해 오전과 오후 놀이가 연결되어야 하고, 이 놀이가 그 다음날 오전에도 이어질 수 있어야 해요. 이를 위해서는 교육과정 교사, 방과후과정 교사가 함께 해야 해요. 그런데 너무 바쁘다 보니 현장에서는 잠시 이야기를 나누는 것조차 힘들 때가 많아요. 그럴 때 가장 쉬운 방법이 기록을 공유하는 것이에요. 방과후과정 선생님과 함께 기록을 하면 내가 미처 보지 못했던 놀이의 장면 또는 아이들의 성향에 대해서도 알 수 있고, 아이들의 몸 상태, 학부모님 전달사항도 서로 공유 할 수 있어요.

그런데 현장에서는 옆반 선생님과 교육과정에 대해 많은 고민을 나누는 반면 정작 우리 반을 잘 알고 있는 방과후과정 선생님과의 소통시간은 부족한 것 같아요. 교육시간이 달라서 힘든 부분이 있지만 방과후과정 선생님과 긍정적인 관계를 맺으며 아이들에 대해 이야기를 나누어본다면 교사 및 우리 반 아이들의 성장에 도움이 될 거예요.

날짜	놀이기록. 지원. 평가	
땡이	· 오전: 놀이 (캥핑. 로봇. 똥꼬놀이) → 유의사항 · 놀이의 확장고 활동어려움 · 놀이의 몰입 위해 1시간 이상활동 → 2교대 하면 배깥에 · 안저리움 쌓지 아	

방과후	· 오후: "나비" 종이접기!
	  · 작은나비. 호나비 접고 댔다가 더 종이 접기로
	 · 로봇 만들기 (상자꾸미기)
	  → 상고 로봇만든 것을 더 꾸미고 분다고 하셔 그라우 학습동
	     해고 더 붙이여 꾸미이 눠함 → 상자찾등 이
	 · ____, ____가 먼저 차리정해 나와보록오가고
	   노느데 ___가 바빠 멀어져 나와보록 접어 마고
	   가라고 놓였다고 해본보래. (만2 안하고 입을 ___로	

오전놀이—오후놀이—다음날 오전놀이까지 연결되었어요.

예) 오전에 로봇에 대한 놀이를 했던 기록을 통해 오후에 상자를 이용해 로봇을 꾸밀 수 있도록 지원해주었다. 만들어진 로봇을 이용해 다음날도 로봇 놀이를 했다.

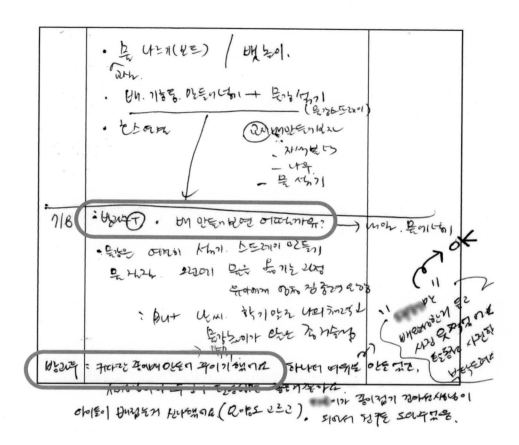

갑작스럽게 생긴 흥미를 이어갈 수 있도록 했어요.

예) 오전에 물이 담긴 플라스틱 상자에 물에 뜨는 물건을 띄워보는 놀이를 했다. '오후에 배를 만들어 보면 어떨까요?'라는 기록을 남겼고, 방과후과정 시간에는 배 만들기 활동을 했다.

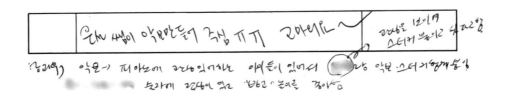

교육과정 교사가 놓친 지원을 기록을 통해 방과후과정 교사가 해주었어요.

예) 며칠 전부터 피아노 치는 것에 관심을 가져 스티커 악보를 만들어 주고, 건반에도 스티커를 붙여주려고 했지만 바쁜 일과에 놓쳤다. 관련 기록을 보고 방과후과정 선생님이 대신 스티커 악보를 지원해주셨다.

☺ 셋째, 유아가 놀이에서 무엇을 경험하고 배우고 있는지 살펴보거나
　　현재 흥미와 관심사에 따라 다양한 지원을 하기 위해 기록을 해요

- 물모래 놀이 중 물길 만들기가 잘 진행되었으나 특성화 활동으로 인해 중간에 멈춰서 아쉬웠음. 내일도 공개수업이 있어서 진행하기 어려우니 다음 주 중에라도 물모래 놀이 다시 계획해보기 ⇒ **유아의 흥미에 따라 활동 계획하기**

- 유진이가 자석블록으로 캠핑장 요리하는 곳을 만들고, 냄비와 음식들을 가져오자 사랑, 나라, 하준이가 관심을 보여 같이 놀이를 했다. ⇒ **놀이 관찰하기**

- 자유 놀이 후에 바깥에서 가족 얼굴 꾸미기를 해서 시간이 부족했다. 더 하고 싶은 친구들은 오후에 이어서 하기로 했다. ⇒ **시간제공하기**

- 함께 모이는 공간에 탑이 쌓아져 있어서 그대로 두자는 아이들의 의견에 따라 책상에 모여서 이야기를 나누었다. ⇒ **수용하기**

- 포켓몬을 한 번 그려주니 계속 그려달라고 해서 스스로 해보도록 격려했다.
　⇒ **지지하기**

- 포켓몬 도감을 만들기 위해 그림 밑에 이름을 쓰면서 한글놀이(교육)도 되었다. 포켓몬 색칠하기, 포켓몬 역할놀이 등 다양한 놀이가 나왔다. 아이들에게는 캐릭터가 하나의 문화로 자리 잡으며 긍정적인 방향으로 놀이를 진행하고 있다고 학부모님께 알리는 편지를 써야겠다. ⇒ **배움 찾기, 학부모님과 연계하기**

- 병원놀이 중 환자의 역할을 해야 해서 찜질팩을 배에 올리고, 입원해 있었다. 병원놀이 도구를 요구해서 시력검사, 대일밴드, 주사, 청진기를 넣어주었다. ⇒ **함께 놀이하기, 자료 제공하기**

- 물을 퍼 올리는 엘리베이터 놀이를 했는데 여러 번 시도를 했지만 물을 퍼 올리지는 못했다. "그런데 어떻게 하면 물을 엘리베이터처럼 올렸다 내렸다 할 수 있을까?", "물 엘리베이터에서 물이 아주 빠르게 내려오네. 이번에는 물이 10층으로 올라가서 내려오고 싶다는데 어떻게 하면 좋을까?" ⇒ **비계 설정하기**

- 투명한 통으로 기울기를 이용한 놀이는 하지 않았다. 관련 활동을 할 것인지 스스로 선택할 수 있도록 기다려주기로 했다. 과녁과 통을 연결하는 놀이로 발전해 아이들이 기울기를 충분히 활용한다는 것을 알았다. ⇒ **지지하기**

- 동화 『팥빙수의 전설』을 읽은 유아들이 팥빙수를 만들어 보고 싶다고 했다. 내일 팥빙수 만들기 활동을 계획했다. ⇒ **활동 계획하기**

- 물감 섞어보는 놀이를 하는데 화장실에서 교실까지 물을 가져오느라 힘들어했다. 화장실 앞 유휴공간에 책상을 놓아 물감놀이를 할 수 있도록 지원하였다 ⇒ **공간 지원하기**

⊜ 넷째, 유아 평가를 위해서 기록해요

유아 평가를 위해 별도의 기록지를 만들지는 않았어요. 대신 놀이하는 아이들의 이름이나 대화한 내용 등을 쓰거나 포스트 잇을 사용해 개별 유아의 흥미, 관심사, 몸 상태, 식습관 등에 대해 써요. 매일 모든 아이들을 기록할 수 없어서 하루에 한두 명의 유아라도 기록하려고 노력은 해요. 하지만 여러 여건상 그 마저도 어려울 때가 많아요. 3, 4월에는 개별 유아를 파악하고 있는 과정이라 상대적으로 기록을 많이 하는 편이지만, 학기 말로 갈수록 특별히 따로 기록하지 않아도 아이에 대해 어느 정도 떠올라요. 이후에는 필요한 경우만 기록하고, 유아 놀이나 상담 때 누적된 기록을 보면서 정리를 해요.

우리 반 아이 한 명 한 명 사랑의 마음으로 기록한다면 아이들과 교사 본인을 위한 실제적인 기록이 될 수 있어요. 한 줄밖에 못쓰더라도 그것을 가지고 돌아보는 시간을 통해 교사와 유아 모두 조금씩 성장하고 있는 모습을 발견할 수 있을 거예요.

- 나라 – "선생님 거미줄 보러 가야죠"라고 말하며 어제의 흥미를 이어감.
- 유진 맘 – 거미줄 보러 간다고 유치원 가는 걸 아침에 즐거워했다고 문자옴
- 하림 – 캠핑놀이 그림으로 그리며 바다까지 그림. 캠핑 또 가고 싶다고 말함.
- 한결 – 피곤했는지 엄마 아빠놀이하다가 그대로 매트에서 누워서 잠듬
- 초롱 – 앞에 나와서 가족 사진 소개하는 것은 어려워했으나 사진이 나오니 좋아함.
- 다예 – 문에 테이프를 붙이며 "누가 잡아줄 사람?" 친구들에게 부탁도 잘하고 친구들에게 놀이 방법도 알려주며 같이 함.
- 하준 – 마지막까지 혼자 정리를 마무리함.

- 희정 - 친구의 공 바구니를 함께 옮겨줌.
- 유진 - 소고기국 잘 먹음. 코다리 1개, 계란, 귤, 오징어 먹음
- 초롱, 다예 - 밥먹고 돌아오는 길에 서로 앞에 간다고 다툼. 둘이 이야기를 다시 해보라고 했으나 화해하지 못해 중재함.
- 사랑 - 미술 활동했던 우드판으로 소망이 작품을 부수려고 했음.
- 송강 - 자신이 만든 블록 팔을 부쉈다고 화가 나서 방방 뛰면서 소리를 지름. 같이 팔을 만들면서 화가 난 마음에 대해 이야기를 나눔.
- 나라, 하준 - 우진이가 도둑이라고 끌고 감. 우진이는 싫다고 울었음. 나라, 하준이는 놀이라고 생각함. "싫어라고 안했어요." 우진이에게 상황을 설명하며 "싫어하지마" 표현을 분명히 하도록 알려줬으나 어려워함. "너무 속상했지. 화났지? 친구한테 '싫어'라고 하면 안 놀아줄까봐 걱정돼? (고개 끄덕 끄덕) 아니야 싫다고 표현해도 친구는 다시 친구가 돼. 괜찮아"
- 중기, 사랑 - 연필 잡는 방법을 힘들어해서 잡아주는 과정을 반복 지도
- 다빈맘 : 원에서 포켓몬놀이를 하고 난 후 피카츄 글자를 스스로 써보겠다며 이 밤에 공부를 해요 평소 한글공부하자면 질색했는데 원에서 즐겁게 놀이한 포켓몬놀이 덕분에 이렇게 한글을 외우려고 하는 것 같다는 문자와 동영상이 옴.

다섯째, 기록을 분석해서 교육과정을 평가하며, 다음 주, 월, 학기에 반영해요

유아 주도 놀이를 많이 한 경우에 계획은 계획대로 세우고 교실에서는 정작 새로운 놀이가 진행될 때가 많아요. 유아의 흥미나 관심을 예측할 수 없기 때문에 계획과 실제가 다른 것은 당연해요. 그런데 중요한 것은 계획과 유아의 놀이가 다르다는 것에서 끝나는 것이 아니라 어떻게 달라지는 기록하고 바라보는 것

이에요. 제가 기록을 시작하게 된 이유 중 하나는 기록을 통해 실수를 줄일 수 있었기 때문이에요. 이전 교육과정에서는 누리과정 CD로 수업 준비를 많이 했는데 CD의 내용이 활동과 맞지 않을 때도 있었고, 아이들이 지루해하거나 때로는 없는 자료일 때도 있었어요. 이런 부분을 기록해두고 다음 해 계획할 때 반영을 했더니 실수가 줄어들었어요. 마찬가지로 유아·놀이중심 교육과정도 기록을 살펴보고 앞으로 나아갈 방향을 잡는 시간이 필요해요. 1학기 동안의 기록을 통해 매주, 매월 아이들은 무엇에 흥미를 보였고, 어떤 주제를 통해 놀이를 했는지 분석해보세요. 물론 다양한 주제와 놀이가 있겠지만 그 중에서도 아이들이 가장 좋아했던 부분이나 교사가 재미있었던 활동 위주로 살펴보세요. 놀이의 흐름을 표로 정리해 보면 한 눈에 우리 반 아이들의 놀이를 볼 수 있어요. 이 기록을 바탕으로 다음 주나 월의 계획을 살펴보며 곧바로 교육과정에 반영하여 변화시킬 수 있고, 학기별로 정리하여 다음 학기에 반영할 수 있어요. 1학기 반성이 끝났다면 2학기 연간계획을 살펴보고 주제가 적절한지, 더 빈칸으로 가져가야 할지, 수정할 부분이 있는지, 경험을 더 주고 싶은 부분은 무엇인지 등 재조정을 해보세요. 3월에는 우리반 아이들을 예측할 수 없어서 대략적인 계획 또는 교사 중심의 계획이 많았다면 1학기 기록을 통해 유아의 놀이 및 개별 특성을 반영하여 조금 더 구체적으로 계획을 세울 수 있어요.

<교육과정 반성>

1학기 앙이 한 놀이

- ✓ 영아아바놀이 + 미뭥일 + 선생님 + 아트놀이 ⇒ 복합적으로 한가지 놀이속이
- ✓ 전쟁. 강특. 군대. 놀이 ⇒ 뻗놀이를 하다가도 남자유아들놀가가 변함
  < 경찰이 >
- ✓ 캠펑놀이 (2학기)
- ✓ 몸값썼기. 얽기 몸값 안들기

영안 계병된 주게

눈 구매리 유네마
추석 → 거나 → 밤
자연모 으 어버이.날

2학기 예상.

8-3	개학 (기생념), 방복소개	12-1	
-4	기생념/ 자유놀이	-2	
9-1	전쟁	-3	크사이아스
-2	달 추석 (한복/송편)		
-3	추석연휴		
-4	전쟁(전쟁??)	권아선 (10/1)	
10-1	(한글날)		
10-2	캠펑		
10-3	자연/가을		
10-4	가을소풍		
11-1			
-2	행사 (체명)		
-3	반판회		
-4			
-5			

<1학기 반성을 통해 2학기 계획 수정하기>

놀이기록에 대한 궁금증

놀이기록지에 사진은 안 넣어요?

태블릿을 활용해서 놀이기록을 하는 경우에는 손쉽게 사진을 넣을 수 있지만 저는 수기로 놀이기록을 했기 때문에 특별한 경우가 아니면 사진은 붙이지 않았어요. 사진이 없어도 기록만으로 충분하다고 여겨졌고, 필요하다고 생각될 때에는 휴대폰을 보면서 놀이기록을 보충했어요.

저는 놀이중 찍은 사진과 동영상 자체가 기록이라고 생각해요. 그래서 기록을 못하는 경우에는 사진이나 동영상을 많이 찍어놔요. 저는 학급 밴드를 운영하는데 매일 또는 적어도 이틀에 한 번은 활동사진을 올리고 놀이 과정을 소개해요. 밴드가 학부모님과 나누는 소통의 공간이면서 제 놀이기록이기도 해요.

행복반 선생님
2021년 3월 29일 오후 6:24

젓가락과 음료수 잔을 주었더니 카페놀이가 시작되었어요.
음료수를 만들기 위해 뽕뽕이와 빨대를 달라고 요구하기도 하고, 아이들이 직접 교구장과 책상을 옮겨 카페 공간을 만들기도 했어요.

친구들에게 주문을 받아 음료수를 만들기도 하고,
손으로 돈이라며 주고 받는 모습도 보였는데
너무 귀여웠어요.

그러다가 경찰놀이와 합해지면서 카페에 도둑이 들었어요.
경찰이 출동하여 200만원을 가져간 도둑을 잡기도 했어요.

진짜 물을 담아서 음료수를 만들어보고 싶다는 말에
정수기 물을 담도록 해주었더니
더 재미있는 카페놀이가 되었어요.

카페놀이를 더 하고 싶다고 해서 필요한 것들을 생각해보았어요.
그래서 내일은 또 어떤 카페놀이를 하게 될지 기대가 됩니다.

197

매일 이렇게 쓰세요?

기록이 잘되는 날도 있지만, 몇 줄로 끝나는 날도 있고, 아예 못하는 날도 많아요. 어떤 날은 하루 종일 총 쏘면서 전투하다가 또 어떤 날은 책상 미끄럼틀 타는 아이들 다칠까 보초 서느라, 미술놀이 하는 유아들 옆에서 떨어진 물감 닦느라 연필 들 시간도 없어요. 그런 때에는 최대한 사진을 찍고, 수업이 끝난 이후에 평가라도 해보려고 해요. 꼭 기록하는 평가가 아니더라도 잠시 내 머릿속에서 오늘 하루를 돌아보는 시간을 가져요.

놀이가 자주 바뀌고, 아이들의 세세한 말까지 생각이 나지는 않지만, 모든 놀이를 기록할 수 없다는 걸 인정하면서 기억나는 것, 교사인 내가 재미있다고 느끼는 것 중심으로 썼어요. 그러다가 날짜만 적고 놀이기록도 평가도 못한 날도 있어요. 그런 날은 그렇게 텅빈 상태로 둬요. 여백의 미가 가득한 놀이기록을 보면 이날은 정말 바빴나 보구나. 이 날은 내가 컨디션이 좋지 않았나? 돌아보면서 그렇게 슬이 슬쩍 넘어가요. 그러니 선생님도 부담 갖지 말고 써보세요. 일단 써보는 것이 중요해요.

> 유아의 놀이 경험에 대해 짧은 2~3줄의 문장이나 몇 장의 사진 등을 남길 수 있다.
>
> – 「놀이이해자료」, 29쪽

> 유아들의 놀이를 관찰할 때에는 유아의 말, 몸짓, 표정 등에서 드러나는 놀이의 의미와 특성에 주목하여 이 중 필요한 내용을 메모나 사진 등 교사가 할 수 있는 가장 용이한 방법으로 기록한다.
>
> – 「해설서」, 54쪽

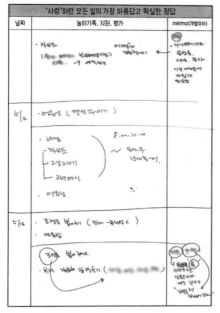

<1장에 3일치 기록>

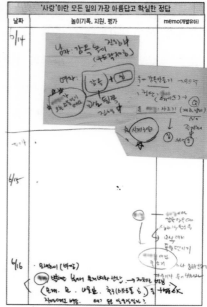

<평가 못한 날, 텅 빈 날>

언제 놀이기록을 하세요?

놀이를 보면서 바로 기록할 때가 많아요. 제 놀이 기록지 보시면 아시겠지만 글씨가 휠휠 날아다니잖아요. 누구에게 보여주기 위한 기록이 아니기 때문에 편하게 기록해요. 놀이하면서 못 쓰면 수업 끝나고 쓰기도 하고요. 그때그때 달라요.

우리 반 아이들이 교사의 별다른 지원 없이 잘 노는 날이 있어요. 그런 날은 아이들의 놀이를 보면서 바로 적어요. 그렇지만 교사의 지원을 필요로 하거나 지원을 해야겠다고 생각되는 날에는 기록을 하기 힘들어요. 그런 날은 점심시간 전후로 틈틈이 쓰거나 일과 후에 기록을 해요. 저는 수업이 끝난 후부터 30분 동안은 기록이나 반성을 하는 나를 위한 시간으로 정하고 지키려고 해요.

평가제 때문에 기록이 부담스러워요

평가제 준비나 기록에 대해 부담감을 가진 선생님이 많은데 놀이기록을 하는 이유를 생각해보면 정돈된 형식과 멋진 글솜씨가 필요한 건 아니에요. 다만 평가제를 준비하는 기록은 교사 및 아이들의 성장뿐 만 아니라 문서로서의 기능도 있어서 제 기록보다는 정돈된 형식을 요구할 수 있어요. 하지만 평가제에서 원하는 기록 역시 제 기록과 내용면에서는 같다고 생각해요. 놀이기록과 개별기록에 포함되어야 하는 내용과 기준이 있지만 실제적인 기록을 하다보면 자연스럽게 그 내용이 들어가게 되요. 평가제에서 요구하는 기준에 맞춰 한번에 몰아쓰는 기록은 진짜 서류로서의 역할밖에는 하지 못해요. 일지가 아닌 소중한 놀이일기로 생각하면서 아이들의 흥미와 놀이 모습, 그 안에서 배움과 성장 등을 남겨본다면 충분히 평가제 안에서도 기준에 합당한 기록이 될 수 있어요.

놀이기록 속 배움을
찾고 싶어요

아이들은 스스로 놀이하며 배운다고 하는데 제 놀이기록을 보면 어떤 배움이 있었는지는 잘 모르겠어요. 블록놀이를 하다가도 금방 해적선놀이가 되고, 또 금방 미용실놀이되는 과정에서 제 놀이기록을 살펴보면 블록놀이, 해적선놀이, 미용실놀이처럼 놀이명만 순서대로 써 있어서 이것을 어떻게 배움과 연결지어야할지 모르겠어요.

한 아이가 투명한 물컵에 빨간색 사인펜을 넣어서 빨간 물을 만들었어요. 그리고 그 옆에 있는 친구는 노란색 물을 만들었어요. 두 친구는 서로의 물을 합쳐서 초록색 물을 만들었어요. 이 놀이에는 어떤 배움이 있을까요? 아마 색깔의 변화에 대한 배움이 바로 떠오를 거예요. 그렇다면 이렇게 가시적으로 드러나는 배움 외에 또 어떤 배움이 있을까요? 이렇게 질문을 하면 대부분의 선생님은 답변을 잘 하지 못해요. 색깔의 변화는 배움이 확실하지만 다른 배움은 머뭇거리면서 "친구랑 이야기하면서 재미있게 놀았어요"라며 우물거리며 답하죠. 맞는 답인데 확신 없이 대답해요. 왜 그럴까요?

흔히 배움이란 건 지식이나 기술과 관련된 것을 익히거나 새로운 것을 공부했을 때 얻는 무언가라고 생각해요. 그래서 친구랑 이야기하면서 놀이하는 건 지극히 당연한 거니까 배움이라고 하기 에는 부족하다고 느껴요. 이것을 바로 일상이라고 해요. 그런데 말로는 유아의 놀이 속 일상을 바라보라고 하지만 정작 일상은 너무 당연하게 여겨져 그 안의 배움은 지나쳐버려요. 어른들에게는 익숙하기 때문에 미처 배움이라고 인정하지 못하는 놀이까지 아이들에게는 특별하고 새로운 순간들이에요. 눈에 보이는 색깔의 변화를 알아보는 거 외에도 이 놀이 속에는 진짜 배움이 많이 있어요.

"이거 빨간색으로 변했다!"
"나는 노란색이야"
"우리 이거 섞어볼까?"
"그래. 내가 네 컵에 넣어볼게"
이렇게 아이들은 놀이를 하면서 계속 이야기를 주고받아요.

그동안 이야기나누기 시간을 떠올려 볼까요?
친구가 말하고 있으면 옆에서 이야기하는 아이들. 교사가 집중하라고 아무리 이야기를 해도 조용히 들어주는 것을 어려워하지 않았나요? 그런데 이 놀이 속에서는 친구가 하는 이야기를 들어주고, 내 생각을 이야기하며 자연스럽게 의사소통하고 있어요. 거기다 사인펜 색깔이 여러 가지인데 그 중에서 마음에 드는 빨간색과 노란색을 선택했어요. 결정과 선택이 아이들에게 쉬운 일은 아니에요. 물론 쉽게 선택하는 아이들이 있지만 또 오랜 시간을 들여 결정을 하기도 하고, 어려워서 도움을 요청하는 아이들도 있어요. 사소한 일이지만 아이들은 원하는 색깔을 고르고, 서로의 색을 섞기로 결정했어요. 협력도 자연스럽게 이루어졌어요. 그리고 사인펜을 섞을 때에도 물이 흐르거나 쏟아지지 않기 위한 방법을 머릿속으로 생각하며 손에 힘을 주어 컵을 잡고 있어요. 놀이를 아이들의 눈높이에서 바라보려고 노력하다보면 수많은 배움이 일어나고 있다는 것을 알 수 있어요. 성인인 교사의 눈에는 너무 당연한 과정이지만 아이들은 중요한 배움의 과정 속에 있어요.

그런데 놀이를 통해 배운다는 것에 지나치게 초점을 두고 있어서 '놀이'와 '교육과정의 5개 영역'을 연결시켜 배움을 찾으려고 해요. 그러다보니 아이들이 매일 쌓아가고 있는 진짜 배움은 놓치거나 보지 못해요. 그 아이들에게는 대단한 배움인데 교사는 이미 많은 걸 알고 있고, 경험했기 때문에 아이의 시선으로 바라봐 주지 못해요. 그래서 교사는 끊임없이 드러나는 배움만을 의식하고 있는 것은 아닌지 돌아볼 필요가 있어요.

걸음마를 연습하는 아이들을 보면 물건을 잡고 일어서다가 갑자기 물건 없이도 한발을 떼고 이내 넘어져요. 이 모습을 본 부모는 감격하고, 순간을 놓치지 않으려 동영상에 담고, 아이를 칭찬하죠. 어찌 보면 사람이 걷는 것은 당연한 일인데 아이의 한발 떼기가 이렇게 큰 의미를 갖고 있어요. 이처럼 아이들의 평범한 매일의 놀이도 특별하고 소중하게 바라보는 연습이 필요해요.

질문을 보면 블록놀이를 하다가 다른 놀이로 빠르게 전환이 되어 버렸다고 했죠? 교사는 블록으로 쌓은 멋진 작품을 상상했을 지도 몰라요. 하지만 아이들의 흥미와 놀이는 순식간에 변해요. 이때는 '놀이가 바뀐 과정에서 무슨 일이 있었을까?', '어떻게 놀이를 바꾸게 되었을까?', '같이 놀았던 사랑이는 다른 놀이를 하러 갔네. 그 다음 놀이는 어떻게 될까?' 등등 이렇게 아이들의 놀이 선택과정 자체에 의미를 부여하고 다음 이어질 놀이에 기대감을 가지며 바라보면 어떨까요?

기록에 있어서 의미와 배움이 있도록 생기를 불어넣을 수 있는 사람은 오직 교사밖에 할 수 없음을 잊지 않았으면 해요. 단순하게 시간순으로 써진 기록 일지라도, 그 기록에 따라 오늘 하루를 머릿속에 떠올려보며 소소하게 쌓여가는 아이들의 배움을 찾고 의미를 부여해보는 연습을 꼭 해보세요.

기록에 대한 또 다른 생각

"희망반 교실에서 그냥 진짜 자유놀이를 했다. 항상 무엇을 확장하거나 주제로 연결하거나 어떤 지원을 할지에 대해 고민하며 놀이를 바라보다가 오늘은 역통합 활동이니다 내려놓고, 함께 놀자 라는 생각을 했다. 사실 어제 물감 놀이도 하고, 창고 정리까지 하니 몸과 마음이 지치기도 했었다. 사랑이랑 앉아서 인형으로 엄마놀이도 하고, 인형 목욕도 시켜주고, 도미노도 만들었다. 그리고 아이들이 초대한 유희실에서 아기가 되어 우유도 먹고, 아이들이 불러주는 자장가에 잠도 자고, 코도 골고. 아이들이 시키는 대로 놀았더니 아이들이 정말 좋아했다. 놀이 속에 나를 너무 필요로 하고, 잠시라도 빠지면 나를 찾으며 놀이가 무너지기도 했지만 아기가 된 선생님 모습이 너무 재미있었는지 더 하고 싶다고, 내일도 아기 해달라는 이야기를 했다. 이렇게 아이들이랑 놀고 보니 일주일에 한 번은 놀이 관찰과 기록에서 벗어나서 그냥 아이들처럼 함께 놀아야겠다는 생각이 들었다."

6월 어느 날 놀이기록 평가에 적힌 글이에요. 이 글을 적고 보니 '기록이 그렇게 의미가 있을까?', '무엇이 우선일까?' 라는 생각을 계속 하게 되었어요. 아이들이 이렇게 좋아하는데 기록이 발목을 붙잡고 있는 것 같아요. 기록을 하면서 같이 놀려고 보니 아이들 속으로 들어가지 못하고 그 곁을 맴돌고 있는 것 같기도 하고요.

> "유아의 놀이 관찰 기록 등에 과도한 노력을 기울이기 보다는 유아의 놀이에 더 집중하고 지원하는 것이 중요하다."
>
> — 「해설서」, 54쪽

옆반 선생님이 이와 관련해서 폭풍 공감이 가는 이야기를 해주신 적이 있어요. "아이가 같이 놀자고 했는데 내가 놀이기록하고 있으니까 이것만 쓰고 갈게, 하고 말하고 나니…. 한편으로 이게 뭐하는 건가 싶기도 하고. 이전에는 같이 놀자고 하면 '그래' 라고 말하면서 바로 놀았을 텐데. 기록이라는 게 참 보통 일이 아닌 것 같아."

유아·놀이중심 교육과정에서 기록이 강조되는 분명한 이유가 있지만 가장 중요한 것은 아이들이에요. 기록은 시간이 지나도 할 수 있지만 아이들의 이 순간은 절대 다시 돌아 올 수 없는 소중한 시간임을, 아이들의 놀이와 함께하는 교사 자신이 가장 중요한 기록임을 기억하세요 그리고 진짜 기록을 하는 나만의 이유를 찾아서 아이들과 함께하는 기록을 만들어가세요.

IV.
공개수업

공개수업에 대한 교사들의 고민

공개수업이라는 단어는 매년 들어도 불편한 단어에요. 거기다 유아·놀이중심 교육과정에서는 어떻게 공개를 해야 할지 몰라 더욱 고민이 돼요.

아직 유아·놀이중심 교육과정의 중심이 잡히지 않은 상태에서 누군가에게 수업을 보여주어야 하는 건 꽤 부담되는 일이에요. 아이들이 놀이하는 모습 그대로 보여주자니 예측하기 어렵고, 때로는 소란스럽고 어수선한 모습에 능력 없는 교사로 비칠까 봐 두렵기도 해요. 그렇다고 기존처럼 수업하자니 「2019 개정 누리과정」을 반영하지 못한 것 같아 이러지도 저러지도 못하는 선생님들이 많아요.

그래서 공개수업을 많이 하는 시기에 '산으로 가는 공개수업'이라는 주제로 선생님들과 이야기를 나눠봤어요.

"저는 공개수업 활동 선정 자체가 힘들어요. 놀이중심은 뭔가 달라야 한다고 생각은 하는데 유아 주도 놀이를 하는 건 자신이 없어요."

"교사의 전문성을 보여드리고 싶은데 공개수업을 망치면 고개도 못 들고 다닐 것 같아 불안해요."

"유아들이 지금 관심을 보이는 놀이가 공개수업 날까지 지속될 수 있을지 의문이 들어요."

"제 고민은 일단 공개수업에서 무엇을 보여줘야 하는지 잘 모르겠어요. 놀이하는 전 과정을 보여주기에는 시간적인 한계가 있는 것 같고, 놀이의 흐름이 담긴 대집단 활동을 보여주자니 뭔가 놀이가 아닌 것 같아 헷갈려요."

"유아 주도적인 놀이를 보여주기는 너무 어려우니 인성교육이나 안전교육을 보여줘야 하나 고민이 돼요."

"초등학교 교장, 교감 선생님께 어떻게 유아·놀이중심 교육과정 수업을 보여드려야 할지 감이 안 잡혀요. 수업이 아니라 단순히 노는 걸로만 비춰질 것 같아요. 관리자를 어떻게 설득해야 할지 자신이 없어요."

"평소에 아이들과 놀이를 재미있게 하고 있지만, 공개수업을 통해 부모님께 놀이의 교육적 가치를 제대로 전달할 수 있을지 걱정이 돼요. 소란스러운 놀이를 보고 교사가 아이들을 통제하지 못하고, 방임한다고 생각하시지는 않을까요?"

"스무 명이 넘는 아이들을 한정된 시간 속에서 모두 지원하기는 어려운데 소외되는 아이들이 있을 때 그 장면만을 보고 교사를 평가하는 학부모님들을 생각하면 미치겠어요."

A교사의 공개수업 실제 사례

선생님들이 공개수업에 대해 가지는 고민은 크게 두 가지로 나뉘어요. 첫 번째는 유아·놀이중심 교육과정 속 공개수업의 방향, 두 번째는 교육공동체를 이해시키는 방법에 대한 고민이에요. 선생님들의 이야기를 들으면서 같은 고민을 가졌던 A교사의 공개수업이 떠올랐어요. 그래서 이번에는 A선생님의 시점에서 공개수업을 준비하는 과정에서부터 마무리 할 때까지 어떠한 어려움이 있었는지 살펴볼게요.

[빛놀이] 공개수업을 한 A교사의 이야기

유아의 흥미에서 공개수업 활동을 계획했다

비가 많이 와서 물에 대한 흥미가 높았고, 마침 한 아이가 "내 그림에도 비가 왔으면 좋겠다"라고 이야기를 했어요. 그래서 그림에 물을 뿌려 색깔이 번지는 놀이를 해보면 좋겠다는 생각이 들었어요.

'내가 잘못 된 것일까?' 오락가락 하기 시작했다

계획안을 거의 마무리 할 무렵 동료 선생님들의 수업을 참관하게 되었어요. 모든 선생님들이 정해진 수업 주제 속에서 3~4개의 놀이 공간을 만들어 그 안에서 아이들이 자유롭게 놀이를 하는 방식이었어요. 거기다 교실에서 복도, 때로는 강당 가득 채워진 크고 화려한 공개수업을 보니 제가 준비한 활동이 너무 평범하다는 생각이 들었어요. '이렇게 크고 멋진 놀이를 해야 하는 건가? 내 활동이랑 너무 비교 되겠는걸' 라는 생각이 들면서 마음이 조급해졌어요.

크고 화려한 놀이를 찾게 되었다

마침 빛전망대 체험학습으로 인해 '빛'에 관심을 갖는 아이들을 보며 '그래. 빛으로 놀이를 해보자.' 마음먹고 그날부터는 빛과 관련한 활동을 모두 찾아보았어요. 공개수업 전에 다양한 빛놀이를 하도록 많은 자료(셀로판지, 손전등, 빔 프로젝트, CD)를 제공했어요. 그리고 교실 불을 끄고 그림자놀이까지 유도했어요.

공개수업일까지 아이들의 흥미를 유지시켜야 했다

공개수업이 3~4일 정도 남았는데 빛에 대한 아이들의 흥미나 관심이 점점 줄어들고, 다른 놀이를 하는 유아가 생겼어요. 그래서 흥미가 사라지지 않도록 비치볼로 만든 미러볼로 노래방도 만들고, 큰 공룡을 제공해 그림자놀이를 할 수 있도록 유도했어요. 공개수업 당일까지 아이들의 흥미를 유지시키기 위해서 간신히 끌고 가는 느낌이 었어요.

상처로 인해 변화가 두려워졌다.

'교실에 너무 많은 활동이 준비되어 오히려 주도적 놀이 확장이 이루어지지 못했다.'

'교사가 아이들의 놀이를 기다려주지 못하고 계속 개입했다.'

공개수업을 준비하며 많은 고민을 했고 주제까지 바꿔가며 노력했는데 이렇게 지적만 받게 되니 힘이 쭉 빠지고 마음이 울적해졌어요. 잘하고 싶어 내가 너무 욕심을 부렸다는 걸 뒤늦게 알았지만 동료선생님들의 말 한마디 한마디가 상처가 된 것 같아요. 그러다보니 새로운 도전을 하기 보다는 동료교사로부터 지적을 받지 않을 안정적인 수업을 해야겠다는 생각이 들었어요.

수업 사례 공유: 전남 공립유치원교사 조희정

A선생님의 이야기에 많이 공감하실 거예요. 이제는 A선생님의 사례 속에서 공개수업 속 유아·놀이중심 교육과정의 방향과 함께 성장하는 공동체가 되기 위한 방법에 대해 하나씩 살펴볼게요.

🖃 Q1. 유아가 처음에 흥미를 보였던 '물에 번진 그림' 활동을 하지 않은 이유는?

A선생님은 비가 와서 물에 흥미를 보이는 아이들의 모습을 보고 물에 번진 그림 활동을 계획했어요. 그런데 수업안까지 작성했던 활동을 놔두고, 갑자기 빛 놀이를 하게 된 이유가 무엇일까요?

교사가 활동에 대한 확신이 없었어요.

A교사는 개정 누리과정이 나온 이후 처음 하는 공개수업이었기 때문에 열심히 준비했지만 자신의 수업에 대한 확신이 없었어요. 그래서 화려한 자료로 꽉 채워진 교실과 복도에서 아이들이 자유롭게 놀이하는 동료의 공개수업을 보면서 흔들렸어요. '우리 반의 놀이는 하나의 주제로 잘 모아지지도 않고, 그냥 이리저리 돌아다니며 놀기만 하는데…. 왜 다른 반처럼 멋진 놀이가 잘 안될까?' 비교하게 되었고, '유아·놀이중심 교육과정에서 공개수업은 이렇게 하는 건가?', '내가 잘못된 걸까?' 등의 의구심이 생겼어요.

사실 희망반 아이들은 활동이 큰 놀이보다는 꼬물꼬물 노는 정적이고 차분한 놀이를 많이 하는 특성을 가지고 있었어요. 그래서 교사가 처음 계획한 '물에 번진 그림' 활동은 희망반 아이들에게 잘 맞는 활동이었어요.

그럼에도 화려하고 멋있는 다른 반의 놀이를 보다보니 우리 반만 아무것도 안 하고 있는 것 같고, 나도 열심히 하는 교사인데 '물에 번진 그림' 활동으로는 자신의 노력이 잘 드러나지 않는다고 생각했어요.

A선생님의 솔직한 생각을 들으면서 크고 화려한 수업을 한 동료교사의 수업에서 가장 기억에 남는 게 무엇인지 물었어요. 지압판으로 신발을 만든 게 신기했다고 답했어요. 아이들이 놀이 중에 어떤 이야기를 했고, 그 이야기가 어떻게

놀이가 되었고, 놀이 속에서 아이들의 모습이 어땠는지 보다는 특별한 놀이자료나 공간 구성의 아이디어들만 눈에 먼저 보이고 기억에 남았던 거에요. 화려한 자료가 아이들보다 앞서 버린 것 같았어요.

사실 유아·놀이중심 교육과정에서 유아 주도 놀이를 강조하다보니 교사들이 아이들을 그냥 놀리지 않을까 하는 우려도 있었어요. 그러나 예상과 달리 매일 이 프로젝트 수업을 하는 것처럼 더 크고, 화려하고, 보다 멋진 놀이가 많아져 버렸어요. 안 쓰던 복도까지 쓰면서 공간은 확장되었고, 필요한 놀이 자료 하나만 말해도 열 가지를 갖다 주며 놀이의 판이 커졌어요. 말할 것도 없이 선생님들은 전보다 더 힘들어졌죠.

이렇게 체험부스나 키즈 카페 같은 놀이가 유아·놀이중심 교육과정이 진정으로 바라는 방향이었을까요?

> "유아 중심 교육과정을 성공적으로 실행하기 위해서는 교사는 유아를 교육과정 운영의 주체로서 교사와 함께 교육과정을 구성해가는 공동 구성자로 인정해야 한다. 어떤 유아라도 자유롭게 놀이하고 그 안에서 배움을 구성할 수 있는 역량을 지닌 존재임을 신뢰하고 유아의 놀이를 잘 관찰해야 한다. 이를 위해서 유아의 놀이를 주의깊게 바라보고, 유아가 경험하는 기쁨과 슬픔, 좌절과 감동을 함께 느끼고 공유할 수 있어야 한다."
> – 2019 개정 누리과정 「놀이실행자료」, 12쪽

「2019 개정 누리과정」은 놀이중심이기 전에 유아중심 교육과정이에요. 아이들의 놀이는 작고 소소하며 일상적이면서 반복돼요. 이게 아이들의 진짜 모습이예요. 그래서 크고 화려한 놀이도 좋지만, 작고 소소한 아이들의 놀이를 바라보

고 함께 호흡하고 있는 교사도 아주 잘 하고 있는 거예요. 충분히 잘하고 있어요. 교사가 계획한 소소한 활동이라 하더라도 우리 반 아이들이 좋아하고 흥미를 보인다면 더 큰 자신감을 가지고 수업을 하면 좋겠어요.

교사의 활동은 놀이가 아니다?

'물에 번진 그림'은 교사가 계획한 활동이라서 놀이가 아니라고 생각했어요. 동료교사의 공개수업을 보면 아이들과 함께 만든 놀이 공간에서 스스로 자신이 원하는 놀이를 했어요. 그런데 A교사가 계획한 활동은 물에 번진 그림을 보고 이야기를 나눈 후 원하는 재료로 그림을 그리고 물을 뿌려요. 재료에 따라 물의 번짐이 달라지는 것을 탐색하는 활동이에요. 이러한 과정을 교사가 계획하고 이끌어가기 때문에 A교사는 유아 주도의 놀이가 아닌 것 같아 확신이 없었어요.

그런데 앞서 말했지만 교사의 활동 역시 아이들의 놀이를 지원하는 하나의 방법이에요. 아이들의 놀이는 모두 경험에서 나오기 때문에 그러한 경험을 줄 수 있는 교사의 활동 역시 공개수업으로 가능해요. 예를 들어 아이들이 장수풍뎅이에 관심을 가졌어요. 매일 보고, 관찰하고, 먹이주고, 그림을 그려요. 이런 모습을 보고 장수풍뎅이와 관련된 동화책을 볼 수도 있고, 동화 속 장수풍뎅이가 되어 알을 낳고, 그 알이 애벌레가 되고, 번데기가 되어 다시 장수풍뎅이가 되어보는 극놀이도 할 수 있어요. 그 후에 다시 보면 어느 순간 자신들의 생각을 보태서 새로운 장수풍뎅이 놀이를 하는 경우가 많기 때문에 교사가 준비한 활동 역시 중요해요. 놀이가 강조되다보니 어느 순간 교사가 계획한 활동은 잘못된 교육과정의 방식인 것처럼 오해하는 선생님이 있어요. 하지만 교사에게 필요한 기본기는 바로 이 수업이라는 것을 잊지 않았으면 해요. 이 기본기를 잘 갖추고 있는 교사는 유아의 흥미나 관심을 활동으로 연결해 더 잘 지원해줄 수 있어요.

> "그래도 뭔가 유아·놀이중심 교육과정으로 바뀌었으니까
> 더 달라야 하는 거 아닌가요?"

유아·놀이중심 교육과정 이전 교사의 수업은?

맞아요. 교사의 활동이라고 해도 이전과는 많은 부분이 달라졌어요. 예를 들어 공개수업에서 공놀이를 한다면 아이들에게 "공을 가지고 어떤 놀이를 할 수 있을까?"하고 물어요. 그럼 아이들은 축구, 공주고 받기, 피구, 공굴리기 등 여러 가지 의견을 이야기할 거예요. 예전 같았으면 선생님이 뭐라고 했을까요? "그렇구나. 공을 가지고 할 수 있는 놀이를 많이 알고 있구나. 그런데 오늘 선생님이 준비한 놀이는 공 멀리 던지기야 오늘은 이 놀이를 함께 해보자"라고 말하면서 놀이 방법을 소개해요. 참 답정너인데, 선생님이 하고 싶은 놀이를 할 거면서 아이들에게 왜 물어봤을까요? 그게 수업의 절차 중 하나이자 발문이었기 때문이에요. 그래서 아이들이 한 이야기는 하나도 중요하지 않았어요. 오늘 교사가 준비한 공 멀리던지기라는 목표를 향해 달려가기 위한 하나의 과정일 뿐이었어요.

유아·놀이중심 교육과정 속 교사의 수업은?

그런데 유아·놀이중심 교육과정 속 공놀이 수업은 이전과는 확연히 달라요. 아이들에게 하고 싶은 공놀이를 물어보았다면 그 놀이 중 어떤 놀이를 할 것인지 함께 정해요. 유아가 말한 놀이 중 몇 가지 선택해서 공놀이를 할 것인지, 아니면 순서를 정해서 한 가지 놀이를 할 것 인지 정해요. 또한 각자 할 것인지, 그룹을 정해 할 것인지, 전체가 할 것인지 정할 수 있어요. 아이들이 자유롭게 공놀이를 하다가 교사가 준비한 활동 한 가지를 같이 해 볼 수도 있어요. 교사의 활동이라고 해서 이전처럼 계획안대로만 활동을 하는 것이 아니라 놀이 주제, 자료,

방법, 모둠 등에서 아이들에게 선택권을 줄 수 있는 방법을 고민하여 제시하고, 유아들의 생각에 따라 교사는 융통성을 발휘해요.

이렇게 아이들의 생각을 어떻게 반영할지, 어떤 활동을 즐거워할지 고민하고, 교사가 아이들과 함께 할 마음과 융통성이 준비되었다면 이것이 곧 유아·놀이중심 교육과정이라고 생각해요.

☺ Q2. 빛과 그림자에 관련된 활동자료를 계속 넣어준 이유는 무엇일까요?

A선생님이 '빛놀이'로 수업을 다시 계획 한 후 8일 동안의 놀이 기록이에요. 어떤 부분이 가장 먼저 눈에 띄나요?

8일 동안 쉴 새 없이 빛에 대한 자료를 넣어줬어요. 손전등, 셀로판지, CD, 빔 프로젝트, 불빛 공, 투명 막대, OHP 필름까지 매일 새로운 자료를 제공했어요. 그리고 실행된 놀이를 살펴보면 그림자 인형극, 색깔 그림자, 미러볼로 노래방놀이, 불빛 공으로 하는 볼링 등 여러 가지 빛으로 할 수 있는 다양한 놀이를 많이 했어요.

보통 공개수업을 하기 1주 전에 계획안을 제출해요. 계획안을 쓰려면 또 2~3일이 소요되니까 거의 열흘 전에 아이들의 흥미를 바탕으로 작성하게 되죠. 그러나 아이들의 흥미는 수시로 바뀌기 때문에 공개수업 당일까지 그 흥미가 유지된다는 보장이 없어요. 그런데 교사의 마음은 공개수업 당일 교사가 계획한 주제로 아이들의 흥미가 최고조에 달하길 바라요. 그래서 A교사는 아이들의 흥미가 공개수업 날까지 사라지지 않도록 하기 위해 계속 빛과 관련된 자료를 주고 더 많은 놀이를 만들어냈어요.

빛 놀이 계획안

놀이명	우리 반 '빛'놀이		
놀이의 배경	깔깔놀이방에서 복도를 건너 교실 창문으로 들어오는 빛 줄기와 옆 반에서 하는 손전등과 셀로판지를 사용한 물고기 빛 놀이를 보고 빛과 손전등에 관심을 가지는 아이들에게 다양한 방법으로 빛을 탐색할 수 있는 기회를 마련해주고자 우리 반'빛'놀이를 계획하게 되었다. 그동안 다양한 빛과 관련된 놀이를 하며 손전등 빛에 생기는 그림자와 그림자의 다양한 모양, 빛의 여러 가지 색깔 등에 호기심을 보였고, 궁금한 것을 탐구할 수 있도록 아이들과 함께 교실에 빛과 관련된 다양한 놀이 공간을 구성하였다. 오늘 우리가 만든 다양한'빛'놀이 공간에서 놀이하며 주변 세계와 빛에 대해 지속적으로 호기심을 가지고, 궁금한 것을 탐구하는 과정에 즐겁게 참여하기를 기대해 본다.		
실행된 놀이	**요일**	**실행**	**지원**
	0703 금	손전등과 셀로판지를 사용해 빛과 빛의 색깔을 자유롭게 탐색하였다. 손전등을 들고 교실 이곳저곳을 비춰보는 아이들은 꼭 탐정이 된 것 같다고 하며 놀이를 하였다.	**자료)** 손전등, 셀로판지 색깔판, 모양판 등 **공간)** 교구장을 한쪽으로 미뤄 넓은 공간에서 자유롭게 놀이할 수 있도록 하고, 창문에 커튼을 내리고 불을 꺼서 놀이에 적합한 환경을 구성해 주었다.
	0706 월	스크린에 셀로판지로 감싼 돋보기를 비춰보기도 하고, CD를 이용해 무지개빛을 만들기도 하였다. 빨대에 그림을 오려 붙여 만든 막대인형을 가져와 비춰보는 아이들에게 실제 그림자 인형극 영상을 보여주고 막대 인형을 만들어 어울림방에 있는 대형 스크린을 이용해 그림자 인형극을 하였다.	**자료)** 스크린, CD, 돋보기, 그림자 인형극 영상, 빨대, 마분지 등 **공간)** 어울림방에 있는 대형 스크린에서 그림자놀이를 할 수 있도록 하였다.
	0707 화	OHP필름에 유성매직으로 그림을 그리고 야외데크에 나가 자연광에 그림을 비춰보았다. 유아들은 몸과 옷에 무늬가 생긴 것 같다고 하며 놀이하였다.	**자료)** OHP필름, 유성매직 등 **공간)** 손전등 빛이 아닌 자연광으로 생기는 색깔 빛을 알아보기 위해 야외데크에 나가 놀이하였다. **공간)** 아이들이 OHP필름에 그린 그림은 손전등을 비추면 벽에 그림이 생기도록 빗줄에 걸어 전시해 주었다.

실행된 놀이	0709 목	여름 놀이를 위해 준비한 투명한 비치볼을 꾸미는 과정에서 미술 영역에 있는 스팡클을 붙여 미러 볼을 만들었다. 미러볼에 손전등을 비춰보던 아이들이'노래 틀어 주세요'라고 이야기해 선곡표를 만들고 노래방놀이를 하였다.	**자료)** 비치볼, 음악 등 **공간)** 교실 문 전체에 흰색 전지와 검은색 전지를 넓게 붙여 그림자 가 선명하게 생길 수 있도록 공간 을 구성해 주었다.
	0710 금	미술영역에 넣어둔 셀로판지 조각 을 그림에 붙이거나 교실 창문에 붙여 꾸미기를 하였다. 충격이 가하면 빛이 생기는 불빛 공을 제공해주니 투명한 통 안에 넣어 던지는 놀이를 하자 투명막 대를 제공해 볼링놀이를 하였다.	**자료)** 불빛공, 투명막대 등 **공간)** 교실 한 쪽에 아이들과 함께 불빛 볼링장을 구성해 계속 놀이 할 수 있도록 하였다.
	0713 월	공룡 놀이 중 더 강한 공룡을 만 들기 위해 공룡 탑을 쌓는 아이들 이 큰 손전등을 사용해 다양한 그 림자 크기와 모양을 탐색하며 놀 이하였다.	**자료)** 다양한 크기의 공룡모형, 공 룡 관련 책, 랜턴 등 **공간)** 공룡그림자모양놀이 공간 을 구성해 계속 놀이할 수 있도록 하였다.
	0714 화	미러볼에 비치는 색깔 빛을 찾아 보고 빛과 같은 색을 만들기 위해 물감을 사용해 점토를 염색하고 색깔 만들기 놀이를 하였다.	**자료)** 미러볼, 천사점토, 에그톡, 손인형, 장난감 마이크 등 **공간)** 점토놀이 공간을 구성해 계 속 놀이할 수 있도록 하였다.
	0715 수	OHP필름에 그린 별자리 밑에서 캠 핑놀이를 하고 누워서 별자리에 손 전등을 비춰 살펴보며 놀이하였다. 손인형을 사용해 미러볼에 비치 는 색잡기놀이를 하고, 책을 돋보 기와 색깔조각판을 이용해 보기 도 하였다.	**자료)** 방과후 시간에 만든 OHP필 름 별자리 그림 **자료)** 그림자인형극에 있던 돋보 기, 색깔조각판을 책보는 공간에 옮겨 주었다.

아이들의 흥미를 붙잡기 위해

그런데 교사의 바람과는 달리 빛에 대한 흥미는 점점 사라지고 있었다고 해요. 왜 그랬을까요?

이와 관련해서는 A교사의 놀이지원 속 한 장면을 살펴볼게요. A교사가 빛 놀이 과정이 담긴 여러 사진들을 보여줬는데 유독 교실의 불이 꺼져있는 경우가 많았어요.

"교실의 불은 누가 꺼줬어요?"

유아의 호기심까지도 예측해 앞 장서 버린 교사

빛과 그림자놀이를 할 수 있도록 A교사가 교실의 불을 꺼줬고, 창문에 검정도화지를 붙여서 더 어둡게 만들어줬다고 했어요. 어두우니까 확실히 손전등을 비추면 그림자가 더 잘 보였겠죠? 물론 교사의 지원으로 크고 작게 또는 여러 가지 모양의 그림자를 만들어 놀이를 할 수 있어요. 그런데 보통 아이들이 그림자에 관심을 보여도 혼자서 선명한 그림자를 만들어내기가 쉽지 않아요. 이렇게 그림자를 만들기가 어려우면 아이들은 그림자를 더 선명하게 만들어내는 방법이 무엇인지 고민을 하게 되요.

'여기서는 그림자가 선명한데 저기서는 왜 흐릿하지?', '그림자가 있긴 한 것 같은데 왜 잘 안 보이지? 어떻게 하면 잘 보일까?' 이런 호기심을 가지고 다양한 시도를 하려고 해요. 그런데 이미 정답을 알고 있는 교사가 유아의 호기심까지 예측하여 불을 꺼주는 지원을 해버렸기 때문에 그림자를 탐색하는 과정은 경험하지 못했어요.

아마 A교사는 아이들이 놀이를 더 잘하도록 도와주고 싶고, 더 재미있게 놀도록 확장해주고 싶었을 거예요. 교사는 경험이 많기 때문에 놀이를 보면서 '아~ 이렇게 놀면 더 재미있을 텐데… 이게 있으면 이런 놀이까지 할 수 있는데…' 라는 생각이 바로 들어요. 그러다보면 어느새 아이들의 놀이에 끼여들어 앞장을 서고 있는 교사의 모습을 볼 수 있어요.

> **"그럼 대체 언제 해야 앞장서는 것이 아닌 지원인가요?**
> **진짜 어려운 것 같아요."**

맞아요. 저 역시도 이에 대한 고민은 지금도 진행 중이에요. 놀이 상황이나 유아 마다 가진 놀이 특성에 따라 교사가 지원해야 할 타이밍도 다르고, 전체 유아를 보다보면 그 타이밍이 언제인지 도무지 알기 어려울 때도 많아요. 하지만 '이렇게 하면 재미있을 텐데…'라는 생각이 들었다면 적어도 이런 생각이 한 번 더들 때까지 아이들의 놀이능력을 믿고, 기다려주었으면 해요. 좀 답답해도 그것을 충분히 탐색 한 후 놀이를 다듬어 가며 아이들이 그 과정 자체를 즐길 수 있도록 말이에요. 탐색하는 과정 자체가 아이들에게 놀이예요. 그게 꼭 멋진 놀이가 아니어도 좋고, 매일 매일 확장되는 놀이가 아니어도 좋아요. 놀이가 사라져도 괜찮아요. 이러한 모든 과정 자체를 아이들이 만들어가고 있으니 그 자체가 아이들만의 즐거운 놀이라는 것을 기억했으면 해요.

☞ Q3. "아이들을 기다려줬는데 흥미가 사라져버리면 어떻게 해야 하나요? 다른 수업을 준비해야 하는 건가요?"

원의 사정에 따라 다르지만 공개수업안을 최소 일주일 전에는 작성해야하는 한계는 분명히 있어요. 하루에도 수십 번 바뀌는 아이들의 흥미를 일주일동안 가지고 간다는 자체가 힘든 일이예요. 그것도 일부 유아도 아닌 전체라면 더더욱 어려운 일이예요. 유아의 흥미에서 가져온 주제를 중심으로 수업안을 작성해 놓고 수업 전까지 흥미가 바뀔 때마다 계속 수정을 하기도 하고, A교사처럼 어떻게든 흥미를 가지고 가기위해 온갖 노력을 하기도 해요. 그러나 공개수업이 정말 자율적인 유아 주도 놀이를 공개하는 것이 아니라 교사의 활동을 공개하는 것이라면 일주일 전과 수업 공개 당일 활동에 대한 흥미가 사라져도 괜찮아요. 흥미가 없어도 교사랑 함께 활동을 하면서 흥미가 생길 수도 있고, 그게 다음 날 놀이에 반영되어 나올 수도 있어요. 아이들의 놀이는 경험을 바탕으로 나오는 것이기 때문에 공개수업을 통해 아이들이 경험을 가질 수 있도록 도왔다고 생각하면 돼요. 그러니 아이들의 흥미가 사라지는 것에 대해 너무 불안해하지 않으셔도 돼요.

헬퍼나라쌤의 유아주도놀이 공개수업이야기

이번에는 제가 했던 공개수업에 대한 이야기를 해볼게요. 2019년에 만난 아이들은 유아 주도 놀이를 아주 잘하는 편이었지만 공개수업은 교사 활동으로 준비했어요. '꿀벌이 꿀을 찾아요'라는 활동으로 벌과 꽃이 되어 자신들만의 방법으로 꿀을 나눠주는 놀이였어요. 그런데 원장 선생님과 동료교사가 교실에 들어오자마자 아이들은 긴장했는지 엉덩이를 뒤로 밀면서 놀이집으로 쏙 들어가 버렸어요. 카메라는 돌고 제 등에서는 땀이 나기 시작했어요. 아이들을 겨우 불러 모아서 활동을 했지만 책상에 올라가고 뛰어다니고 꿀벌 옷과 머리띠를 안 쓰겠다고 하는 등의 행동을 보였어요. 수업이 끝나고 얼마나 속상했는지 몰라요. 이렇게 망친 수업을 하고나니, 얼굴을 들고 다닐 수가 없더라고요.

이유를 생각해보니 이전에 함께 했던 선생님부터 저까지 5세, 6세, 7세를 거치면서 하루의 대부분을 유아 주도 놀이로 보내다보니 앉아서 선생님과 이야기를 나누고, 선생님이 정한 방법과 약속에 따라 진행되는 활동이 익숙하지 않았을 거예요. 제 잘못인 줄 알면서도 아이들에게 너무 한 거 아니냐고 화를 내기까지 했어요.

이렇게 왕창 망한 수업을 한 번 하고 나니, 올해는 특별하게 교사가 준비한 활동보다는 평상시 유아 주도 놀이의 모습을 그대로 보여줘야겠다는 생각이 들었어요. 그리고 유아 주도 놀이를 40분 안에 보여준다는 것이 어렵게 느껴져 90분을 공개했어요. 사실 2시간 이상 하고 싶었지만 동료 선생님도 수업을 해야 하고, 겸임 원장 선생님도 답답하게 느끼실 것 같아 그렇게 정했어요.

간단하게 저희 유치원을 소개하자면 세 학급 초등학교 병설유치원이고, 제가 맡은 반은 만 3, 4세 혼합반 아홉 명이에요.

⑤ 유아주도놀이 공개수업 계획안

지금부터는 유아주도놀이의 계획안을 살펴보면서 공개수업의 흐름을 설명 해 볼게요.

- 놀이주제(명) : 유아 주도 놀이이기 때문에 생활주제라는 말보다는 아이들의 전체적인 놀이를 반영해서 놀이 주제 또는 놀이명으로 적었어요.

- 학급놀이특성 : 아이들이 주로 관심을 가지는 부분이나 자주하는 놀이의 주제, 장소 등 우리 학급의 놀이 성향을 기록했어요. 저희 아이들은 활발한 편이고, 자연물에 관심이 많고, 바깥놀이는 1시간 이상이 지났을 때 몰입도가 높아요.

- 현재 진행되고 있는 놀이 : 수업안은 1주 전에 작성했지만 현재 진행되는 놀이가 계속해서 바뀌기 때문에 수업안을 전날까지 수정했어요. 우리 반 아이들이 많이 하는 놀이는 미용실 놀이, 엄마놀이, 돈 만들기 놀이, 동물 곤충 분류하는 놀이였어요.

- 놀이 중 활동 계획 : 개정 누리과정에서는 목표보다는 아이들의 놀이를 관찰해서 교육과정 관련 요소에서의 경험과 배움을 찾아보라고 했기 때문에 수업 목표로 기술하지 않았어요. 대신 기대되는 배움이라고 해서 예상되는 활동 속에서 배움의 요소들을 찾아봤어요. 예시에는 5개영역으로 나눠 한 가지씩 썼는데 예상되는 활동에 비춰 두세 개만 써도 상관은 없어요.

놀이 실행안

놀이주제(명)	봄 소풍		일시	2021. 4. 14(수)
대상	행복반(만 3, 4세 총 9명)		장소	운동장
학급 놀이 특성	• 혼합연령반이지만 연령보다는 성별로 나뉘어 놀이한다. 또한 같은 성별일지라도 자신이 가진 놀이 특성에 따라 놀이를 하는 편이다. • 곤충이나 살아있는 생물, 식물, 꽃 등을 포함한 주변의 자연의 변화에 관심이 많아 바깥 놀이시나 급식실에 오고 가는 길에 앉아서 놀이하는 경우가 많다. • 따뜻해진 봄 날씨에 바깥에서 놀이하자고 요구하는 날이 많아 길게 운영되는 바깥 놀이를 자주 진행하는 편이다.			
현재 진행되고 있는 놀이	• 미용실놀이: 미용실 주인이 되어 머리 스타일을 선택하게 한 후 시술해주는 놀이가 진행 중이다. 주인은 보통 6살 유아들(남 여), 손님은 교사 혹은 5살 동생들이 하고 있다. • 엄마놀이: 교사와 함께 엄마와 딸이 되어 놀이가 진행 중이다. • 돈 만들기 놀이: 색종이에 숫자를 적어 돈을 만들어 돈을 주고 받는 놀이가 진행 중이다. • 동물, 곤충 분류놀이: 날아다니는 동물, 곤충, 땅에사는 동물 모형을 특징에 따라 분류하고 날아다니는 곤충을 직접 매달아보는 놀이가 진행중이다.			
놀이 중 활동 계획	기대 되는 배움	• 운동장 주변에서 친구들과 재미있게 놀이한다. • 봄 소풍에 가지고 가고 싶은 것, 장소를 정하며 자신의 생각을 말로 표현할 수 있다. • 친구들과 함께 놀이에 참여한다. • 주변의 자연물을 이용해 통합적으로 자신의 생각을 표현한다. • 주변의 봄의 변화에 관심을 가진다.		
	예상 되는 활동 (※ 활동 순서가 아님)	• 봄 소풍을 갈 때 가지고 가고 싶은 것에 대해 이야기를 한다. 　- 놀잇감, 공, 종이, 책, 돗자리 등 　- 유아가 말한 것들을 챙겨 밖으로 나간다. 　- 유아가 원하는 놀이를 진행한다. • 도시락을 싸서 소풍을 가요. 　- 각자의 도시락에 넣고 싶은 것을 담아서 밖으로 가지고 나간다. 　- 도시락을 먹고 싶은 시간을 정해 나눠 먹는다. 　- 밖으로 나가 유아가 하고 싶은 놀이를 하도록 한다. • 봄 소풍을 가고 싶은 장소를 정한다. 　- 봄 소풍을 가고 싶은 장소에 대해 이야기를 나눈다. 　- 유아가 봄 소풍을 가고 싶은 장소를 선택한다. 　- 정해진 장소로 봄 소풍을 나간다.		
	자료	도시락, 과자, 젤리, 돗자리, 플라스틱 커피음료잔, 빨대, 도감 등		
놀이 지원 방향	• 교사가 정한 장소는 운동장 주변 잔디밭이나 유아의 장소 선정에 따라 변경 될 수 있다. • 봄 소풍 장소(운동장 주변 잔디밭)에 도착한 후에는 자연스럽게 유아가 원하는 놀이를 진행하도록 한다. • 놀이 중 요구하는 자료가 없을 경우 유아가 교실로 가서 필요한 것을 가져올 수 있도록 한다. • 정해진 시간이 끝났더라도 유아의 요구에 따라 놀이가 계속 진행될 수 있다.			

예상되는 활동으로 봄 소풍 갈 때 가지고 가고 싶은 것에 대한 이야기나누기, 도시락 싸서 소풍가기, 봄 소풍 장소 정하기 세 가지로 계획했어요. 이 활동을 순서대로 하겠다는 것이 아니라 아이들이 관심을 보이면 활동을 진행하고, 다른 놀이를 한다면 계획한 활동은 생략할 수 있다고 생각했어요. 즉, 봄 동산에서 놀고 싶다는 이야기를 평소에 많이 했는데 공개수업 당일에도 그 이야기가 나오면 뭘 가지고 놀고 싶은지 물어보고 그 자료를 챙겨서 봄 소풍을 갔을 거예요. 그리고 봄 소풍 장소도 운동장이나 주변 잔디밭 등 아이들이 원하는 장소로 갔을 거예요. 아이들이 원하면 도시락도 챙길 생각이라서 미리 도시락통과 간식 등 예상되는 자료들을 한쪽에 준비해두었어요.

- 놀이 지원 방향 : 교사가 계획한 활동이 아니고, 어떤 놀이가 나올지 예측하기 어렵기 때문에 구체적으로 적지 않았어요. 아이들이 원하면 활동의 방향은 언제든지 바뀔 수 있고, 정해진 시간이 끝나더라도 놀이는 계속 진행될 수 있어요.

☺ 공개수업 당일

수업이 시작되고 바깥에 나가볼까 제안하자마자 아이들은 '싫어요. 너무 추워요.'라고 했어요. 사실 이 때는 4월 초였는데 주 중에 가장 추운 날이었어요. 때문에 출근을 할 때부터 오늘도 쉽지 않겠다는 느낌을 받았어요. 아니나 다를까 바깥에서 놀이를 하겠다는 최소의 계획마저 틀어지기 시작했지만 아이들의 의견대로 교실에서 하고 싶은 놀이를 했어요.

☺ 공개수업을 끝낸 헬퍼나라의 생각

저는 유아 주도적 놀이가 잘 맞는 편이라서 유아·놀이중심 교육과정으로의 변화가 반가웠어요. 교사의 활동을 공개해서 망한 경험도 있었지만 개정 누리과정에 대한 연구를 하면 할수록 아이들의 일상적인 놀이 모습을 공개하는 게 좋겠다는 생각이 들었어요. 그럼에도 공개수업 후에 이게 얼마나 어려운 일인지 뼈저리게 느꼈어요.

☺ 공개수업으로 유아 주도 놀이를 하려면

첫째, 강심장 선생님만 할 수 있어요. 교사의 계획대로 되는 일이 거의 없고, 아이들의 놀이 역시 예측 불가능하기 때문에 적절하게 대처할 수 있는 능력이 있어야 해요. 제가 수업이 끝난 후에 공개수업 계획안을 펼쳐 놓고 평가를 해봤어요.

'현재 진행되고 있는 놀이'는 시간차를 두고 5분이 됐든, 10분이 됐든 한 번은 그 놀이가 진행이 되었어요. 그런데 교사가 계획한 '예상되는 활동'은 다 X 표시를 해야만 했어요. 사진처럼 유아 주도 놀이는 교사가 원하는 대로 절대로 흘러가지 않아요. 그래서 참관자가 있는 특수한 상황에서도 아이들의 놀이와 행동에 평소처럼 지원과 대응을 할 수 있는 강심장이 필요해요. 단, 여기서 오해하면 안 되는 부분은 지원을 잘하는 능력 있는 교사만 유아 주도 놀이를 공개수업으로 할 수 있다는 건 아니에요. 매 순간 최상의 지원을 할 수는 없어도 '아이들을 믿고. 나는 할 수 있다'라고 생각한 교사 역시 유아 주도 놀이를 공개수업으로 할 수 있어요. 완성도가 높은 수업을 보여주기보다는 공개수업을 통해 나를 돌아보면서 앞으로 한 발씩 내딛는 게 중요하니까요. 저도 마찬가지에요. 두렵고 떨릴 때도 많고 수업을 할 때 등에서 땀도 나고, 속으로 '왜 이것밖에 못 놀지' 답답하기도 하고, 화도 나요. 그럼에도 도전을 해보면서 경험을 쌓아가고 있어요.

Q) 풀5회차 ᄡ 놀이   **놀이 실행안**

놀이주제(명)	유치원 주변으로 체험학습을 가요	일시	2021.
대상	행복반(만3, 4세 총 9명)	장소	운동장

학급 놀이 특성	▫ 유아들은 몸으로 하는 놀이, 바깥에서 하는 놀이를 좋아한다. 보다 활발하고, 크게 움직이며 놀이하며 가끔 그 놀이가 위험하거나 공격적으로 보이긴 하지만 이들에게는 재미있는 놀이이다. ▫ 곤충이나 살아있는 생물, 식물, 꽃 등을 포함한 주변의 자연의 변화에 관심이 많아 바깥놀이나 급식실에 오고 가는 길 앉아서 놀이하는 경우가 많이 있다. ▫ 함께 모여 앉는 자리에 앉아서 자유롭게 생각을 말하는 편이나 10분 이상 앉아 있는 것을 어려워한다.
현재 진행 되고 있는 놀이	▫ 미용실놀이: 미용실 주인이 되어 머리 스타일을 선택하게 한 후 시술해주는 놀이가 진행 중이다. 주인은 보통 6살 유아들(남여), 손님은 교사 혹은 5살 동생들이 하고 있다. ▫ 엄마놀이: 교사와 함께 엄마와 딸이 되어 놀이가 진행 중이다. → 확대 ▫ 거미줄 놀이: 교실에 테이프를 이용해 거미줄을 치고 거미를 그려 달아보는 놀이가 진행 ▫ 운동장과 공원에서 발견한 생물에 대한 이야기: 직접 만난 지렁이, 공벌레, 거미, 무당벌레에 대해 이야기를 하고 있다. →인늘도 조금씩 진행 ▫ 포켓몬스터 색칠하기
놀이 실행 계획	기대 되는 배움	Ⓘ 운동장 주변에서 친구들과 재미있게 놀이한다. Ⓢ 봄 소풍에 가지고 가고 싶은 것, 장소를 정하며 자신의 생각을 말로 표현할 수 있다. Ⓐ 친구들과 함께 놀이에 참여한다. Ⓝ 주변의 자연물을 이용해 통합적으로 자신의 생각을 표현한다. Ⓝ 주변의 봄의 변화에 관심을 가진다.
	예상 되는 놀이 (※ 놀이 진행 순서가 아님)	▫ 밖으로 갈 때 가지고 가고 싶은 것에 대해 이야기를 한다. - 놀잇감, 공, 종이, 책, 돗자리 등 - 유아가 말한 것들을 챙겨 밖으로 나간다. - 유아가 원하는 놀이를 진행한다. ▫ 도시락을 싸서 소풍을 가요. - 각자의 도시락에 넣고 싶은 것을 담아서 밖으로 가지고 나간다. - 도시락을 먹고 싶은 시간을 정해 나눠 먹는다. - 밖으로 나가 유아가 하고 싶은 놀이를 하도록 한다. ▫ 가고 싶은 장소를 정한다. - 봄 체험학습을 가고 싶은 장소에 대해 이야기를 나눈다. - 유아가 봄 체험학습을 가고 싶은 장소를 선택한다.
	자료	도시락, 과자, 젤리, 돗자리, 보자기, 종이, 펜, 곤충 책 등
놀이 지원 방향	▫ 교사가 정한 장소는 운동장 주변 잔디밭이나 유아의 장소 선정에 따라 변경 될 수 있다. ▫ 봄 체험학습 장소(운동장 주변 잔디밭)에 도착한 후에는 자연스럽게 유아가 원하는 놀이를 진행하도록 한다. ▫ 놀이 중 요구하는 자료가 없을 경우 유아가 교실로 가서 필요한 것을 가져올 수 있도록 한다(운동장 일 경우). ▫ 정해진 시간이 끝났더라도 유아의 요구에 따라 놀이가 계속 진행될 수 있다.

※ 학급의 특성에 따라 놀이 실행안은 수정하여 사용할 수 있음.

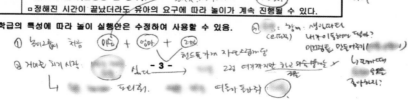

- 3 -

그 과정에서 저는 아이들에 대해 하나씩 더 알아가고, 제 생각이 더 단단한 소신이 되도록 만들어가고 있어요. 완벽하게 하려고 하지 마세요. 실수가 있어야 도전 할 틈도 있는 거니까요. 그래서 힘들었지만 차후에도 저의 성장을 기대하며 유아 주도 놀이로 공개수업을 할 거예요.

유아 주도 놀이를 공개수업으로 보여주기 위해 두 번째로 필요한 조건은 유아들이 잘 놀아야 해요. 아이들에게는 그냥 막대기 하나만 있으면 주유소도 만들고, 미끄럼틀도 만들 수 있는 마법 같은 유능한 능력이 있어요. 그러나 그 능력을 최대치로 발휘하게 도와주는 것은 교사의 존중과 허용이에요. 아이들은 뭐든지 당연하게 이것저것 만져보고, 즐겁게 탐색하면서 놀이를 해요. 교사가 학기 초부터 긍정적 관계를 맺으며 교사의 놀이 허용 범위 내에서 유아의 놀이를 존중해주었다면 아이들도 자신이 하고 싶은 놀이에 대한 목소리를 잘 낼 거예요.

세 번째로는 교육공동체의 이해가 필요해요.
아무리 이해의 폭이 넓은 공동체일지라도 각자가 실천하고 있는 유아·놀이중심 교육과정의 방향이 다르고, 놀이를 허용하는 범위도 달라요. 또한 관리자의 경우에는 유아·놀이중심 교육과정에 대해 이해는 하나 실제적으로 유아 주도 놀이를 하는 모습, 교실이 엉망이 된 모습을 보면 불편해 하는 경우도 종종 있어요. 제가 1시간 30분의 유아 주도 놀이를 공개할 수 있었던 이유는 저희 학교 겸임 원장 선생님께서 유아·놀이중심 교육과정에 대한 관심과 이해가 높았기 때문이에요. 저한테 놀이중심의 방향을 설명하실 수 있을 정도의 수준이고, 교사를 믿고 전폭적으로 지원해주는 분이세요. 그럼에도 유아 주도 놀이의 공개수업은 교장 겸임 원장 선생님의 입장에서 새로운 스타일의 수업이에요. 그래서 수업의 방향과 참관 포인트를 한 장으로 요약해서 드렸어요. 초등학교 선생님과 동료장학을 할 때에도 예시처럼 수업의 방향에 대해 안내를 하면 유치원 교육과정에 대해 조금 더 이해할 수 있어요.

저희 유치원에서는 평소 학급에서 이루어지고 있는 유아·놀이 중심의 교육과정을 있는 그대로 공개하려고 합니다. 미리 준비한 수업이 아니기 때문에 다양한 변수가 있지만, 공개수업 당일 유아의 흥미와 놀이를 지원하고자 합니다.

1. 수업안 대로 왜 수업이 이루어지지 않나요?
「2019 개정 누리과정」에서는 유아 주도 놀이를 강조하고 있습니다. 초등학교처럼 교사가 해당 차시의 지식을 가르치는 것이 아니라 유아의 흥미에 따라 놀이에 몰입할 수 있도록 교사는 지원자의 역할을 합니다. 그런데 수업안은 일주일 전에 작성되었고, 수업 전날까지 수정을 하지만 유아의 흥미를 예측하기 어렵고, 늘 변화가능성이 큽니다. 따라서 수업안 대로 수업이 이루어지지 않을 수도 있습니다. 또한 수업안 대로 가다가도 유아의 흥미나 관심에 따라 융통성 있게 운영됩니다. 그래서 놀이 안에서 자신만의 배움을 만들어가는 유아의 모습을 바라봐주세요.

2. 평소에 어떻게 수업이 진행되고 있나요?
교사가 준비한 활동도 하지만 유아가 원하는 재료나 놀잇감을 이용해 하고 싶은 놀이를 많이 합니다. 이 외에도 놀이 공간이나 주제 선정에 있어서도 유아의 의견을 최대한 반영합니다. 교사는 유아와 상호작용하기도 하고 놀이 속에 들어가 함께 놀기도 하고, 유아의 요구에 따라 환경적인 지원을 합니다. 때로는 교사가 정답을 알고 있어도 아이가 스스로 해결할 수 있도록 기다려주기도 하고, 필요한 수업을 계획해서 놀이를 확장시켜주기도 합니다.

3. 놀이 속 재미있는 이야기들을 바라봐주세요.

겉에서 보기에는 '이게 그냥 노는 거지. 무슨 수업이야?'라고 생각하실 수도 있습니다. 하지만 놀이를 자세히 살펴보면 블록이 넘어지지 않도록 다양한 방법으로 쌓아보고, 내가 마음에 드는 색깔을 골라 그림을 색칠하고, 엄마 아빠 역할에 몰입하여 놀이하는 모습 속에 자연스러운 배움이 깃들어 있습니다. 어른 눈에는 너무 평범해 보이고, 시시한 놀이일지 모르나 아이들은 자신의 능력을 최대한 발휘하여 특별한 놀이를 하는 중입니다.

수업 공개 중 한 놀이에 선택해서 아이들 머릿속에서 어떤 상상의 나래들이 펼쳐지고 있는지 살펴봐주시고, 아이들 간의 대화에 귀 기울여 들어주세요. 이전에는 미처 바라보지 못했던 아이들만의 반짝반짝한 능력에 빠져들어 보세요. 단, 아이들의 놀이보다 앞서거나 중단되게 하는 질문이나 답은 피해주세요^^

유아 주도 놀이를 공개수업으로 하자고 제안했을 때 옆반 선생님은 너무 두려울 것 같다고 고민을 많이 하셨어요. 저는 교사가 갖는 불안은 당연하다고 생각해요. 유아 주도 놀이를 좋아하고, 유아·놀이중심 교육과정에 대한 책을 썼다고 해서 유아 주도 놀이가 쉬운 것은 절대 아니에요. 그럼에도 선생님들마다 평소 놀이를 지원하는 방법이 다르기 때문에 참관을 통해 서로에게 도움이 될 수 있다고 확신했어요. 그래서 선생님이 아이들과 어떻게 상호작용을 하는지, 놀이 자료를 줄 때 또는 놀이에 참여할 때의 지원 방법을 기록하면서 수업자 선생님의 입장이 되어 보고자 했어요. 이런 이야기를 나누면서 옆반 선생님이 긍정적인 방향으로 생각해주셔서 유아 주도 놀이로 수업을 할 수 있었어요.

　제가 여러 조건에 대해 이야기를 했지만, 그 중에서도 이러한 교육공동체의 존중이 있을 때만 유아 주도 놀이를 공개수업으로 할 수 있어요. 저는 공동체가 공동체라는 단어 그대로 서로를 이해하고 수업자가 스스로 일어설 수 있도록 도와주는 게 중요하다고 생각해요. 제가 한 연수에서 독수리별님이 쓰신 '공동체'라는 시(詩)에서 공동체는 '말이 목에 걸리지 않고, 열정으로 이야기 나눌 수 있는 사람들이 있다. 맞잡은 손은 우리를 받아들이기 위해 열리고, 우리를 맞이하는 눈은 빛나며 우리가 스스로의 힘을 찾을 때마다 함께 축하하는 목소리가 있다'라고 말해요. 개정 누리과정에서 답이 없는 자율적인 교육과정을 운영하라고 하면서 교사의 전문성을 인정해 주었지만, 교사들은 자신이 잘하고 있는 것인지에 대해 끊임없이 고민하고 있어요. 그래서 '내가 가진 생각을 말해도 괜찮을까?' '틀렸다고 지적 받지 않을까?' 불안해요. 내 생각이 소신이 되기까지는 많은 시간이 필요해요. 말이 목에 걸리지 않고 자신의 생각을 기탄없이 이야기하고, 어떤 이야기라도 마주 할 수 있는 공동체에서 소신은 더 잘 만들어진다고 생각해요. 공동체는 잘못을 지적하는 곳이 아니라 선생님이 왜 그랬는지 스스로 알아차릴 수 있도록 도와주고, 자신의 신념이나 내면의 두려움을 꺼내 볼 수 있도록 선생님의 손을 잡아줘야 해요. 이러한 공동체를 만들기 위해 모든 선생님들이 노력했으면 좋겠어요.

그럼에도 참관 수업을 보면 실수나 잘못한 부분이 더 잘 보이는 게 사실이에요. 그래서 협의회 시간에 '이건 이렇게 했어야 해', '이렇게 하는 게 더 좋지 않아?' 라고 이야기하면서 수업자를 도와주려고 해요. 자신이 가진 노하우를 알려주면서 수업자의 성장을 돕고 싶었겠지만, 애석하게도 의도와 다르게 수업자에게는 조언이 아니라 상처일 때가 많아요. 수업자를 바꾸기 위해 이야기를 하기보다는 수업자가 왜 그런 생각과 행동을 하게 되었는지 이해해주고 스스로 깨달을 수 있도록 도와주세요.

〈1번 사례〉

참관자　교실은 좁은데 그 안에 놀이가 너무 많아서 오히려 놀이에 방해가 되는 것 같아요. 아이들이 흥미를 보일 때마다 놀이공간을 만들어주니까 좋은 점도 있겠지만 교사의 지원에 있어서 선택과 집중을 해야 할 때도 있어요. 그리고 교실이라는 공간이 한정되어 있으니까 교실 복도를 활용하는 것도 하나의 방법이 될 수 있겠네요.

〈2번 사례〉

참관자　오늘 아이들이 주제와 관련해서 여러 가지 놀이를 하더라고요. 놀이공간도 많이 준비가 되어있었던 것 같아요. 준비하면서 힘든 점은 없었나요?

수업자　이 수업을 10일 전부터 준비를 했었는데 중간에 아이들의 흥미가 점점 떨어지는 것 같아서 공개수업 당일에 놀이를 안 할 까봐 걱정이 되었어요.

참관자	선생님이 준비한 주제의 놀이를 하지 않아도 아이들은 자신이 원하는 놀이를 했으니까 괜찮지 않을까요?
수업자	그래도 공개수업을 하니까 이왕이면 주제와 관련된 수업을 해야 한다는 생각이 들었어요.
참관자	주제와 관련된 놀이를 했으면 좋겠다고 생각한 이유가 있나요?
수업자	공개수업이기도 하고, 왠지 주제와 관련된 놀이를 안 하면 교사의 능력이 부족한 것 같다는 생각이 들었어요.
참관자	왜 교사의 능력이 부족한 것 같다고 느꼈어요?
수업자	흠, 앞서 공개수업을 하신 선생님들의 수업을 보면 주제와 관련된 놀이만 아이들이 해서 저도 그래야 한다고 생각한 것 같아요.
참관자	주제와 관련 없는 놀이를 하는 유아가 단 한 명도 없었어요?
수업자	네. 병원놀이를 하면 아이들이 모두 병원놀이만 했어요. 선생님이 지원을 잘해서 아이들이 모두 병원놀이에 잘 참여한 것 같다고 칭찬을 해주셨던 기억이 있어요. 그래서 인지 주제와 관련된 놀이를 해야만 교사가 지원을 잘했다는 생각이 들어요.
참관자	그런 장면을 봤기 때문에 더더욱 주제와 관련된 놀이를 해야겠다고 생각했군요.
수업자	그런 것 같아요. 아직 유아·놀이중심 교육과정에 대해 감이 오지 않는데 미리 공개수업을 하신 선생님들의 수업을 보니까 '이렇게 해야 되는 건가?'라는 생각이 들더라고요. 그래서 계속해서 아이들이 주제와 관련된 놀이를 할 수 있도록 자료도 많이 넣어주고, 놀이공간도 늘렸던 것 같아요.

참관자	교실에 주제와 관련된 놀이공간이 많이 있었던 이유가 있었네요. 그럼 주제와 관련된 놀이를 하지 않는 아이들은 주로 어떤 놀이를 하나요?
수업자	매일 동물만 가지고 노는 아이가 있었는데, 공개수업 할 때도 동물로만 놀이를 했어요. 수업 전에 이 아이에게 '손전등을 주면서 동물에게 비춰보면 어떨까?', '벽면에 동물 그림자를 만들어볼까?' 라고 유도도 했었거든요.
참관자	그 때 아이가 관심을 가졌나요?
수업자	아니요. 선생님이 하라고 하니까 해보기는 했는데 제가 가니까 바로 손전등을 바닥에 두고 다시 동물을 가지고 놀았어요.
참관자	동물을 엄청 좋아하는 아이인가 봐요. 그 아이는 주로 동물을 가지고 어떤 놀이를 하나요?
수업자	흠, 동물을 가지고 재미있게 놀이를 많이 했던 것 같긴 한데한데…. 어떤 놀이를 했는지는 정확히 잘 기억이 나질 않네요.
참관자	그럼 다음번에는 그 아이가 동물을 가지고 어떤 놀이를 했는지 자세히 살펴보고 이야기를 나눠볼까요?
수업자	예. 자세히 살펴보고 다시 이야기할게요.

1, 2번 예시 모두 한정된 교실 속에 놀이공간이 너무 많다는 의견이었어요. 그런데 확연한 차이가 느껴지시죠? 1번 참관자는 놀이공간이 많으니 오히려 확장에 방해가 되었고, 이를 위해 선택과 집중의 지원을 해라, 복도라는 공간을 활용해라. 문제점과 함께 해결방안까지 제시하면서 수업자를 바꾸려고 했어요. 왜 놀이 공간을 많이 만들어졌는지에 대한 이유나 수업자의 의도는 듣지 않고, 결과

론적 해결책만 제공했어요. 이런 이야기는 수업자의 마음에 상처만 내고 끝이에요. 전혀 반영도 되지 않고 긍정적인 변화를 일으키지도 못해요. 아무리 좋은 것을 주어도 수업자가 받아들이지 않으면 소용이 없어요.

2번 예시에서는 수업을 준비하면서 힘들었던 점에 대해 이야기를 나누면서 수업자가 스스로 깨달을 수 있도록 계속 질문을 해줘요.

'교사의 알아차림 과정'

주제와 관련된 놀이를 하지 않을까봐 걱정

→ 주제와 관련된 놀이를 하지 않으면 교사의 능력이 부족한 것 같다는 생각

→ 동료교사의 수업을 보고 든 생각

→ 유아·놀이중심 교육과정에 대한 확신이 부족

→ 아이들의 흥미를 끌어올리기 위해 매일 자료를 제공하고 놀이공간을 만들어감

→ 주제와 관련 없는 아이들의 놀이는 잘 보지 못했다는 것을 깨달음

이러한 과정을 통해 참관자가 정답을 알려주지 않아도 수업자가 스스로 공개수업에 대한 두려움을 알아차리게 돼요. 참관자는 수업자의 시선을 따라가면서 수업자가 왜 그런 생각을 하게 되었는지 생각해볼 수 있도록 질문을 해줬어요. 우리의 교육공동체가 누군가의 잘못을 지적하고, 누군가를 바꾸기 위해서 조언을 하기 보다는 수업자의 마음을 공감해주면서 수업자만의 시선을 따라갔으면 좋겠어요. 본인이 바꿔봐야겠다고 마음을 먹었을 때 변화는 시작돼요. 그리고 이를 위해서는 많은 시간도 필요해요. 그래서 교육공동체가 변화와 도전을 격려하고 함께 성장하기 위해 기다려주는 넉넉함도 가지고 있었으면 해요.

유아 주도 놀이로 공개수업을 해보면서 저 또한 굉장히 어렵다고 느꼈지만, 다음번에도 도전해 보고 싶어요. 이를 위해 교사, 유아, 교육공동체가 서로를 신뢰하면서 같은 방향으로 나아가면 가장 좋겠지만 그렇지 않더라도 변화는 선생님으로부터 시작된다는 것을 잊지 않았으면 해요.

✍ 헬퍼나라쌤의 공개수업을 본 그래쌤의 후기

'선생님의 마음을 사로잡았던 놀이는 무엇인가요?'
'수업에서 격려할 부분이나 의문이 나는 지점이 무엇인가요?'
'나라면 어떤 지원을 했을지 생각해 보세요.'
'교육과정과 연관 지어 놀이 속 배움을 찾아보세요.'

위와 같은 질문이 적힌 수업 참관록을 앞에 두고 놀이를 보려고 하니까 놀이 속에서 무언가를 찾아야만 할 것 같아 마음이 불편했어요. 공개된 유아 주도 놀이는 대부분 일상적인 놀이인데 그 속에서 특별함을 찾는다는 게 앞뒤가 맞지 않는 것 같았거든요. 그런데 또 가르치는 일이 익숙한 교사라서 그런지 놀이를 배움과 연결시켜서 생각하는 건 쉬워도 일상적인 놀이에 의미를 부여해가며 바라보는 것은 어렵게 느껴졌어요. 그래서 나라 쌤의 공개수업 속에서 놀이를 어떻게 봐야 할지에 대한 고민을 정말 많이 했어요.

'삶의 여정에서 아름다운 순간들이 많이 오더라도 내가 발견하고 느끼지 않으면 아무런 의미가 없다.'

- 이해인, 「기다리는 행복」 中

아이들의 놀이 그 자체로도 의미가 있는데, 교사가 그 보다 앞서 나가니까 아름다운 놀이의 순간들을 발견하지 못하는 것은 아닐까요? 그래서 꼭 뭔가를 찾아내야 한다기보다는 놀이 그 자체로 의미가 있다는 시각으로 놀이를 바라봐야겠다고 생각했어요. 물론 수업을 보면서 교육과정과 연결시켜서 배움의 요소들을 찾을 수도 있고, 유아가 무엇에 흥미를 보이는지, 교사는 어떤 지원을 할 수 있는지 등에 대해서도 살펴볼 수 있어요. 하지만 놀이를 있는 그대로 바라본다는 마음으로 수업을 보니까 놀이의 여러 장면들이 눈에 들어왔어요.

· 아이의 피아노 반주에 선생님만 반응해서 혼자 노래 부르기 시작. 다른 아이들은 1도 신경을 안 쓰는 가운데 고음까지 소화해내는 선생님의 독창. 유~야호!
· 색칠을 잘 못해서 새 활동지로 바꿔달라는 아이에게 안 되는 이유를 설명해주면서 틀린 부분에 다른 그림을 그려 감쪽같이 수정하는 선생님. 수정한 부분이 마음에 든다고 말하는 아이. 다행이다!
· 선생님께 핸드폰을 달라고 해서 사과 모양 브랜드 로고를 따라 그리고 노트북에 붙이는 아이. 관찰력 갑!!
· "선생님 저 여행 갔다 올게요" 하고 말하는 아이에게 코로나 바이러스가 심하다는데 여행을 어디로 가냐고 되묻는 선생님. 그래도 여행가야 하니까 유치원 하루 쉰다며 당당하게 말하는 아이.
· 정리정돈을 잘하는 선생님께 선물을 주겠다는 꼬마 선생님! "다음에도 정리정돈 더 잘할게" 미소로 화답하는 선생님.
· 종을 세게 쳐서 시끄럽자 그 아이의 종이 핸드폰으로 전화를 거는 선생님 "종소리

가 너무 큰 것 같아요" 선생님의 전화를 받자마자 "알겠어요" 라며 종치기를 멈춘 아이.

· 친구가 하는 율동을 보고 선생님이 따라하자 또 한명의 친구와 특수학급 선생님 이 다가와 "나도 이 율동 할래" 순식간에 네 명이 함께 춤추기.

· 교실에 귀신이 나타났다면서 블록 총으로 쏘고, 망원경으로 귀신을 찾고 다니는 해병대 아이들. 친구들을 모두 배에 태워 출동함.

· 선생님한테 귀신이냐고 묻고 등 뒤에 올라탐. 예쁜 꽃무늬 드레스 입었는데 한순 간에 말이 된 선생님.

· 장난감 칼로 공격하는 흉내를 내다가 다른 친구가 방어한다고 진짜 공격을 함. "잠깐만요. 칼은 친구들을 향해서 공격하지 않기로 했지요. 가짜 칼이지만 진짜 칼이었으면 위험했겠지? 칼은 잠깐 선생님 책상에 올려놓자" 안 되는 건 안 된다 고 단호하게 이야기하는 선생님.

· "자 이제 정리하세요"라고 말하지 않고 아이들과 시계를 보면서 정리 시간을 정하 는 선생님. "긴 바늘이 지금 3이야. 밥은 7에 갔을 때 먹을 거야. 그럼 정리까지 하 고 밥 먹으러 가려면 언제 정리를 시작해야 할까?", "보관할 장난감 다 보관하고 4에 정리 시작하면 어떨까"라는 선생님의 물음에 "좋아요 좋아요" 바로 수긍하는 아이들.

· 교실을 하염없이 돌아다닌 아이, 정리하는 건지 놀고 있는 건지 헷갈리는 아이들 이 있지만 "애들아 시계 확인하세요."라며 잔소리 대신 정리로 돌아오라는 신호를 보내주는 선생님.

노트북을 색칠해서 만들고, 노래를 부르며 춤추고, 귀신을 찾아 혼내주는 해병대 놀이 등 놀이는 크고 화려하지 않았지만 아이들만의 즐거움이 가득했어요. 수업을 보면서 유아 주도 놀이는 확실히 일상적이고 평범하다는 걸 다시 느꼈어요. 동시에 이렇게 평범하지 않고서는 특별한 놀이도 있을 수 없다는 생각도 했어요. 교사가 확장이나 배움을 목표로 놀이를 바라보면 일상적인 놀이는 한없이 지루할 수밖에 없어요. 하지만 놀이가 '놀이'(즐거움) 자체만으로 의미가 있다고 생각하니까 놀이의 순간순간이 자연스럽게 제 눈에 담겼어요.

거기다 놀이를 그 자체로 바라보면서도 자연스럽게 교육과정과 연결 지어졌고, 선생님의 지원도 보였어요. 아이의 피아노 반주에 선생님이 노래를 부르고, 율동을 따라하니 관심있는 아이들이 모여 춤추고 노래를 따라 불렀어요. 전처럼 대집단으로 노래 가사를 알아보고, 한 음으로 '아'나 '우'로 부른 후 가사에 맞춰서 불러보는 음률활동이 아니라 자연스럽게 교실에 노래가 흘러나왔어요. 또 공개수업 속 선생님이 예쁜 드레스를 입었지만 말이 되어 친구를 태우는 것을 망설이지 않았고, 아이가 필요한 자료를 핸드폰으로 함께 찾아보기도 했어요. 종소리가 놀이를 방해할 때에는 그 아이에게 전화를 걸어 주의할 사항을 알려주기도 하고, 칼로 위험한 놀이를 할 때에는 놀이를 중단시키고, 단호하게 약속을 떠올리게도 했어요. 아이들과 함께 정리정돈을 시작하고 정리를 안 하는 친구들에게 잔소리를 하기 보다는 시계를 확인해서 스스로 할 수 있도록 기다려주었어요. 이렇듯 교사는 아이들이 필요로 할 때 자료를 찾아주기도 하고, 함께 놀이해주고, 위험한 순간에 안전지도를 하면서 틈틈이 사진도 찍으며 바쁘게 움직였어요. 마치 많은 아이들을 보려고 예민하게 눈과 귀를 열어둔 것 같았어요.

교사의 활동으로 공개수업하기

유아·놀이중심 교육과정으로 바뀐 후 '유아 주도 놀이로 공개수업을 해야 하는 게 아닌가' 고민하는 선생님들이 많아요. 하지만 앞서 말한 교사, 유아, 공동체 등 여러 가지 조건들이 갖추어지지 않은 상태에서 유아 주도 놀이를 공개 하는 것은 어려운 일이예요. 예측하기 어려운 유아 주도 놀이에 부담감을 가진다면 교사의 활동으로 공개수업을 할 수 있어요. 유아가 주도적으로 즐겁게 참여하고, 놀이나 일상생활과 연계하여 교사가 계획한 활동을 할 수 있고, 활동 역시 유아의 놀이를 지원해주는 방법이기 때문에 충분히 공개수업으로 진행할 수 있어요.

그럼 이제부터는 교사의 활동으로 계획안을 작성할 때 고려해봐야 하는 부분에 대해 알아볼게요.

1. 공개수업의 주제

전처럼 생활주제에 맞춰 수업을 준비하거나 현재 우리 반 아이들이 관심을 보이는 주제나 놀이, 일상생활 등을 중심으로 활동을 계획해요. 수업안이 보통 일주일 전에 작성되기 때문에 유아의 흥미는 수업 당일 변할 수 있어요. 유아의 흥미는 짧고 수시로 바뀌는 것이 당연하기 때문에 활동을 하다보면 다시 생길 수도 있고, 경험이 놀이로 투영될 수도 있어요.

모두 가능해요!

생활주제와 관련된 주제

유아가 흥미와 관심을 보이는 주제

교사의 판단에 의해 유아에게 경험시켜주고 싶은 주제

🖉 2. 공개수업의 집단 형태

공개수업을 대집단 활동 또는 소집단 활동으로 공개할 수 있어요. 아마도 많은 선생님들께서는 소집단 활동으로 진행하면 참여하지 않는 유아들은 소외된다는 부담감 때문에 대집단 활동을 하실 거예요. 공개수업에서 희망하는 유아만 데리고 소집단 활동을 하기는 현실적으로 어려울 수도 있지만, 유아의 흥미와 관심을 반영할 수 있는 활동의 집단 형태 중 하나로 생각하고, 다양한 시도를 해볼 수 있어요.

- 대집단 : 전체 아이들을 데리고 활동을 시작해서 대집단으로 계속 이어갈 수도 있고, 유아들과 논의하여 각자 하고 싶은 활동을 하는 소집단으로 바뀔 수도 있어요.
- 소집단 : 자유놀이를 진행하면서 교사가 준비한 활동에 관심있는 유아들만 와서 할 수 있어요.

🖉 3. 공개수업에 놀이적 요인 반영하기

예를 들어 개미 만들기 수업을 계획하면 예전에는 검정색 뿅뿅이를 이어 붙이고, 털실을 몸통에 붙이는 방법 하나하나 알려주면서 따라오도록 했을 거예요. 그런데 이제는 정해진 재료만 사용하는 게 아니라 교실에 있는 자료들 중에서 무엇으로 개미를 만들 수 있을지 아이들이 생각해보고 스스로 선택해보도록 하는 거예요. 색종이, 블록, 자석, 레고, 그림 그리기 등등 자신이 원하는 자료로 개미를 만들 수 있어요. 이 때 놀이를 주도하는 아이들은 개미를 만들 때 필요한 자료들을 금방 찾아서 만들어요. 그런데 만들기를 좋아하지 않거나 많이 해보지 않는 아이 또는 소극적인 아이들은 재료의 선택과 결정을 어려워 해요. 그럴 때에는 교사가 미리 준비한 자료들을 보여주면서 놀이를 지원해줄 수 있어요.

"선생님이 뿅뿅이랑, 털실, 클레이를 준비했는데 이 중에서 골라서 개미를 만들어볼까?"

"클레이로 동그라미 3개를 만들어서 이렇게 이쑤시개로 연결해주면 개미 몸통을 만들 수 있어. 선생님이랑 개미를 만들어볼까?"

이렇게 유아의 성향에 따라 교사가 준비한 자료를 제시해 주거나 놀이방법을 알려줄 수 있어요. 아이들의 놀이를 다양한 방법으로 지원할 수 있으므로 놀이주제, 놀이자료, 놀이방법 등 아이들이 선택하고 주도할 수 있는 부분을 반영해 공개수업을 계획할 수 있어요.

🌊 4. 교사가 공개수업 내에서 허용할 수 있는 범위 고민하기

공개수업은 마음을 비우려고 해도 누군가 내 수업을 보고 있는 특수한 상황이라는 것은 인정할 수밖에 없어요. 그래서 공개수업 때 허용할 수 있는 범위를 먼저 살펴보는 것이 중요해요. 아이들의 의견을 수용하지만 시간과 상황의 특수성을 넘어설 수 없거나 교사의 허용치의 범위에서 벗어나는 부분에 대해서는 교사가 이끌어가거나 대안을 제시할 수 있어요. 예를 들어 개미를 만드는 활동인데 한 유아가 바깥에 있는 돌멩이로 개미를 만들고 싶다고 해요. 유아가 낸 아이디어는 좋지만 혼자 바깥에 내보낼 수 없기 때문에 상황을 설명해주거나 대안을 제시할 수 있어요.

'검정 돌멩이로 만들면 정말 개미 같겠다. 그런데 하준이 혼자 운동장까지 가기에는 거리도 멀고 다칠 수 있어서 혼자 갈 수는 없어. 그런데 선생님은 하준이 말고도 다른 친구들도 도와야하기 때문에 지금은 어려울 것 같아. 대신에 밥 먹고 오는 길에 돌멩이를 가져오는 건 어떨까?' '바깥놀이 할 때 검정돌멩이로 개미를 꾸며보면 어떨까?'

⊟ 5. 미리 공개수업 준비하기

교사의 활동과 유아 주도 놀이를 함께 경험한 아이들이라면 크게 상관이 없지만, 평소에 유아 주도 놀이를 중심으로 했다면 1-2주 전에 교사의 활동을 여러 번 해 봐야해요. 매일 등원과 동시에 자유롭게 놀이를 했던 아이들에게 갑자기 공개수업 날 함께 모여 앉아서, 손을 들고 발표를 하고, 의견을 모아보는 등의 교사의 활동은 쉽지 않아요. 요리조리 몸을 비트는 아이, 언제 노냐고 물어보는 아이, 앉아있어서 다리가 아프다는 아이, 서로 말하겠다는 아이 등 집중하지 못하고, 어수선해서 "선생님을 보세요", "박수 세 번 시작" 주의 집중만 시키다 결국 계획한 대로 수업을 하기 어려워요. 공개수업과 같은 방법의 활동을 연습하라는 것이 아닌 교사와 함께 수업하는 것도 유아의 놀이를 좀 더 다채롭게 하는 과정임을 알게 하는 시간들이 필요해요. 또한 함께 모이는 시간, 교사가 활동을 진행하는 시간에 지켜야 할 기본생활습관 지도도 필요해요. (예 : 선생님과 눈 마주치기, 자리에 바르게 앉기, 손을 들고 자신의 생각을 말하기, 친구나 선생님의 말에 귀기울이기, 친구가 말하고 있을 때 기다려주기 등)

놀이주제	우리 동네	활 동 명	재미있는 공놀이
대 상	만 5세 23명	일 시	202○.04.05.(목)
활동을 계획한 이유	평소에는 2~3개의 공으로 놀이를 하다가 바구니에 한가득 담긴 채로 공을 제공하였더니 다양한 공 놀이를 하는 모습을 보고 활동을 계획하게 되었다.		
활동에서 경험하게 될 내용 예상하기	● 공을 가지고 혼자 또는 친구와 함께 놀이한다. ● 놀이를 하는 과정에서 자연스러운 의사소통 과정에 참여한다. ● 신체를 이용하여 공을 가지고 즐겁게 놀이한다. ● 공을 이용하여 새로운 놀이를 만들어 낸다.		

활동 계획	준비물 및 유의점
▯ 상자 속의 '공' 알아맞히기 ▯ 공의 사용 방법 안내하기 행복반 친구들이 모두 사용할 수 있는 공을 이 바구니에 준비해 두었어요. 친구들이 필요할 때 공을 가지고 가서 사용할 수 있고, 친구와 놀이하게 되어 공이 필요 없게 된다면 담아두었다가 다시 사용할 수 있어요. ▯ 공을 가지고 자유롭게 놀기 　- 혼자서 놀기, 친구들과 함께 놀기 　- 예상되는 놀이 공주고 받기, 축구, 농구, 공 들고 다니기, 공 술래잡기, 공 전달하기, 공굴리기, 공 튕겨보기 등 ▯ 교사가 계획한 놀이 함께하기 　- 앉아서 하는 공 피구 놀이 ① 공격팀과 수비팀으로 나눈다. ② 공격팀은 다리를 양 옆으로 뻗고 앉아서 동그라미를 만든다. ③ 수비팀은 동그라미 원안에 들어간다. ④ 공격팀은 원안에서 공을 굴려 주고 받으며 수비팀을 맞춘다. ⑤ 공을 맞은 수비팀은 동그라미 밖에 앉아서 기다린다. ⑥ 1명이 남을 때까지 공격을 한다. ▯ 오늘 활동에 대해 함께 이야기 나누기 　- 즐거웠던 놀이는 무엇인가요? 　- 놀이를 더 하고 싶나요? 　- 필요한 것이 있나요? ▯ 공으로 하고 싶은 놀이 더 하기 　- 원하는 자료 추가해주기(홀라후프, 보자기, 줄, 축구골대 등)	㈐ 공, 대형바구니 ㈜ 사용할 수 있는 공의 수를 제한하지 않으며 문제가 발생했을 때 유아가 해결 할 수 있도록 지원한다. ㈜ 교사가 활동은 계획했으나 공을 이용한 유아의 놀이를 계속하고자 할 경우에는 참여하고 싶은 유아만 참여하거나 유아의 놀이를 계속할 수 있도록 한다. ㈜ 유아가 놀이시간의 연장을 원하면 이어서 할 수 있도록 지원한다.

246

이제는 교사가 사전에 계획한 활동으로 공개하는 수업안의 예시를 살펴볼게요.

- 이 수업안은 흐름 자체는 도입, 전개, 마무리의 내용을 담고 있지만, 기존의 수업안 형식에 변화를 주기 위해 단계를 생략해 보았어요.
- 생활주제는 우리 동네이지만 활동은 공놀이에요. 유아·놀이중심 교육과정 에서는 이렇게 주제와 맞지 않더라도 현재 아이들의 관심사를 반영하여 활 동을 계획할 수 있어요.
- 활동목표 대신 활동에서 경험하게 될 내용 예상하기로 바꿨어요. 교사가 유 아의 경험을 미리 조작하기보다는 유아의 놀이를 관찰하면서 그 안에서 경 험하고 있는 배움을 살펴보는 게 중요하다고 생각했어요.
- 활동은 여러 가지 공을 준비해두고 자유롭게 놀이하도록 했어요. 자신들이 원하는 방법으로 각자 또는 친구와 놀 수 있도록 했고, 대신 사용하지 않은 공은 바구니에 넣어주라는 간단한 규칙만 이야기했어요. 교사는 앉아서 하 는 피구놀이를 준비했는데 아이들의 놀이 과정을 보면서 대집단으로 함께 해볼 수도 있고, 놀이가 잘 이루어지고 있다면 소집단으로 하고 싶은 아이 들만 모아서 해볼 수 있어요. 또는 놀이 상황에 따라서는 교사가 준비한 활 동이 생략될 수도 있어요. 이때는 피구놀이를 할 때 지켜야 할 규칙, 방법을 설명하는 시간을 최대한 간소화시키고 놀이에 집중하도록 해요.

활동 명	민들레 씨앗 되어 여행하기	대 상	만 3, 4세 15명

활동을 계획하게 된 이유와 기대	유치원에 오고 가는 길, 급식실을 오고 가는 길, 민들레만 보이면 풀밭으로 뛰어 들어가 꽃을 불며 즐거워하는 아이들을 보고 민들레 씨앗이 되어 즐겁게 놀이하는 활동을 계획하게 되었다. 활동을 통해 자유롭게 민들레 씨앗의 움직임을 표현해본다.

교육과정 관련요소	예술경험 : 창의적으로 표현하기 　　- 신체나 도구를 활용하여 움직임과 춤으로 자유롭게 표현한다. 　　아름다움 찾아보기 　　- 자연과 생활에서 아름다움을 느끼고 즐긴다.

예상한 활동 과정	자료 및 유의점
● 민들레 씨앗을 부는 동영상 보기 　● 유치원 주변에 핀 민들레 씨앗을 불며 즐거워하는 유아들의 동영상을 보며 이야기를 나눈다. 　● 활동 함께 정하기 　　┌─────────────────────────────────────┐ 　　│ 오늘은 친구들이 민들레 씨앗이 되어 여행을 떠나볼까요? │ 　　└─────────────────────────────────────┘	쩄 '민들레 씨앗을 날리는 행복반 친구들' 동영상
● 유아의 생각에 따라 민들레 만들기 　● 친구들과 함께 민들레를 만드는 방법에 대해 이야기를 나눈다. 　　- 우리가 민들레가 되어볼까요? 어떻게 만들면 좋을까요? 　　　바닥에 붙은 노란 동그라미가 민들레인데 꽃잎이 하나도 없어요. 우리가 어떻게 만들면 좋을까요? 　● 민들레 씨앗이 되어 여행 떠나기 　● 교사가 '후'하고 불어주는 소리에 씨앗이 되어 자유롭게 날아간다. 　　- oo민들레 씨앗은 어디를 여행 하는 중인가요? 　　- 다시 민들레꽃을 만들어볼까요?	쩄 시트지로 만든 동그라미(민들레꽃중심) ⊕ 노란 동그라미는 여유롭게 만들어 놓아 유아의 생각에 따라 추가할 수 있다. ⊕ 유아들이 생각대로 충분히 표현해 볼 수 있도록 2~3번 반복한다.
● 교사가 이야기에 따라 씨앗의 움직임을 표현해본다. 　　- 이번에는 선생님의 이야기에 따라 움직여 볼까요? 　┌───┐ 　│ 바람에 따라 몸이 천천히 움직입니다. 하늘로 하늘로 여행을 떠납니다. 회오리 바람이 │ 　│ 불어옵니다. 몸이 이리저리로 흔들리며 여행을 떠납니다. 바람이 멈추니 나도 멈춥니다. │ 　└───┘ 　　- 더 해보고 싶나요? 아니면 친구들이 하고 싶은 놀이가 있나요? 　● 유아들이 원하는 방법으로 민들레 씨앗이 놀이하기 　● 민들레 씨앗이 되어 유아들이 하고 싶은 놀이를 해본다. 　　- 민들레 씨앗이 되었는데 더 해보고 싶은 것이 있나요? 　┌─────────────────────────────────────┐ 　│ 　　　　　　　예상되는 유아의 생각 │ 　├─────────────────────────────────────┤ 　│ 　민들레 씨앗을 직접 불어보기, 날아가는 민들레 씨앗 잡아보기, │ 　│ 민들레 씨앗 숨바꼭질, 민들레 씨앗이 피었습니다, 민들레 씨앗 홀라후프 통과하기 등 │ 　└─────────────────────────────────────┘	⊕ 유아들의 생각대로 자유롭게 표현하도록 하며 유아의 흥미에 따라 활동의 방향이 변경 될 수 있다.
● 활동 평가하기 　- 가장 재미있었던 것은 무엇이었나요? 　- 민들레가 되어서 다니고 싶은 여행이 더 있나요?	⊕ 유아의 의견에 따라 활동을 계속 연장하거나 마무리 한다.

248

- 유아들이 쉽게 민들레 홀씨가 될 수 있도록 교실 중앙에 동그라미 시트지를 붙여두었어요. "동그라미가 민들레 한 가운데 꽃인데 잎이 없네. 어떻게 만들지?"라고만 물어보면 동그라미를 중심으로 아이들이 자연스럽게 누워요. 교사가 "후"하고 민들레꽃에 바람을 불면 친구들이 '훅' 하고 날아가면서 교실에서 뛰어다녀요. 그 때 교사는 동화 속 해설을 들려주듯 바람에 따라 천천히 움직여보고, 회오리 바람에도 날아다니다가 바람이 멈추면 아이들도 멈춰요.
- 이렇게 교사가 제시한 조건에 따라 움직여보는 활동을 한 후에 유아들이 원하는 방법으로 민들레 씨앗놀이를 해요. 저희반 아이들은 민들레 씨앗이 좀비가 되었다고 했어요. 민들레 씨앗은 좀비와 전혀 상관이 없지만 이 놀이도 허용했어요.
- 교사가 좀비놀이 또는 주제와 관련이 없는 놀이를 아직 허용하기 어렵다면 다른 놀이로 전환을 하거나 이유를 설명해줄 수도 있어요. 교사가 적절히 판단해서 조정을 하되 수업 후 교사의 지원에 대해 고민해보세요.

  예) 민들레 홀씨가 되어 여행을 했는데 유아들은 민들레 씨앗이 좀비가 되었다고 했다. 좀비를 무서워하는 아이들이 있어서 좀비 놀이는 제한했다. 아이들은 왜 민들레 씨앗이 좀비가 되었다고 했을까? 좀비놀이를 하고 싶어하는 아이들의 생각과 실제 놀이 모습을 유심히 살펴봐야겠다.

생활주제	우리나라	주 제	추석
소 주 제	추석에 하는 놀이 경험하기	대 상	만 3세 14명
활 동 명	강강술래 놀이를 해요.	활동유형	신체
활동을 통해 경험하기	● 우리나라 춤인 강강술래에 관심을 가진다. ● 강강술래 노래에 맞춰 느낌에 따라 자유롭게 움직여본다. ● 강강술래 노래에 맞춰 친구들과 함께 다양한 놀이를 해본다.		
교육과정 관련내용	● 예술경험: 창의적으로 표현하기 ● 사회관계: 사회에 관심 갖기		

단계	과정	교수 · 학습 활동	자료 및 유의점
도입 (5)	동기 유발 활동 안내 하기	● 강강술래 노래 듣기 • 강강술래 노래를 들으며 이야기를 나눈다. 　– 이 노래를 들어본 적이 있나요? 강강술래가 무엇일까요? 　– 추석 날 밤, 보름달 아래서 손을 잡고 빙빙 돌며 추는 놀이예요. ● 활동 알아보기 　　　　강강술래 춤을 추며 놀아요.	재 '강강술래' 음원, 한복
전개 (30)	자유 롭게 신체 표현 하기 유아 의 생각 대로 놀이 하기	● 노래에 맞춰 몸을 자유롭게 춤추기 • 노래에 맞춰 유아의 생각대로 자유롭게 움직여본다. 　– 강강술래 노래를 들으니 어떤 느낌이 드나요? 　– 강강술래라고 나오는 부분에는 어떻게 움직여보면 좋을까요? 　– 강강술래 노래를 들으면서 마음대로 움직여볼까요? ● 친구와 함께 강강술래 노래에 맞춰 움직여보기 • 보름달을 아(옆)래서 친구와 함께 강강술래 노래에 맞춰 춤을 춘다. 　– 친구와 함께 어떻게 움직이고 싶나요? ● 유아들이 원하는 방법으로 강강술래 놀이하기 • 친구들과 강강술래를 더 재미있게 하는 방법에 대해 이야기해본다. {표} | 예상되는 놀이 | 활동 방법 | | 동대문 놀이 | 강강술래 노래를 부르며 2명의 유아가 두 손을 들고 대문놀이를 한다. | | 앞으로 왔다 뒤로 갔다하기 | 전체가 손을 잡고 앞으로 모였다 뒤로 퍼지면서 강강술래놀이를 한다. | | 앉았다 일어서기 | 전체가 손을 잡고 일어서며 강강술래 노래를 부른다. | | 기차놀이 | 강강술래 노래를 부르며 한줄기차를 만들어 돌아다닌다. |	㉨ 안전에 유의 하며 유아들이 생각대로 충분히 표현해 볼 수 있 도록 한다. 재 '강강술래' 음원 ㉨ 유아들의 생각을 자유롭게 표현할 수 있도록 한다.
마무 리 (5)	활동 평가 하기 다음 활동 안내	● 활동 평가하기 • 강강술래 놀이에 대해 평가한다. 　– 강강술래를 했을 때 가장 재미있었던(힘들었던) 것은 무엇이었나요? 　– 추석날 가족과 강강술래를 한다면 어떻게 하고 싶나요? ● 다음 활동 안내하기 　– 다음시간에는 오늘 못한 강강 술래 기차놀이를 해볼게요.	재 유아의 '강강 술래'동영상

- 공개수업안의 형식은 도입, 전개, 마무리의 교수학습활동을 담고 있어요. 수업안의 형식은 교사가 생각하는 수업의 방향과 의도에 따라 자유롭게 변형시킬 수 있어요.

- 이 활동을 하게 된 이유는 추석 전에 강강술래 노래를 틀어줬더니 아이들이 '강강술래' 부분을 따라 부르면서 관심을 보였어요. 강강술래를 함께 춰보면서 우리나라 전통 춤에 대해 알아보면 좋겠다고 생각했어요. 대신 강강술래의 춤 동작을 정확히 맞춰보는 것이 아니라 노래를 듣고 아이들이 원하는 방법으로 춤을 춰보면서 강강술래의 재미를 느껴보는데 초점을 두었어요. 실제 이 활동을 했을 때에도 만 3세라서 친구들과 손잡고 도는 동작을 가장 많이 반복 했어요. 그럼에도 아이들은 즐거워했고 이 후에도 강강술래 노래만 나오면 친구들이랑 손잡고 빙글 빙글 도는 놀이를 했어요. 이 모습만으로도 수업의 이유는 충분히 달성되었다고 생각했어요.

- 본 활동인 강강술래 춤을 추기 위해서 도입에서는 간단하게 강강술래에 대해서만 알아봤어요.

- 전개는 노래에 맞춰 자유롭게 춤추기, 친구와 함께 움직이기(춤추기), 유아들이 원하는 방법으로 강강술래 놀이하기 총 3파트로 나눠져 있어요. 1, 2번 파트는 강강술래 노래를 들으며 느낌대로 선생님과 함께 춤을 춰봐요. 3번 파트는 강강술래를 더 재미있게 해보기 위해서 아이들이 원하는 놀이와 접목시켜봤어요. 예상되는 놀이를 계획했는데 강강술래 안에 동대문 놀이가 나와서 그걸 봤던 아이들은 동대문 놀이를 하자고 할 것 같았고, 아이들이 손을 잡았으니까 앞으로 왔다 뒤로 갔다하기나 앉았다 일어서기 등 간단한 동작의 놀이도 할 수 있을 것 같았어요. 그리고 일상적으로 기차놀이를 좋아하니까 교실을 돌아다니는 기차 놀이도 생각해봤어요. 아이들이 원하

는 놀이에 맞춰서 계획은 충분히 변경될 수 있다고 생각했어요.

- 평가에서는 활동 사진을 보면서 재미있었던 놀이나 힘든 부분 또는 추가할 자료 등에 대해 아이들이랑 이야기를 해요.

Q&A.

공개수업 계획을 3파트로 나눠서 계획하셨는데 이걸 40분 안에 다 할 수 있나요?

강강술래 수업안 전개 부분을 보면, 첫 번째 노래에 맞춰 몸을 자유롭게 춤추는 활동, 두 번째 친구와 함께 강강술래 노래에 맞춰 움직여보는 활동은 교사가 주도하는 활동이고, 세 번째 유아들이 원하는 방법으로 강강술래 놀이를 하는 것은 유아가 생각을 반영해 유아가 제안한 놀이를 하는 것이에요. 이 때 아이들이 하고 싶은 놀이가 여러 가지 나올 수 있죠. 하지만 공개수업은 제한된 시간이 있기 때문에 의견이 많이 나온다면 이 부분에 대해 아이들과 이야기를 해서 몇 가지 활동만 먼저 해볼 수 있어요. 그래도 조정이 안 된다면 선생님이 정할수 있어요. 수업이 끝난 후에 다시 해보자고 이야기를 하면서 정해진 공개수업 시간에 맞게 교사가 조정하는 것이 필요해요.

생활주제	봄	주 제	봄을 찾아 떠나요
소주제	봄 풍경 즐기기	대 상	만4세 15명
활동명	팔랑팔랑 나비가 날아와요	활동유형	신체표현/역할극
활동목표	· '팔랑팔랑' 동시를 듣고 내용을 이해한다. · 맡은 역할의 움직임을 창의적으로 표현한다.		
교육과정 관련요소	· 의사소통 : 책과 이야기 즐기기 - 동화, 동시에서 말의 재미를 느낀다. · 예술경험 : 창의적으로 표현하기 - 극놀이로 경험이나 이야기를 표현한다.		

단계	학습 요소	교수·학습 활동	자료 및 유의점
도 입 (5)	동기 유발 활동 알기	● 동시에 나오는 봄꽃과 나비에 대해 알아보기 □ 봄에 볼 수 있는 꽃에 대해 이야기 나눈다. – 봄에 볼 수 있는 꽃에는 무엇이 있나요? □ '나는 누구일까요' 플래시를 통해 동시에 나오는 꽃과 나비를 알아맞힌다. (나비, 민들레, 진달래) – 어떤 부분을 보고 ○○인지 알았나요? ● 활동 소개하기 　'팔랑팔랑' 동시를 감상하고 몸으로 표현해 봐요.	재 "나는 누구일까요" 플래시(진달래, 민들레, 나비 사진의 부분만 보고 알아맞히기) (문제) (정답)
전 개 (20)	동시 감상 하기	● 동시 감상하기 □ '팔랑팔랑' 동시를 듣는다. <팔랑 팔랑> 팔랑팔랑 나비 한 마리　　가만히 가만히 있었어요 민들레 위에 사뿐　　　　엄마가 부르는 소리에 진달래 위에 사뿐　　　　"네!" 대답했더니 팔랑팔랑 나비 한 마리　　나비는 깜짝 놀라 빙글빙글 춤을 추다가　　팔랑팔랑 날아갔어요 내 머리 위에 앉았어요　　나비는 내가 꽃인 줄 나비가 놀랄까봐　　　　알았나봐요 – 나비가 왜 머리 위에 앉았을까요? – 나비가 되어 날아다닌다면 기분이 어떨까요? – 너희가 나비라면 어느 꽃에 앉고 싶나요? – 내 머리 위에 나비가 앉으면 어떻게 할까요?	재 칠판, 나비인형

전 개 (20)	신체 표현 하기	● 동시를 듣고 느낌을 표현해보기 □ 자신이 하고 싶은 역할을 선택해서 자유롭게 탐색한다. □ 교사가 들려주는 동시에 맞춰 표현한다. 　- 팔랑 팔랑 나비 한 마리가 빙글 빙글 춤을 췄어요. 오늘 나비가 예쁜 꽃들을 만나서 기분이 좋은가 봐요. (경쾌한 음악) 　- (음악 소리를 줄이고, 작은 목소리로) 춤을 추던 나비가 내 머리 위에 앉았어요. 나비들은 어떤 친구들 머리 위에 앉았나요? 하준이 나비는 사랑이 머리 위에 앉았네. 쉿! 어떻게 하지? 내가 움직이면 나비가 놀랄 것 같아요. 　- 엄마가 내 이름을 불렀어요! (아이가 된 친구들의 이름을 한 명씩 불러주기) "찬희야!" "대답해주세요!" "네!" "사랑아!" "네" 　- 나비가 깜짝 놀라서 날아가 버렸어요. 나비는 내가 꽃인 줄 알았나 봐요. □ 아이들이 흥미에 따라 활동을 한 번 더 하거나 마무리한다.	젠 나비날개, 민들레·진달래·엄마·아이 머리띠, 음악 帝 교실 전체 공간을 활용해서 탐색할 수 있는 시간을 충분히 제공한다. 帝 허용적인 분위기에서 각자의 생각을 자유롭게 표현할 수 있도록 한다.
정 리 (5)	활동 정리	● 활동 정리 및 평가 　- 동시를 표현해보니 어땠나요? 　- 가장 재미있었던 표현은 무엇이었나요? 　- 내가 나비라면 어떤 친구의 머리에 앉고 싶나요?	

※ 수업안 작성자 : 전남 공립유치원 교사 윤지선

- 아름다운 우리말이 담긴 동시를 많이 들려주고 싶지만 어떻게 아이들에게 접근해야 할지 고민이 많았어요. 이 동시는 봄이 되어 주변에서 흔히 볼 수 있으면서 아이들이 좋아하는 봄꽃과 나비에 관한 내용이고, 그 안에 짧은 스토리가 있어서 동화처럼 느껴졌어요. 그래서 동시를 바탕으로 아이들과 간단한 신체표현과 역할극을 해보면 좋겠다는 생각이 들었어요.

- 예전에는 역할극을 할 때 교사의 주도 하에 역할을 나누고, 나비가 꽃에 앉을 때, 깜짝 놀랐을 때 어떻게 표현해야 할지 등등 구체적인 표현방법과 규칙에 대해 알려준 후 활동을 하는 경우가 많았어요. 활동을 준비하는 시간을 최소화하고, 아이들이 자유롭게 표현하는데 중점을 두었어요. 그래서 이번에는 아이들이 하고 싶은 역할을 선택하고, 교실 전체 공간을 활용해서 자유롭게 움직이고 탐색할 수 있는 시간을 줬어요.

- 교사가 동시를 역할극에 맞게 각색해서 아이들에게 들려줬어요. 이 때 동시의 분위기에 맞는 음악을 활용해 아이들이 재미있게 춤을 추고, 음악의 소리를 조정해서 아이들이 교사의 말에 집중할 수 있도록 했어요. 동시의 말과 내용의 흐름을 역할극을 통해 자연스럽게 이해하고 자신들만의 방식으로 표현하게 했어요.

- 활동을 한 번 한 후에는 아이들과 평가를 통해 활동을 더할 것인지 마무리할 것인지 정해요.

생활주제	건강과 안전	주 제	즐거운 운동과 휴식
소 주 제	적절하게 운동하기	대 상	만 4세 20명
활 동 명	튼튼 운동 스피드 퀴즈	유 형	게임
활동목표	● 여러 가지 운동에 관심을 가진다. ● 운동의 특징을 말과 동작으로 표현한다. ● 즐겁게 게임에 참여한다.		
교육과정 관련요소	● 의사소통 : 듣기와 말하기 - 상황에 적절한 단어를 사용하여 말한다. ● 신체운동·건강 : 신체활동 즐기기 - 실내외 신체활동에 자발적으로 참여한다.		

단 계	교수·학습 활동	자료 및 유의점
도 입 (5)	● 허약한 톰이 보낸 영상편지 시청하기 □ 허약한 톰이 꿈꾸는 반 친구들에게 보낸 영상편지를 시청한다. 친구들 안녕? 난 톰이라고 해. 내가 얼마 전부터 감기에 자주 걸리고 아파서 건강해지려고 운동을 열심히 하려고 해. 그런데 무슨 운동을 해야 할지 모르겠어. 너희가 여러 가지 운동을 소개해 줄 수 있겠니? 내가 지켜보고 있을게. □ 톰이 건강해질 수 있는 다양한 운동에 대해 이야기를 나눈다. – 왜 톰은 감기에 자주 걸릴까요? – 친구들이 자주 하는 운동은 무엇인가요? – 어떤 운동을 하면 톰이 건강해질 수 있을까요? ● 활동 안내하기 여러 가지 운동을 말과 동작으로 표현하는 스피드 퀴즈를 해봐요	자 톰의 영상편지 (말하는 고양이 어플)
전 개 (30)	● 스피드 퀴즈 게임 규칙 이야기나누기 – '볼링'을 설명할 때는 어떻게 해야 할까요? – 스피드 퀴즈를 할 때 지켜야 할 점은 무엇일까요? – 모르는 문제가 나왔거나 설명하기 어려우면 어떻게 하면 좋을까요? ● 모둠별로 스피드 퀴즈 게임하기 □ 1팀씩 나와 앉아서 플래쉬를 보며 스피드 퀴즈 게임을 한다.	자 플래쉬, 점수판 유 게임 대형 ┌─────────┐ │ TV │ └─────────┘ (문제 맞히는 유아) ② ③ ④ ⑤ ○ ○ ○ ○ ↖↑↗ ○ ○ ○ ① (문제 내는 유아)

전 개 (30)	가. 4팀으로 나누어 게임대형으로 앉는다. 나. 문제를 내는 ①은 TV를 마주보며, 문제를 맞히는 ②~⑤은 정 　답을 볼 수 없도록 TV를 등지고 앉는다. 다. ①은 문제를 낸 후 ⑤자리로 이동하고, 나머지 유아도 화살표 　방향에 따라 이동한다. 라. 자리를 모두 이동하면 문제를 넘겨 퀴즈를 낸다. 마. 모르는 문제는 통과를 외친다.	㈜ 자리 이동을 확인 　하고 문제를 넘긴다. ㈜ 시간안에 정답을 　빨리 맞추는 것 보다 　는 운동 경기에 대해 　말과 몸으로 표현하며 　설명하는 과정을 즐길 　수 있도록 한다.
정 리 (5)	● 활동 평가하기 　□ 톰이 보내온 감사편지를 시청한다. 우와~ 너희들 정말 많은 운동들을 알고 있구나. 내가 몰랐던 운동 들도 많이 알게 되어서 너무 기뻐. 이제부터 나도 운동 열심히 해 서 더 건강해질게. 그때 너희들과도 다시 인사하자. 고마워. 그럼 안녕. 　□ 스피드 퀴즈에 나왔던 운동에 대해 이야기한다. 　– 어떤 운동들이 나왔나요? 　– 톰에게 어떤 운동을 알려주고 싶나요? 　– 문제를 낸 친구가 설명하기 어려웠던 운동은 무엇이었나요? 　– 이 운동은 뭐라고 설명해주면 좋을까요?	㈜ 톰의 감사편지 ㈜ 스피드 퀴즈의 승 　패 보다는 즐겁게 운 　동 퀴즈를 하는 것에 　초점을 둔다.

※ 수업안 작성자 : 전남 공립유치원 교사 김하림

257

- 이 활동은 올림픽 시즌에 맞춰 다양한 운동에 대해 관심을 갖는 것이 목적이에요. 단순히 사진을 보며 올림픽 경기에는 태권도, 축구, 수영 등의 경기가 있다고 알려주기 보다는 스피드 퀴즈라는 게임을 활용해 아이들이 놀이처럼 알아가기를 바랐어요.

- 이 활동은 정해진 방법과 규칙에 따라 스피드 퀴즈를 하기 때문에 교사가 주도하는 부분이 많아요. 활동의 여러 단계에서 아이들이 선택하고 주도할 부분을 고민했지만 게임에 참여하는 인원이 많고, 스피드 퀴즈에 대한 경험이 부족하기 때문에 교사가 계획했던 방법대로 활동을 하기로 결정했어요. 그래서 스피드 퀴즈라는 본 활동에 집중하기 위해서 4개의 팀도 미리 정해 놨고, 놀이 방법과 규칙에 대해서는 간단히 알아봤어요.

- 활동을 계획할 때부터 스피드 퀴즈에 대한 흥미가 높고, 규칙에 익숙해진다면 팀 정하기, 놀이 방법 수정하기, 주제 바꿔서 진행하기 등의 추후 활동을 생각했어요. 수업 후에 실제로 아이들이 스피드퀴즈를 좋아해서 자유놀이 시간에 퀴즈 형태로 좌석을 배치하고 아이들이 문제도 직접 만들어서 놀이를 했어요. 교사가 주도한 활동으로 시작했지만 이 후 아이들은 자신들만의 스타일대로 놀이를 변형했어요. 이렇듯 이 수업에서는 학급의 상황과 유아의 발달수준 등을 고려해서 교사가 계획하고 주도하는 활동을 하고, 점차적으로 아이들에게 주도권을 주는 활동 계획을 세울 수도 있어요. 대신 활동으로만 끝나는 것이 아니라 수업 후에 아이들의 놀이에 어떤 경험을 제공했는지 연결 지어 보면서 우리 반과 교사에게 맞는 공개수업의 방향을 찾아나가는 것이 중요해요.

학부모 공개수업은
유아주도놀이 VS. 교사가 계획한 활동 중
무엇을 해야 할까요?

아이들과 수업을 꾸려나가는 것도 버거운 일인데, 그 수업을 공개한다는 것은 매우 신경 쓰이는 일입니다. 시간도 많이 들죠. 공개수업을 준비하는 시간에, 차라리 아이들에게 조금이라도 더 신경을 쓰는 게 낫지 않을까, 하는 마음이 들기도 합니다. 그렇지만 아이들이 원에서 어떤 수업을 받는지, 수업시간 내 아이의 모습은 어떤지 궁금해 하실 학부모님들을 떠올리면 그저 제쳐두기엔 마음이 무겁습니다.

진짜로 이렇게 하루 종일 애들끼리 놀기만 하는 건가?

집에서처럼 그냥 논다고만 생각하시면 어떻게 하지?

선생님이 수업은 안하고 왜 돌아다니기만 하는 걸까?

내가 놀이 속에서 적절한 지원을 하고 있다는 걸 알아줄까?

계획 없이 즉흥적으로 그때그때 원하는 놀이만 하는건가?

예측이 안 되는 유아 주도 놀이를 공개수업으로 보여줄 수 있을까?

유아기는 다양한 경험이 필요한 시기인데 놀기만 하면 경험이 부족하지 않을까?

자유 놀이를 보면서 유아·놀이중심 교육과정을 이해하실 수 있을까?

<'유아 주도 놀이' 공개수업에 대한 학부모님과 선생님의 걱정>

교사 입장에서 학부모 공개수업은 단 몇 분만으로 전문성을 평가받는 자리인 것 같아 어떤 수업보다 부담이 커요. 자주 있는 기회가 아니기 때문에 이왕이면 잘 한 수업을 보여주고 싶어요. 그런데 유아 주도 놀이는 예측하기 어렵고, 교사가 아무리 지원을 잘한다고 해도 '소외되는 아이들이 있지 않을까', '수업에 익숙한 부모님들이 받아들일 수 있을까', '내가 적절하게 지원을 잘 할 수 있을까?' 등등 수많은 걱정이 앞서요.

수업이나 활동에 익숙한 학부모 입장에서는 집에서 노는 것과 비슷한 자유놀이 자체가 생소할 수 있어요. 거기다 40분이라는 제한된 시간 동안 진행되는 놀이 속에서 아이들의 배움을 찾는 것과 선생님이 적절한 지원을 하는지를 살펴보기는 상당히 어려워요. 오히려 놀이의 가치를 이해하기보다는 원에 대한 걱정과 놀이에 대한 불안감만 커질 수 있어요.

따라서 유아 주도 놀이를 학부모 공개수업으로 준비하고 싶다면 사전에 유아·놀이중심 교육과정에 대한 충분한 안내가 필요해요. 실제 아이들의 짧은 호흡에 맞게 진행되는 놀이나 놀이가 확장된 사례 등 다양한 놀이 과정을 통해 유아 주도 놀이의 가치와 자연스러운 배움을 소개할 수 있어요. 그리고 공개수업 당일에는 원의 유아·놀이중심 교육과정의 방향이나 현재 아이들의 놀이 흐름 등을 간단하게 소개하고, 놀이 속에서 무엇을 봐야 하는지 자세히 알려줄 필요가 있어요.

'유아가 재미있게 참여한 놀이는 무엇이었나요?'
'놀이 속에서 유아가 무엇을 배우는 것 같나요?'
'놀이 속에서 칭찬할 부분을 찾아보세요.'
'집에서 엄마, 아빠와 함께할 수 있는 놀이를 찾아보세요.'

반면에 교사가 유아 주도 놀이에 대한 불안감이 있거나 학부모님과 놀이에 대한 생각의 차이가 크다면 선생님이 잘 할 수 있는 수업을 보여주세요. 대신 교사가 계획한 활동을 공개할 때에는 다음과 같은 점들을 유의하세요.

😊 한두 명의 아이가 나와서 시범을 보이는 것보다 전체 유아가 함께하는 활동을 계획하세요

학부모님 입장에서는 내 자녀가 선생님 말씀에 귀 기울이는지, 발표는 잘 하는지, 선생님의 설명을 듣고 활동은 잘 수행하는지, 적극적으로 활동에 참여하는지 등의 모습을 보고 싶어 해요.

😊 모든 아이들에게 기회가 돌아갈 수 있도록 신경 써주세요

"선생님. 소망이는 세 번이나 발표를 했는데 우리 믿음이는 발표를 한 번도 못 했어요. 믿음이가 여러 번 손을 들었는데 선생님이 안 봐주시니까 마지막에는 손을 내려버렸어요. 그걸 보니까 너무 속상했어요."

학부모님이 보고 있다고 생각하니 수업을 더 잘 하고 싶은 마음에 저도 모르게 한 아이를 여러 번 시켰나 봐요. 몇 년이 지났지만 지금도 그 순간의 미안함이 기억에 남아있어요. 학부모님은 내 자녀만 보기 때문에 되도록 저와 같은 실수가 생기지 않도록 주의할 필요가 있어요. 수업에 대한 경험이 쌓여서 고르게 발표를 시킬 수 있다면 좋겠지만 그게 어렵다면 선생님만의 법칙을 정해보는 것도 하나의 방법이 될 수 있어요. 예를 들어 번호 순서를 정해서 발표자를 선정할 수도 있고, 나무 막대기 등에 이름을 써서 뽑거나 앉아있는 순서를 활용할 수도 있어요.

😊 학부모가 참여하는 활동을 추천해요

대부분 학부모님은 참관자가 되어 교사의 수업을 바라보는 경우가 많아요. 원의 입장에서는 학부모 공개수업이라는 행사를 진행하는 것이고, 교사 입장에서는 정말 부담스럽지만 피할 수 없는 수업이에요. 하지만 아이들에게 아빠, 엄마, 할머니, 할아버지가 오는 공개수업은 어떤 날일까요? 맞아요. 아주 특별한 날이고, 즐겁고, 기대되는 날이에요. "선생님 너무 두근두근 해요." 저희반 아이가 학부모 공개수업을 하루 앞두고 한 말이에요. '두근두근'이라는 말에서 느껴지듯이 가슴이 콩닥콩닥 거리지만 내일에 대한 기대가 잔뜩 담겨 있다고 생각해요. 1년 중에 한두 차례 밖에 되지 않는, 아이들의 설렘과 기대가 가득 찬 특별한 날! 수업 중에 가족과 함께 하는 활동이 있다면 가족들과 함께 할 이야기가 늘어나고 아이들 마음속에는 좋은 추억 한 장이 쌓이게 될 거에요.

사전에 공개수업에 대한 안내를 충분히 해주세요

최대한 많은 학부모님이 참여하실 수 있도록 공개수업 날짜를 미리 알려주고, 참여여부를 파악하세요. 부득이하게 참여가 어려운 학부모님의 경우 원의 유휴인력이 함께 할 수 있도록 배려할 필요가 있어요. 너무 많은 수가 참석하지 않는다면 날짜를 옮기거나 부모가 참여하는 활동에 대한 수정도 필요합니다.

수업이 시작되기 전에 유의사항을 안내하세요

부모님이 와서 너무 들뜨고 신이 난 아이 또는 부모님이 오지 않아서 심통이 난 아이 등 부모님이 원에 오는 것 자체만으로도 아이들에게는 큰 이벤트라서 평소와는 다른 행동을 보일 수 있어요. 바람직하지 못한 행동을 보이거나 긴장해서 말을 잘 못하는 등의 행동은 유아의 발달상 자연스럽게 나타날 수 있는 반응이에요. 수업 중 학부모님께 매달리거나 옆에 있기를 원하는 경우에도 마음이 안정될 때까지 옆에 있을 수 있도록 허락하는 것도 괜찮아요. 그리고 혼자 놀이를 한다고 해서 친구와 잘 어울리지 못하는 것은 아닌가 걱정하는 학부모님들이 많아요. 놀이를 할 때 유아의 성향이나 놀이의 특성에 따라 혼자 놀이 또는 친구와 협동놀이가 이루어질 수 있다는 것도 미리 이야기를 해주세요.

V.
학부모의
마음을 읽다

놀이는 유아의 일상에서 자연스럽게 나타나며, 유아가 세상을 경험하고 배워 가는 방식이다. 유아는 온몸의 감각과 기억으로 자연과 세상을 만난다. 유아가 놀이하며 보여주는 독특한 움직임, 표정, 재미있는 말과 이야기, 그림이나 노래 등은 모두 놀이의 과정이자 배움의 결과물이다. 유아는 놀이하며 다른 사람과 관계를 맺고 세상의 중요한 구성원으로 성장해 간다.

— 「해설서」, 13쪽

➡ 학부모님은 놀이만으로 부족하다고 생각해요

개정 누리과정에서는 유아가 각자 자신에게 적합한 방식으로 놀이하며 배운다는 점에 주목하여 유아가 주도하는 놀이를 강조했어요. 학부모님 역시 놀이가 중요하다는 것은 공감해요. 하지만 아이에게 많은 경험을 주고 싶은 학부모님 입장에서는 놀이만으로 부족하다고 생각해요. 직접 아이를 가르치기 어려우니 기관에서 최대한 많은 경험을 하고 왔으면 좋겠어요. 이전에는 주간교육계획안에 따라 다양한 활동을 했기 때문에 집에 오면 오늘 배운 동요도 부르고, 선생님이랑 함께 그린 그림도 보여줘요. 그런데 만들기보다는 레고 같은 블럭이나 역할놀이를 좋아하는 아이들의 가방에는 어느 순간 작품이 하나도 없어요. 그러다 보니 '정말 놀기만 하는 건가? 그림 한 장 안 그리고, 색종이로 간단한 접기나 만들기 하나 안 하고 이렇게 놀기만 해도 되는 걸까?' 라는 생각이 들어요. 거기다 코로나19를 겪으면서도 쉬지 않고 사교육기관에 다니는 아이들이 영어나 한글, 숫자를 읽고 쓰는 것을 보면 '우리 아이만 못 배우고 늦는 것은 아닐까? 지금부터라도 학원에 보내야 할까?' 불안해져요. 그러다보니 학부모님 입장에서는 놀이도 좋지만, 단순히 노는 것보다 뭔가 하나라도 배우는 활동을 선호하는 경우가 많아요.

✉ 학부모님의 마음에 공감하는 것에서부터 시작하세요

이를 보고 단순히 유아교육과 유아·놀이중심 교육과정에 대한 이해가 부족하므로 부모교육이 필요하다고 말할 수 없어요. 학부모님께 일방적으로 개정 누리과정에 의해 유아·놀이중심 교육과정을 운영한다는 기관의 교육적 관점을 전달하기 보다는 아이를 사랑하는 학부모님의 마음과 입장을 충분히 이해하고 공감하는 것으로부터 변화를 시작하세요.

논다고만 생각하시는 학부모님을
어떻게 이해시켜야 할까요?

많은 학부모님들이 작년에는 놀기만 한 것 같다고 원에서 노래 하나라도 배웠으면 좋겠다고 하시더라고요. 그래서 하루에 30분은 대집단활동을 하고 있어요. 그런데 아이들의 놀이 흐름이 끊기는 것 같기도 하고, 더 많은 시간을 주고 싶은데 학부모님들을 어떻게 설득시켜야 할지 고민이에요.

🗨 학부모와 교사가 긍정적인 관계 맺기

학부모님과 좋은 관계를 형성하면 부모님은 교사를 신뢰하게 돼요. 그러면 학부모님은 교사가 무엇을 하든지 믿어 주고, 도움을 주려고 해요. 그렇게 되면 교사는 학부모님의 지원과 지지를 받으면서 교육과정을 소신껏 운영할 수 있어요.

오리엔테이션이나 교육과정 설명회 때 유아·놀이중심 교육과정에 대해 소개하는 시간이 필요하지만 이때는 관계 형성이 되기 전이기 때문에 교사의 이야기를 전적으로 받아들이기 어려울 수 있어요. 따라서 유아·놀이중심 교육과정에 대한 긴 설명보다는 담임교사의 소신 및 학급 운영관에 대해 이야기를 하면서 진심을 전달하는 것에 더 많은 비중을 두세요. 부모님과 만나서 이야기를 할 수도 있고, 편지나 SNS 등을 통해 안내할 수도 있어요.

〈부모님께 보내는 편지 예시1〉

행복반 학부모님 안녕하십니까?

저는 행복반 담임교사 ○○○입니다.

먼저 귀하고, 소중한 자녀들을 저희 원에 보내주셔서 감사합니다. 반짝 반짝 맑은 아이들을 만나니 저도 너무 행복하고, 1년이 기대가 됩니다. 믿고 보내주신 만큼 아이들과 행복한 시간 만들어가기 위해 최선을 다하겠습니다. 무엇보다도 아이들이 집에서처럼 사랑과 따뜻함을 느낄 수 있도록 노력하겠습니다.

　유치원(어린이집)을 처음 보내시면서 궁금한 것도 많고, 걱정이 많으실 것이라 생각합니다. 유치원(어린이집)을 보내며 걱정되는 아빠, 엄마 마음을 모두 담을 수는 없겠지만 편지로나마 부모님의 걱정을 덜어내는데 도움이 되고 싶습니다.

"화장실 못가고 참고 있을까봐 걱정이 돼요."

화장실 못가고 참고 있으면 어쩌지? 그래서 실수 하면 어쩌지? 혼자 뒤처리 못하는

데… 등등의 걱정을 하실 거라 추측해봅니다 그래서 화장실 가고 싶으면 꼭 선생님께 말씀드려야 된다고 몇 번이나 이야기하셨을 수도 있고, 하원하자마자 처음 묻는 말이 "오늘 화장실 잘 갔어? 안 참았어?"였으리라 생각됩니다. 가장 기본적인 욕구가 해결되지 않으면 아이의 모든 컨디션이 엉망이 되고 그로 인한 실수로 상처받을 아이들을 걱정하는 마음 충분히 이해가 됩니다.

먼저 우리 원의 화장실의 위치를 알려드리면 교실 바로 옆에 붙어있어 아이들이 편하게 다닐 수 있습니다. 첫날에는 화장실 위치를 알려주고, 가고 싶을 때 언제든지 갈 수 있도록 계속해서 이야기를 해주고 있습니다. 그러나 낯선 공간이기도 하고 아직 옷을 입고 벗기에 능숙하지 않아 혼자 가기 어려워하는 아이들은 교사와 함께 가고 있습니다. 특히 아이들이 원에 적응하는 기간 동안은 화장실에 다녀오는 것을 잊거나 참고 있는 아이들을 위해 30분에 한번씩은 "화장실 갈 친구 있나요?"라고 물어보고 있습니다.

원에서 대변을 보는 아이들도 있고 참는 아이들도 있습니다. 참는 아이들 중 일부는 낯설기도 하지만 응가는 더럽다고 생각해서 원에서는 안 하는 아이들도 있습니다. 그래서 음식을 먹으면 찌꺼기들이 몸 밖으로 빠져나와야 한다고 알려주고 참으면 배가 아프니 화장실에 가고 싶으면 선생님한테 바로 이야기 해달라고 말해주었습니다. 그리고 뒤처리는 아이들이 스스로 할 수 있다고 생각될 때 까지는 기다려 주고, 도움을 주려고 합니다. 아이들이 준비가 되었을 때 화장지를 접고 닦는 법을 알려주고, 점차 스스로 할 수 있도록 할 예정입니다. 아이들이 놀이하다가도 와서 응가가 마렵다고 하면 화장실에 동행해 뒤처리를 도와주고 있으며, 놀이하는 중에는 아이들의 표정을 살피며 불편한 것이 없는지 확인하고 있으니 걱정하지 않으셔도 됩니다.

혹시 실수할 경우에는 다른 공간으로 이동하여 "괜찮다. 실수는 누구나 할 수 있고, 선생님도 어렸을 때 그랬었다. 놀다보면 그럴 수 있다." 이야기해주며 아이의 마음을 안정시키고 뒤처리를 합니다. 부모님께서도 아이들에게 선생님이 도와주실 거라는 이야기를 해주세요. 그리고 혹시 대소변의 개별 특성을 교사가 알고 있어야 한다면 문자를 통해 알려주시면 참고 하겠습니다.

-예) 소변을 참고 집에 와서 싼다. 대변이 마려우면 배가 아프다고 한다.

"물을 자주 먹는 아이인데 먹고 싶을 때 물을 먹을 수 있을까 걱정이 돼요."

저희 원은 교실에서 아이들이 원하는 시간에 물을 먹을 수 있도록 개인 물병을 가지고 다니도록 하고 있습니다. 가정에서 보내주신 물병을 가방에서 꺼내 교실에 준비된 모둠별 바구니에 두고 아이들이 먹고 싶을 때 언제든지 먹을 수 있도록 하고 있습니다. 그런데 지금처럼 적응기간에는 자신의 물병을 찾거나 물병을 열기 어려워하는 아이들이 있습니다. 이런 경우에는 선생님께 이야기하면 도움을 줄 수 있다고 알려주었고, 아이들이 요청에 따라 도움을 주고 있습니다.

혹시 가정에서 준비한 물을 다 먹었을 경우에는 매일 아침에 끓여놓은 보리차를 개인 물병에 담아주어 먹을 수 있도록 하겠습니다.

부모님께서도 아이들에게 자신의 물병이 어떤 것인지 알려주시고, 원할 때 언제든지 먹을 수 있다고 이야기해주시면 좋겠습니다. 아이들이 스스로 열기 어려운 물병이라면 좀 더 쉽게 여닫을 수 있는 물병으로 교체해주시면 좋겠습니다. 이 부분에 대해서는 제가 개별적으로 다시 안내드리겠습니다.

"밥은 잘 먹을까 걱정이 돼요."

저희 원에서는 유아 손에 맞는 숟가락과 젓가락을 사용하고 있습니다. 만 3세 유아의 경우 아직 젓가락 사용이 미숙하여 대부분 숟가락을 사용하여 식사하고 있습니다. 숟가락에는 포크가 함께 달려있어서 젓가락 사용이 미숙한 유아들도 스스로 식사할 수 있습니다. 아이들의 식사량은 아직은 많지 않고, 좋아하는 음식과 밥 위주의 식사를 하고 있습니다. 또한 손과 입의 협응력이 발달 중에 있어 음식을 옷에 많이 흘리기도 합니다. 지금은 아이들이 원에 적응하는 시기이기 때문에 골고루 먹는 식습관을 지도하기보다는 스스로 먹어보며 즐거운 식사시간이 되도록 하고 있습니다. 지금은 아이들의 식사를 도와주며 식습관에 대해 살펴보는 중입니다. 아이들이 식사시간을 즐겁게 보내는 것을 우선으로 한 다음 편식에 대한 지도를 점차적으로 할 예정입니다. 아이들이 당일 배식된 음식을 다 먹기보다는 다양한 종류의 반찬을 1개라도 먹어보도록 지도하려고 합니다. 아이들마다 가진 식습관이 다양하고, 부모님들께서 생각하시고 계시는 식습관 지도의 방식도 다양하다고 생각합니다. 보내드린 유아조사서에 자세히 기록해주시면 지도하는데 참고하겠습니다.

"아무것도 안 하고 혼자 앉아있을까 걱정이 돼요."

아이들은 부모님이 생각하는 것보다 훨씬 잘 놀이합니다. 아침에 등원 길에 아빠엄마와 헤어지면서 엉엉 울던 아이들도 교실에 들어오면 언제 그랬냐는 듯 장난감을 만지며 놀이를 시작합니다. 아직은 유아 간 상호작용이 많지 않기 때문에 친구와 함께 놀이하기보다는 친구들 주변에 앉아서 자신의 놀이를 하고 있습니다. 저도 아이들을 살피며 같이 놀고 있습니다. 그러나 혹시라도 그 때의 기분에 따라 놀이하지 않고 혼자 있고 싶어 하는 아이가 있다면 이유를 먼저 묻기보다는 따뜻하게 안아주며 기다려주려고 합니다. 아이가 기분이 좋아지면 이유를 묻고, 일과를 마친 후 있었던 일에 대해 학부모님께 연락을 드리며 소통하겠습니다.

이것 외에도 정말 궁금한 것이 많을 것이라 생각됩니다. 어려워 마시고 언제든지 오후 2시 이후에 연락주시면 학부모님과 소통하는 시간을 갖겠습니다. 행복반 아이들을 위해 저 혼자가 아닌 학부모님과 함께 협력하고자 합니다. 저를 신뢰해주시고, 함께해주시면 더 힘이 날 것 같습니다. 감사합니다.

〈부모님께 보내는 편지 예시2〉

행복반 학부모님 안녕하십니까? 저는 2022학년도에 행복반 담임을 맡게 된 교사 ○○○입니다. 입학식 날 대면하여 인사를 드리지 못해 이렇게 편지로나마 학부모님께 인사를 드립니다.

저는 올해로 13년째 아이들과 함께하고 있는 교사이며 아주 활발한 6살, 18개월의 형제를 키우고 있는 엄마이기도 합니다. 아이를 낳고, 길러보니 누구보다 아이들이 소중하고, 사랑스럽다는 것을 잘 알기에 내 아이를 대하는 마음으로 행복반 아이들과 2022년을 보내려고 합니다.

가장 먼저는 행복반 아이들에게 엄마 같은 따뜻한 선생님이 되고 싶습니다.
아이들이 하루 중 가장 오랜 시간을 보내는 곳이 유치원이고, 가장 많은 시간을 보내는 사람이 바로 저이기에 아이들이 편안하게 기댈 수 있는 엄마 같은 선생님이 되려고 노력하겠습니다. 모두 다 소중한 아이들이라는 생각으로 한 명 한 명을 귀하게 대하겠습니다. 스무 명의 아이들과 매일 인사 나누고, 눈을 마주치며 이야기하겠습니다. 아이들 각자가 가진 개별성을 인정해주고 기다려주겠습니다. 아이들이 하는 말, 행동, 몸짓, 표정 하나하나 귀담아보려 노력하겠습니다.

다음으로는 아이들이 즐겁게 놀이할 수 있도록 하겠습니다.
놀이는 아이들의 존재 이유이자 삶이라는 것을 잘 알고 있습니다. 이 세상에서 부모님 다음으로 노는 것을 좋아하는 아이들에게 놀이 속에서 웃음이 가득 찰 수 있도록 노력하겠습니다. 단지 그냥 놀게 두는 것이 아닌 아이들의 흥미와 관심사를 따라가며 함께 배우도록 하겠습니다.

또한 아이들의 부탁과 요구사항에 웃는 얼굴로 반응해주고, 함께 신나게 뛰어노는 선생님이 되겠습니다. 아이들의 모습을 사진으로 담고, 이야기를 기록하여 아이들이 현재 원하는 것이 무엇인지 고민하고, 도움을 주는 교사가 되겠습니다.

마지막으로 학부모님과 소통하는 교사가 되겠습니다.

행복반 아이들이 잘 자라기 위해서는 저와 학부모님이 함께 해야 합니다. 아이들의 행복한 모습을 발견하여 이야기하고, 고쳐야 할 부분이 있다면 부모님과 상의하도록 하겠습니다.

아이를 길러보니 책을 많이 읽어주어야겠다는 생각과 지속적으로 글자나 숫자에 노출 시켜 주어야겠다는 생각이 많이 들었습니다. 또한 코로나19로 실내에서 스마트폰으로 많은 시간을 보냈을 아이들에게 바깥놀이의 재미를 알게 해주고 싶습니다. 아이들의 입에서는 행복한 동요가 흘러나오고, 환하게 웃으며 생활을 할 수 있도록 아이들의 위생과 안전에도 주의를 기울이겠습니다.

아이들과 만난 첫 날, 부모님께 많은 다짐과 약속을 하지만 1년을 보내다 보면 부족한 점이 많을 거라 생각합니다. 혹시 궁금한 점이 있거나 저의 실수로 인해 속상한 일이 생기면 주저 마시고 오후 1시~4시 사이에 연락주시기 바랍니다.

부족하지만 학부모님께서 많이 도와주신다면 더 열심히 해보겠습니다.

감사합니다. ♥

그런 다음 3월은 학부모님과 친해지기 위해 노력해야 해요. 친해지려면 자주 마주하거나 이야기를 나눠야 하는데 이게 쉬운 일은 아니에요. 그래서 노력이 필요해요. 3월 첫 주에는 거의 매일 학부모님과 통화했고, 2주차부터는 하루에 한 번은 문자나 전화 연락을 했어요. 3, 4주차는 매일은 아니지만 일주일에 두세 번의 연락을 하려고 노력했어요. 혹시 빠뜨릴까 명렬표에 OX로 표시를 해두기도 했어요. 또한 하원은 방과후과정 선생님이 담당하셨지만, 3월만큼은 시간 날 때마다 하원시간에 학부모님과 오늘 있었던 아이에 대한 이야기를 소통하려고 했어요. 그리고 3월말 아이들의 놀이기록을 보면서 생각나는 부분을 대여섯 줄 정도로 적어 문자를 보냈고, 매월 말이면 서너 줄 정도의 문자로 한 달의 아이들 모습에 대해 보냈어요.

🗨 Q&A.

우리 반은 아이들 수가 많아서 그렇게 하기 힘들어요.

맞아요. 수가 많은 학급에서 매일 연락하는 것은 정말 힘든 일이고 교사를 지치게 하는 일이예요. 이때는 요일별 하루에 몇 명씩 순서를 정해놓고 연락을 하는 것도 좋은 방법입니다.

언제 부모님께 연락하나요?

무슨 일이 이렇게 끊이지 않는지 정말 너무 바쁘죠? 하지만 학부모님과의 소통이 정말 중요하기 때문에 우선순위를 정했어요. 그래서 수업이 끝난 후에 적어도 한 시간은 학부모와 교사가 관계를 맺는 시간으로 정해놓고 최대한 지키려고 노력하고 있어요. 꼭 한 시간은 아니더라도 단 10분이라도 매일 시간을 정해놓는 것도 좋은 방법 이예요.

어떤 이야기를 주로 하나요?

교사는 주로 유아가 다치거나 잘못하거나 실수했을 때 학부모님께 전화를 많이 해요. 그렇게 되면 학부모님도 교사의 전화가 부담스럽기도 하고 이럴 때만 전화한다고 생각하게 되죠. 학부모님은 '오늘 우리 아이가 뭘 했을까?', '친구들이랑 잘 놀았을까?', '밥은 잘 먹었을까?' 등등 궁금한 게 많아요. 그리고 아이의 단점도 알지만 좋은 이야기를 듣고 싶은 게 부모님의 마음이에요. 그래서 오늘 원에 있었던 일이라든가 아이의 놀이 모습 등 긍정적인 부분을 중심으로 이야기를 해요. 또는 원에 하고 싶은 이야기 또는 아이가 원에 대해 어떤 이야기를 하는지 등에 대해 학부모님께 물어봐요.

<학부모님과 주고받은 문자>

> 놀이 중에 저 아기 낳았다고 추울까봐 모닥불을 피워 주었어요.
> 따뜻한 마음씨를 가진 찬희 덕분에 출산 후 몸조리 잘했어요^^

선생님 덕분에 한참 웃었습니다. 산후조리가 정말 중요한데 우리 찬희가 스윗하네요:)
어제 유치원 숙제라며 신나서 하는데 이름을 다 거꾸로 써도 잘해내는 게 신기했어요. 요즘 눈뜨자마자 유치원 가자고 합니다. 감사합니다.

> 찬희가 요즘 스윗 최고봉입니다. 희정이가 알루미늄 통에 있는 스티로폼을 빼려고 이리저리 찾아다니니까 찬희가 제일 먼저 도와주더라구요.

> 어머님 윤주는 이런 생각을 어떻게 할까요? 아기에게 우유를 준다고 물을 담았는데 어느 순간 보니 우유색인 거예요. 알고보니 손세정제를 섞어서 만든 거였어요. 윤주의 생각은 무궁무진합니다. 매일 반짝거리는 생각을 꺼내는 윤주 덕에 놀라고 또 놀랍니다. 우유 몇 미리 먹었는지 표시를 해서 냉장고에 보관도 하더라고요. 이건 동생 때문에 많이 본 듯해요.

윤주 덕분에 지저분해지고 치울게 많아지진 않았나요?
윤주가 한번씩 생각지도 못한 번뜩이는 행동을 하는데 대부분 일거리가 많이 생겨요. 아무튼 칭찬 감사드려요

> 윤주는 손도 빨라서 맘만 먹으면 금방 치워요.^^ (마음먹게 하려면 꼬시기도 해야 하지만요^^;;) 치우는 게 힘든 날보다 윤주의 재미있고 기발한 생각에 웃는 하루가 더 많아요. 그래서 아직은 놀이 판(?)을 더 벌여주고 싶다는 생각이 들어요. 즐거운 저녁되세요

279

유진이가 총싸움 놀이를 실컷 하다가 갑자기 엄마 팔찌를 만들어 선물한다며 한땀 한땀 줄에 끼워 팔찌를 만들었어요^^ 다 끼우고 저에게 묶어달라고 했는데 그 사이 몽땅 빠져서 다시 만들었어요. ^^;;; 유진이의 정성과 사랑이 담긴 팔찌 받으시고 행복한 하루 되세요

나라는 주로 유진이 언니가 하는 것을 보고 따라 만들거나 같이 놀이하는 것을 좋아해요. 아마 언니가 있어서 그런가봐요. 그리고 역할방 그릇 설거지하는 것을 정말 좋아해서 오늘도 설거지를 잘 해주었어요. 하기 싫은 것과 좋은 것을 분명히 말해주는 나라가 5살이 아닌 것 같아 언니 아니냐고 제가 놀리기도 해요. 그리고 오늘 밥도 두 그릇 먹었는데 두 번째 밥은 조금 남기고 싶어해서 남겨도 된다고 했어요.

어머님 하준이가 오늘 이야기나누기를 하는 데 대답을 잘했어요. 그래서 안경을 써서 역시 선생님 마음을 잘 아는구나 라며 칭찬을 해줬더니 배시시 웃으면서 좋아했어요. 집에서도 안경 쓰더니 선생님이 물어본 것도 대답 잘했냐고 칭찬해주세요. 밥 먹을 때는 말없이 사물함 위에 안경을 올려놓고, 평소에는 잘 착용하고 있어요.

한결이가 글씨에 관심이 많아서 매일 써달라고 해요. 쉬운 한글 교재 한권 사셔서 하고 싶을 때마다 해도 좋을 것 같아요. 그리고 한결이가 나라를 잘 챙겨줘요. 친구들이 만든 미끄럼틀을 타고 싶은데 겁이 많아서 오르기가 어려우니까 한결이가 옆에서 도와주더라고요 친구를 생각하는 마음이 얼굴만큼이나 예뻐요

작은 문자 하나에도 학부모님은 고마움을 느껴요. 학부모님의 문자에는 '선생님 감사해요', '이렇게 세세하게 알려주셔서 고맙습니다.', '그런 면이 있다니 알려주셔서 감사해요.' 모두 감사의 마음이 담겨있어요. 이런 과정 속에 조금씩 학부모님의 마음이 열리고, 조금 더 친근하게 교사를 대하는 것을 느낄 수 있었어요. 이게 바로 신뢰예요.

이 신뢰가 형성되었다면 이제는 학부모님 입장에서 유아·놀이중심 교육과정을 받아들일 수 있도록 도와줘야 해요. 놀이의 중요성을 알지만 놀이 속에서 아이들이 자연스럽게 배워가는 과정이나 일상의 놀이를 있는 그대로 바라봐주는 것은 어려울 수 있어요. 따라서 학급 SNS나 어플 등을 활용해 아이들의 놀이 모습과 교사가 함께하는 활동 모습을 자주 공유하여 학부모님의 이해를 도와요. 처음에는 유아·놀이중심 교육과정에 대해 불안해하셨던 학부모님께서도 조금씩 이해를 넓혀가며 아이들의 배움과 성장을 바라볼 수 있게 되요. 이때 너무 누리과정관련요소나 딱딱한 이론처럼 접근하기보다는 원에서의 놀이 모습을 떠올릴 수 있도록 쉽게 써주세요. 아래의 예시를 참고해서 조금 더 편안하게 학부모님과 소통하길 바라요.

<SNS 활용 예시>

2021. 사랑 유치원 행복반

 행복반 선생님
2021년 5월 10일 오후 3:03

따뜻한 날이 반겨준 오늘!
아침부터 밖에서 긴 시간 놀았어요.

모래를 처음부터 잘 만진 아이들도 있었지만
몇 명의 친구들은 모래를 만지기까지 시간이 꽤 걸렸어요.

그러다 약 1시간 정도 지났을 때
모든 아이들이 자신들만의 이야기를 만들어 가며
놀이를 주도하는 모습을 보여줘서
역시 대단해!! 👍 라는 생각이 들었어요.

필요한 놀이 공간을 스스로 만들고,
모래로 여러 가지 음식을 요리하고,
재미있는 놀이를 만들어
친구들과 함께했어요.

그리고
사인펜으로 손톱 색을 칠하고 있는 아이들에게
희망반 선생님께서 매니큐어를 제공해주어
네일숍 놀이도 함께 진행되었어요. 💅

두껍아 두껍아 놀이도 하고,
모래가 물을 만났을 때
변화하는 과정을 신기해하는 아이들을 보며
정리하기가 너무 아쉬울 정도였어요.

아이들 입에서 "진짜 재미있다 😊"라는 말과
하하하 웃는 소리를 정말 많이 들은 날이었어요.

자주 자주 아이들과 길게~ 밖에서 놀겠습니다!!

2021. 사랑 유치원 행복반

행복반 선생님
2021년 5월 14일 오후 4:15

12명이 읽었습니다.

아이들이 오늘은 유치원을 벗어나 공원으로 산책을 갔어요.

거미줄을 발견하고 무당벌레와 이름모를 벌레까지 만났어요.
그리고 거북선을 미끄럼틀처럼 타면서 즐거운 시간을 보냈어요.

역시 바깥은 아이들에게 가장 좋은 배움의 공간인 것 같아요. 🌳

유치원에 돌아와서 사진을 보며 이야기를 나누는데
서로 말하려고 재잘재잘 시끌벅적 했습니다~~~ 😛

내일도 공원에 가보고 싶다고 하는데 어떤 일들이 펼쳐질지 기대가 됩니다.

2021. 사랑 유치원 행복반

행복반 선생님
2021년 5월 22일 오후 5:11

13명이 읽었습니다.

오늘은 아이들이 소파로 미끄럼틀을 만들어서 놀이했어요.
저는 아이들 근처에서 안전에 유의하며 옆에서 지켜봤습니다.
(혹시나 다칠까 걱정반, 믿음반 반반이었어요! 😐)

다친 아이들은 없었지만 부모님께서 보시기엔 아슬 아슬 위험해 보일 수도 있을 것 같
아요. 부모님들께서는 이 모습을 보고 어떤 생각이 드는지 댓글이나 문자로 알려주세요.

부모님의 의견을 듣고 싶습니다.
예) 너무 위험해요. 그래도 애들이 잘 노는 것 같아요, 안하면 좋겠어요, 나름 질서가 있
는데요 등 편하게 의견 남겨주세요.

즐거운 주말 보내세요. 💐

283

2021. 사랑 유치원 행복반

 행복반 선생님
2021년 4월 22일 오후 3:35

처음에는 교실에서 논다고 하더니 찬희가 거미줄 보러 간다고 하지 않았냐고 말하자마자 밖으로 나가자고 해서 놀이터로 나왔어요.

다행히 비가 그쳐 우산 없이 밖으로 나왔습니다. 🌀

웅덩이도 한번 지나보고, 거미줄을 찾으러 떠나봅니다.

코끼리 동상 사이에서 발견한 거미줄을 만져보고
솜사탕처럼 생겼다며 아이들이 좋아했어요.

기린 동상에서 하나! 회전 놀이기구에서 하나!
여기 저기에 숨어있는 거미줄들을 어찌나 잘 찾던지.. ⭐

거기다 비가 와서 인지 달팽이랑 지렁이도 많이 발견했어요. 지렁이 밥을 줘야 한다며
풀잎을 구해오기도 하고, 지렁이를 무서워하는 친구가 볼 수 있도록 도와주기도 했어요.

거기다 지렁이의 움직임에 맞춰 댄스 댄스를 외치며 춤까지!! 췄답니다. 💃

284

2021. 사랑 유치원 행복반

행복반 선생님
2021년 6월 15일 오후 5:15

놀이 중 가위가 자꾸 없어지자 이름을 붙이면 좋겠다고 한솔이가 이야기했어요.

그래서 친구들과 이야기를 나눈 후 이름 스티커를 붙였더니
가위를 제자리에 정리하는 친구들이 많아졌어요.

그리고 가위질을 하며 돌아다니는 친구들이 많아
가위를 사용할 때 지켜야 할 안전 규칙에 대해서도 알아보았습니다!

2021. 사랑 유치원 행복반

행복반 선생님
2021년 7월 2일 오후 2:44

커피깡통 안에 스티로폼 공이 들어가서 나오질 않자
행복반 친구들의 고민이 시작되었어요. 👀

연필로 꺼내보고 물을 담아보고 빨대로 가위로 숟가락으로..
엎어서 이리저리 두드려보았지만 이녀석이 나올 듯 안 나올 듯 약을 올리며
행복반 친구들의 생각주머니를 자극합니다.

놀이를 하던 중에도 친구의 부탁에 공을 빼기 위해 노력하고
놀다가도 좋은 생각이 났다며 갑자기 빼러 오기도 하고
행복반 친구들이 다양한 시도를 해봅니다.

결론은… 여전히 ing 중! ✨
아직 답을 찾지 못해서 내일도 이어가보려고 합니다.
교사는 답을 알고 있지만 아이들이 스스로 공을 빼볼 수 있도록 계속 지원할 예정입니다.

이렇게 스스로 배우는 아이들! 정말 대견합니다. 👏

2021. 사랑 유치원 행복반

행복반 선생님
2021년 7월 20일 오후 3:17

오늘의 놀이 에피소드! 🖤

1. 캠핑화로가 된 트램펄린
아이들의 생각은 진짜 기발해요. 💡
트램펄린 위에서 뛰는 것만 생각했는데
콩주머니로 불을 피우고 고기를 매달았어요.

2. 힘을 모아 올려보자 친구들아!
계속 넘어지는 유니바.
높이 쌓으면 흔들거려 넘어지기를 반복…
그러다 아이들은 서로 잡아주며
유니바를 쌓아 올렸어요.

3. 장수풍뎅이의 이름이 생겼어요. 부돌이! 뿔돌이!
장수풍뎅이가 교실에 온지 한달이 되었어요.
아이들이 처음으로 바닥에 내려놓기도 하고
점심먹고 와서는
부드러운 부돌이
뿔이 있으니 뿔돌이라는 이름도 지어보면서
서로의 생각을 이야기했어요.

누가 남자, 수컷인지 물어봐서
책을 보며 알려주고,
장수풍뎅이 관련 동영상도 봤어요.

286

2021. 사랑 유치원 행복반

 행복반 선생님
2021년 6월 21일 오후 5:17

3월은 아이들을 만나서 친해지기 위해 노력했고,
4,5월은 아이들이 좋아하는 놀이와 다양한 수업을 하며 보냈어요.

놀이 속에서 한글, 수학도 배우고,
친구와의 관계도 배우고,
과학, 미술, 음악 등 다양한 경험을 하길 바랬어요.

학부모님께서 보시기에는 어떠셨나요?
아이들이 서로 많이 친해졌고,
자기가 하고 싶은 부분에 대해 표현도 잘해요.

이름을 못썼던 친구들이 모두 이름을 쓰게 되었고, 🖉
친구의 이름에도 관심을 보여요.
거기다 아는 글자를 책에서 찾아오는 친구도 있었어요.

오늘은 두 달간의 놀이를 돌아보는 시간을 가졌어요.
지금까지 했던 놀이 중에 가장 재미있었던 놀이는 무엇인지,
앞으로 어떤 놀이들을 하고 싶은지
스티커를 붙여보며 이야기를 나눴습니다.

사실 단연 1위는 포켓몬 놀이였는데
포켓몬은 제외하고

더 하고 싶은 놀이와
필요한 자료들을 이야기하면서 6-7월 활동을 계획해보았습니다.

아이들이 직접 자신의 놀이를 바라보고
계획해가면서
조금씩 성장해가고 있습니다. 😊

학부모님과 소통하는 것 자체가 어려운 선생님들이 계실 거예요. 그런데 학부모님도 담임 선생님이 어렵긴 마찬가지예요. '혹시 실수하지 않을까', '내 말 때문에 기분 나쁘지 않을까', '내가 선생님을 귀찮게 하는 것은 아닐까' 등 행여 나의 실수로 자녀에게 부정적인 영향이 가지 않을까 걱정해 선뜻 연락하기가 어려워요. 또한 먼저 연락을 주신 선생님의 말에도 어떠한 대답을 해야 할지 몰라 듣기만 하거나 무뚝뚝하게 '네'라고만 대답 할 수도 있어요. 그런데 교사의 마음과 학부모님의 마음은 같아요. 결국 아이가 즐겁고, 행복하기를 바라는 마음이에요. 진심은 분명히 통한다는 말처럼 교사가 먼저 다가간다면 학부모님께서도 신뢰와 지원으로 보답할 거라 믿어요.

VI.
놀이가 살아나는
누리과정 평가

가. 평가의 목적은 유아가 중심이 되고 놀이가 살아나는 누리과정 운영을 자체적으로 평가하여, 누리과정 운영의 질을 진단하고 누리과정 운영을 보다 나은 방향으로 개선하는데 있다.

나. 유아의 특성 및 변화정도와 누리과정의 운영을 평가한다.

다. 평가 목적에 가장 적합한 평가 방법을 자율적으로 정하여 활용할 수 있다.

라. 유아 평가의 결과는 유아가 행복감을 느끼고 전인적으로 발달하도록 도움을 주는 데 활용한다. 또한 누리과정이 추구하는 인간상과 목적 및 목표 등에 비추어 유아의 특성과 변화 정도를 이해하고 유아의 배움과 성장에 도움이 되도록 지원하는 데 활용한다.

− 『해설서』, 52~55쪽

평가는 유아 평가와 누리과정의 운영 평가로 이루어져요. 유아평가는 놀이, 일상생활, 활동 속에서 유아의 고유한 특성이나 의미 있는 변화를 발견하고 이를 바탕으로 유아의 배움과 성장을 돕기 위한 평가에요. 그리고 누리과정 운영 평가는 크게 연간, 월간, 주간교육계획과 일과를 포함한 전반적인 교육과정 평가와 유아가 즐겁게 놀이하며 스스로 배울 수 있도록 돕는 교수·학습 평가, 학부모 평가 등으로 나눌 수 있어요.

그동안의 평가는 교육과정 운영 평가표를 중심으로 체크하거나 각자 맡은 담당 학급과 행사 등에 대한 짧은 반성을 돌아가면서 나눴어요. 그리고 이를 다음 학기나 내년 교육과정에 반영해서 계획을 세웠어요. 평가는 학기말에 하루 날을 잡아 일시적으로 진행되었고, 평가-계획-실행-평가-계획을 하는 선형적인 과정이었어요.
「2019 개정 누리과정」이 시작됨에 따라 유아의 흥미나 관심, 놀이를 중심으로 교육과정을 운영하게 되었고, 이에 맞춰서 평가도 변화하려는 시도가 이루어지고 있어요.

그렇다면 개정 누리과정 안에서 평가는 어떻게 해야 할까요? "유아가 중심이 되고 놀이가 살아나는 누리과정을 만들기 위한 평가"는 과연 무엇일까요? 유치원과 어린이집에 적합한 방식으로 자율적으로 정하라고 했으나 어떻게 해야 개정 누리과정이 말하는 평가의 목적을 달성할 수 있을지 감이 잡히지 않았어요. 그래서 개정 누리과정의 평가 방향 중 어떤 부분부터 변화를 해야 할지 하나씩 생각해봤어요.

⑤ '어떤 부분에서 유아가 중심이 되어야 하는가?'

'평가'가 중요한 것이 아니라 평가를 통해 이룰 변화가 핵심이에요. 유아가 주도적으로 놀이할 수 있도록 교육과정이 계획되어 있는지, 놀이와 활동, 일상생활 속에서 유아가 중심이 되고 있는지를 살펴보고, 교사가 유아를 관찰하고 지원한 기록(사진, 동영상, 기록물 등)을 통해 평가를 할 수 있어요. '평가'만 따로 생각하는 것이 아니라 교육과정–놀이–평가–기록을 하나로 연결하는 선순환적인 이해가 필요해요.

⑤ '놀이가 살아나는 누리과정은 어떻게 만들 수 있는가?'

개정 누리과정의 가장 두드러진 변화는 교사의 자율성을 지원하고 유아와 교사가 동시에 주체가 되는 누리과정을 실현한다는 것이에요. 교사마다 유아·놀이중심 교육과정을 이해하고 실천하는 방법과 정도에 차이가 있고 아이들도 발달수준이나 성향이 다르기 때문에 개정 누리과정에서는 구체적인 지침을 줄 수 없어요. 그래서 교사는 수시로 일과 가운데 유아·놀이중심의 철학에 맞게 운영하고 있는지 자신을 돌아볼 필요가 있어요. 연 1~2회 실시하는 교육과정 운영 평가뿐만 아니라 아이들의 현재 관심사와 놀이 흐름을 관찰하고 기록하다가 유아의 배움을 지원하기 위한 계획을 하고, 교사의 놀이 지원이 적절했는지, 또 다른 지원은 무엇이 있을지 등등 날마다 평가를 해요. 이렇게 놀이와 일상생활, 활동에 대한 누적된 평가를 통해 연간, 월간, 주간교육계획 또는 일과가 유아가 마음껏 놀이할 수 있도록 계획되어 있는지 구체적으로 살펴보면서 수시로 변화를 줄 수 있어요. 그래서 유아의 특성 및 변화정도를 파악하는 유아 평가와 교수학습 방법과 교육계획의 적절성 등을 평가하는 누리과정 운영 평가로 나누어 진행할 수 있어요.

〰 '평가 목적에 적합한 평가 방법은 무엇인가?'

이 전에는 누리과정 5개 영역의 내용을 성취기준으로 잘못 인식하여 유아가 얼마나 잘하는지 정도를 1~5점으로 체크하기도 했어요. 하지만 개정 누리과정에서는 유아가 놀이를 통해 경험하는 것, 스스로 배우는 것이 무엇인지 이해하면서 5개 영역의 내용을 경험과 함께 살펴봐요. 매일 일과를 5개 영역에 따라 연계하는 것이 아니라 일과 후 또는 하나의 놀이 흐름이 마무리 되었을 때 5개 영역의 경험이 어떻게 나타났는지 검토하면서 다양한 지원을 계획해 볼 수 있어요. 이를 위해 놀이 속에서 유아의 말, 몸짓, 표정 등에서 드러나는 놀이의 의미와 특성에 주목하여 교사에게 가장 용이한 방법으로 기록할 수 있어요. 기록을 통해 다양한 지원방법을 계획할 수 있고, 지원에 대해 다각도로 고민해볼 수 있기 때문에 기록 자체가 수시로 할 수 있는 평가라고 할 수 있어요. 이 외에도 포트폴리오, 체크리스트, 상담 등 다양한 방법으로 교사와 유아에게 가장 적합한 방식의 평가를 할 수 있어요. 대신 평가 자료를 만들고 수집하는데 과도한 노력을 기울이기보다는 유아의 놀이에 더 집중하고 지원하는 것이 중요하며 단편적인 에피소드로 평가하기 보다는 누적이 중심이 되는 과정 중심의 평가를 해야 해요. 그리고 동료교사들과 주기적으로 놀이, 계획, 교육과정 등 유아·놀이중심 교육과정 전반의 고민과 의견을 나누면서 평가를 통해 성장하는 교육공동체가 될 수 있어야 해요.

〰 '평가의 결과는 어떻게 활용할 수 있을까?'

평가를 '왜' 해야 하는가에 대해 물으면, 다음 해 교육과정에 반영하기 위해 한다는 선생님들이 많아요. 이렇게 답변하는 선생님들의 대부분은 학기말에 하는 교육과정 운영 평가를 떠올리기 때문이에요. 하지만 다음해 교육과정보다

'현재' 유아·놀이중심 교육과정이 적절하게 운영되고 있는지, 유아가 마음껏 놀이하고 있는지를 평가하고 '지금' 더 나은 방향으로 변화하는 것이 중요해요.

거기다 우리는 보통 교육과정을 수립하면 중간에 바꾸는 경우가 거의 없어요. 교육과정은 학기가 시작되기 전에 일반적인 연령별 특징에 근거해서 만들어졌기 때문에 실제 우리 반 아이들의 발달수준이나 성향까지는 고려하지 못한 한계가 있어요. 그렇기에 평가가 단순히 평가에서 그치는 것이 아니라 수시로 변화를 시도해야 해요. 유아의 흥미와 놀이에 비추어 생활주제가 적절하지 않다면 연간교육계획도 수정할 수 있고, 놀이 시간이 충분하지 않다고 여겨지면 우리 학급에 맞춰 일과를 조정할 수 있어요. 유아가 좋아하는 놀이를 지원하기 위해 자료, 공간, 시간 등의 지원에 대해 고민해볼 수도 있고, 몇 달의 놀이 흐름을 살펴보면서 경험이 부족한 활동 유형을 찾아내 의도적인지원에 대한 계획을 세울 수도 있어요. 수시로 평가를 하면서 유아가 놀이에 몰입하고, 자연스럽게 배움에 이를 수 있도록 다양한 변화를 시도해보고, 변화가 적절했는지 살펴보는 과정에 주목해야 해요. 평가는 단순히 보여주기 위한 기록물이나 하나의 업무가 아니에요. 유아와 교사의 성장을 담는 기록이며 성장 일기가 되어야 해요. 그리고 수집된 모든 자료를 바탕으로 개별 유아의 특성과 변화 정도를 이해하여 이를 학부모 면담자료 및 유아의 생활지도 등에 활용할 수 있어요.

1. 누리과정 운영평가

가. 교수·학습의 적절성

하루 일과를 구성하고 있는 놀이, 활동, 일상생활 전반에 있어서 교사는 우리 반 유아들의 특성과 함께 자신만의 유아·놀이중심 철학을 수시로 돌아볼 필요가 있어요. 오늘 아이들이 무엇을 하며 즐거워했는지, 어떠한 변화나 배움이 있었는지, 내가 적절한 지원을 했는지, 또 다른 지원이 필요한지, 개별 유아에게 적절한 지원인지 등등 전반적으로 살펴볼 수 있어요.

또한 아이들의 놀이나 활동을 살펴보며 더 경험을 시켜 주고 싶은 활동 유형이 있는지, 한 쪽 유형에만 국한되어있지는 않는지 살펴봐요. 이를 통해 부족한 활동은 다음계획에 반영할 수 있어요. 이때는 교사의 생각 뿐 만 아니라 유아의 생각도 반영 할 수 있어요. 예를 들어 그동안 했던 놀이나 활동사진을 아이들과 함께 큰 종이에 붙이면서 어떤 놀이를 했는지 살펴본 후 가장 재미있었고, 더 해보고 싶은 놀이에 스티커를 붙여요. 스티커가 많이 붙은 놀이의 이유에 대해 아이들과 이야기를 나눠요. 이 과정에서 교사는 우리 반 유아가 좋아하는 놀이에 대해 알 수 있고, 전체적인 놀이흐름을 살펴보면서 교육과정 운영 시 부족했던 활동 유형을 찾아볼 수 있어요. 실제로 저희 학급에서는 아이들이 유아주도 놀이를 좋아한다고 생각했는데 교사가 계획한 활동을 더 많이 선택했어요. 이런 모습을 보면서 교사가 계획한 활동일지라도 즐겁게 참여할 수 있는 요소가 충분하다면 놀이처럼 좋아한다는 생각이 들었어요. 그리고 동극이나 요리 활동 등의 경험이 부족해보여 교육과정 계획에 반영하게 되었어요.

▶ 유아의 놀이를 자연스러운 배움의 과정으로 이해했나요?

▶ 우리 반 유아들이 가장 많이 하고 즐거워한 놀이는 무엇인가요?

▶ 유아의 흥미와 놀이가 교사가 계획한 활동과 다를 때 활동의 방향을 변경하였나요?

▶ 유아의 놀이와 흥미에 맞춰 교사의 활동을 준비했나요?

▶ 아이들의 놀이를 보며 고민되는 부분은 없었나요?

▶ 유아의 흥미를 바로 지원해줄 수 없을 때 어떻게 했나요?

▶ 우리 반 유아들이 좋아하는 놀이를 중심으로 놀이영역이나 교실공간을 구성했나요?

▶ 우리 반 아이들에게 더 지도해야 할 기본생활습관이 있나요?

▶ 유아의 흥미나 놀이를 보며 놀잇감을 제공하거나 교체했나요?

▶ 유아가 흥미를 보이지 않는 영역은 다른 영역과 통합하거나 다른 영역으로 대체했
  나요?

▶ 유아의 관심과 흥미, 요구에 따라 새로운 영역을 만들었나요?

▶ 유아와 유아, 유아와 교사, 유아와 환경간의 상호작용이 적절했나요?

▶ 유아가 놀이에 자유롭게 참여할 수 있도록 했나요?

"우리 반은 남자 아이들이 많은데 특히 행동반경이 크고 동적인 활동을 좋아하는 몇몇 아이들이 있어서 다치는 경우가 자주 있었어요. 그래서 인지 놀이를 많이 허용하는 편이었는데 안전에 대해 민감해지기도 했고, 놀이허용에 앞서서 기본 생활습관이나 규칙에 대한 지도가 더 필요하겠다는 생각을 많이 했어요."

"제가 생각했던 것 보다 아이들이 놀이를 정말 잘 한다는 걸 깨달았어요. 교사가 활동으로 이끌어주지 않아도 다양한 놀이가 많이 나왔어요. 조금 더 유아 주도 놀이를 할 수 있도록 놀이 시간을 늘려줘야겠어요."

"거의 엄마, 아빠놀이만 주로 해서 교사로서 고민이 많았어요. 새로운 활동도 시도를 해봤는데 가장 좋아하는 건 역시나 엄마 아빠놀이였어요. 그래서 아이들의 흥미를 바탕으로 가족놀이와 관련 있는 드라이기, 요리도구, 텐트 등의 자료를 넣어주면서 그 안에서 새로운 이야기들이 펼쳐질 수 있도록 지원했어요."

"아이들이 포켓몬 놀이를 좋아해서 주제로 계획하긴 했지만 이게 아이들에게 교육적으로 도움이 될지 고민을 많이 하게 됐어요. 포켓몬 색칠도 하고, 포켓몬의 이름을 글자로 써서 책 만들기 등의 놀이를 하면서 미술과 글자놀이를 했어요. 하지만 포켓몬들이 의성어로 이야기를 해서 상호작용도 잘 되지 않았고, 단순 색칠과 글자 쓰기만 이루어져 다양한 경험을 하지 못한다는 한계가 있었어요. 거기다 매일 포켓몬 놀이만 하다 보니 놀이 경험의 폭이 좁아져서 아쉬운 면도 있었고, 포켓몬 만화를 접하지 않은 아이들은 놀이에 참여하지 못했어요. 그래서 놀이는 중단시켰는데 아이들이 좋아하기 때문에 놀이를 허용해야 하는 것일까에 대한 고민이 깊어졌어요."

"우리 반의 놀이 흐름을 살펴보니까 여자 아이들은 엄마 아빠놀이를 많이 했고, 남자 아이들은 군대놀이, 전쟁놀이가 많았어요. 대체로 엄마 아빠놀이는 다양한 방법으로 지원을 했는데 군대놀이가 익숙하지 않아서 그런지 어떤 지원을 해 줘야 할지 감이 안와요. 원에 군대놀이와 관련된 놀잇감이나 자료도 별로 없어서 고민만 하고 지원은 못했던 것 같아요. 그런데 1학기 놀이 흐름을 살펴보니 생각보다 긴 호흡으로 군대놀이를 해서 관련 활동이나 놀잇감에 대한 고민을 해봐야할 것 같아요."

"저와 방과후과정 선생님의 지도방법이 달라서 아이들이 혼란스러워했어요. 저는 아이들이 원하면 장난감을 어디든 보관할 수 있고, 앉는 자리도 자유롭게 허용해줬어요. 그런데 방과후과정 선생님이 간식 먹고 활동할 자리가 부족하다고 일부분은 보관이 안 되고, 정해진 자리에 앉게 지도하셨어요. 아이들의 말을 듣고 방과후과정 선생님과 만나서 지도 방법에 대해 이야기를 많이 나눴어요. 같은 아이들을 가르치니까 방과후과정 선생님과 맞춰 나가야 할 부분이 정말 많다는 생각이 들어요."

"찬희는 블록과 레고만 좋아해서 그림을 그리거나 색칠하는 놀이는 한 번도 하지 않았어요. 통합적으로 놀이가 이루어진다고는 하지만 찬희에게는 미술놀이에 대한 경험도 필요할 것 같아요. 어떻게 지원을 해주면 좋을까요?"

"1학기 동안의 놀이와 활동을 살펴봤더니 동극과 동시 활동은 한 번도 안했어요. 그때그때 유아가 흥미를 보이는 놀이와 주제를 중심으로 활동을 하다 보니 모든 활동 유형이 균형 있게 계획되지는 못한 것 같아요. 전체적인 놀이와 활동의 흐름을 살펴보면서 아이들이 다양한 활동을 경험할 수 있도록 기회를 주고, 어떤 변화가 있을지 기대하면서 활동을 계획해야 할 것 같아요."

"아이들마다 발달수준이나 성향이 달라서 교사의 활동을 통해 지원을 해줬을 때 긍정적인 효과가 있다는 것을 알게 되었어요. 예를 들어서 동극 활동을 했는데 놀이에 소극적인 태도를 보였던 희찬이가 주인공을 하고 싶다고 손을 들었어요. 그런데 생각보다 목소리도 크고 감정 표현을 잘 하는 거예요. 동극을 통해서 숨겨진 아이들의 재능을 발견할 수 있었고, 희찬이가 전보다 자신감이 많이 생겼어요. 이렇게 교사의 활동을 통해서 아이들이 가지고 있는 잠재력을 발휘할 수 있도록 도와줄 수 있었고, 새로운 희찬이를 발견하면서 아이에 대해 더 이해할 수 있었어요. 그래서 2학기 때에는 조금 더 교사의 활동을 늘려봐야겠다고 생각했어요."

나. 교육계획 수립의 적절성

연간교육계획이 유아의 흥미를 반영하여 융통성 있게 운영되고 있는지를 점검해봐야 해요. 그리고 생활주제의 양이나 질이 유아의 발달수준과 흥미에 적합한지, 융통성 있게 주제를 수정할 수 있었는지 등을 우리 반 아이들의 놀이흐름과 연관 지어 구체적으로 살펴보세요.

연간교육계획안 돌아보기

- ▶ 현재 계획된 연간교육계획에 만족하나요?

- ▶ 만족하는(불만족하는) 이유는 무엇인가요?

- ▶ 유아의 놀이에 맞춰 생활주제를 변경할 수 있나요?

- ▶ 생활주제를 변경하기 어려웠다면 이유는 무엇인가요?

- ▶ 유아의 발달수준에 적절한 양의 생활주제가 계획되어 있나요?

- ▶ 우리 반 아이들이 가장 좋아하는 주제는 무엇이었나요?

- ▶ 아이들에게 꼭 필요한 생활주제는 무엇인가요?

- ▶ 계획된 생활주제 중에서 아이들에게 맞지 않는 주제는 무엇인가요?

- ▶ 새로 추가된 놀이 주제는 무엇이었나요?

- ▶ 체험학습 후 발생한 놀이와 유아의 관심을 바탕으로 주제를 계획한 적이 있나요?

"생활주제 없이 유아의 흥미와 관심에 따라 운영했는데 하다 보니 사계절에 관련된 생활주제도 자연스럽게 하게 되었고, 동물원 현장학습을 다녀왔을 때에는 동식물과 자연에 대한 주제로 놀이를 했어요. 1년의 흐름을 살펴보니 생활주제를 미리 계획해놓고 그 안에서 융통성 있게 운영하는 것이 더 좋겠다는 생각이 들었어요."

"유아의 흥미를 그때그때 반영해서 주제를 운영하는 것도 좋지만, 교사가 전체적인 흐름을 살펴보면서 미리 준비도 해야 할 것 같아요. 아이들이 놀이가 잘 이루어질 때도 있지만 갑자기 심심해하거나 지루해하는 경우도 있는데 그럴 때에는 준비된 생활주제가 있으면 활동으로 지원할 수 있잖아요."

"아이들의 흥미에 맞춰서 융통성 있게 하려고 해도 미리 계획된 생활주제가 있어서 그런지 어려운 것 같아요. 생활주제를 지금보다 조금 더 줄여보면 어떨까요?"

"유아의 흥미에 맞춰서 체험학습을 바로 바로 계획할 수 있어서 좋았어요. 아이스크림 가게 놀이에 흥미를 보여서 다음 날 학교 근처 슈퍼에 가서 아이스크림의 종류, 가격, 보관방법 등을 살펴보고, 각자 먹고 싶은 아이스크림을 사서 먹었어요. 그날부터 가격표, 아이스크림 진열 등 가게 놀이가 더 확장된 걸 볼 수 있었어요. 아이들의 흥미에 맞춰서 계획된 일정을 당기기도 했고, 새로 추가한 체험학습도 있었는데 확실히 놀이가 더 풍성해진 것 같아요."

"연령별로 통일해서 연간교육계획을 세웠는데 저희 반은 정적인 활동을 좋아해서 옆 반이랑 놀이 스타일이나 학급분위기가 다른 것 같아요. 그래서 이번에는 각 학급의 특성에 맞게 교육과정을 세워보면 어떨까요?"

"체험학습을 다녀오면 아이들이 관련 놀이를 더 잘하는 것 같아요. 그래서 아이들의 놀이 흐름에 맞춰서 체험학습을 조정하면 좋을 텐데 저희 원은 자체 통학버스가 없어서 어려운 것 같아요. 조금 더 융통성 있게 체험학습을 다녀올 수 있는 방법이 없을까요?"

월(주)간 교육계획안 및 사후안내문 돌아보기

▶ 현재 사용하고 있는 월(주)간 교육계획 또는 사후안내문의 장단점을 파악하여 원에 가장 알맞은 방법을 선택해야 해요.

▶ 현재 사용하는 월(주)간교육계획에 만족하나요?

▶ 만족하는(불만족하는) 이유는 무엇인가요?

▶ 변화(보완)가 필요한 부분은 무엇인가요?

▶ 최소한의 계획으로 유아의 놀이를 최대한 지원해줄 수 있나요?

▶ 유아의 놀이에 맞춰 계획된 활동을 하지 않거나 변경할 수 있나요?

▶ 유아의 흥미와 관련된 활동을 계획했나요?

▶ 계획된 활동을 변경하기 어려웠다면 이유는 무엇인가요?

▶ 계획된 활동으로 아이들의 놀이를 지원해줄 수 있나요?

▶ 사후안내문을 작성하는데 적절한 시간과 노력이 드나요?

▶ 사후안내문을 통해 아이들의 놀이흐름을 충분히 살펴볼 수 있나요?

▶ 사후안내문을 통해 유아·놀이중심 교육과정에 대한 학부모님의 이해를 도울 수 있나요?

"처음에는 유아·놀이중심 교육과정을 운영한다고 했을 때 걱정하시는 학부모님들이 많았던 것 같아요. 그런데 사후안내문을 통해서 아이들의 놀이모습을 계속해서 안내하니까 아이들이 어떻게 놀이를 주도하고 이끌어 가는지 이해해주시는 것 같아요."

"사후안내문의 목적은 좋은데 작성하는데 시간이 너무 많이 드는 것 같아요. 놀이가 확장된 사례 위주로 작성하다보니 사진이나 놀이에서 몇몇 아이들이 소외되는 문제도 있어요."

"월간교육계획안으로 활동을 최소화 하니까 아이들 놀이를 지원해주기는 더 좋은 것 같아요. 그런데 학부모님들이 계획안만 봐서는 원에서 어떤 활동을 하는지 잘 모르겠다고 이야기하시는 분들이 계셔서 그 부분에 대한 보완이 필요할 것 같아요."

"아이들이 흥미를 보이는 놀이를 중심으로 지원을 해주기는 하지만 다양한 경험도 했으면 좋겠다는 생각이 많이 들어요. 놀이를 살펴보면서 계획을 변경하거나 안 할 수도 있지만 조금 더 교사가 활동을 늘려서 준비는 했으면 좋겠어요. 교사 활동에 대한 선생님들 생각은 어떠세요?"

"아이들의 놀이를 중심으로 지원하다보니 계획된 활동을 못할 때가 너무 많아요. 매주 계획하기보다는 최소한의 계획을 세울 수 있는 월간교육계획안으로 바꿔보면 어떨까요?"

"저희 반 학부모님이 월간교육계획안의 행사를 다시 달력에 표시해야해서 불편하다고 하셨어요. 그래서 달력을 월간교육계획안에 넣어보면 어떨까요?"

유아가 중심이 되면서도 발달에 적합한 일과가 운영되고 있는지 점검해보세요.

일과 운영 돌아보기

▶ 유아가 충분히 놀 수 있는 시간을 우선적으로 편성했나요?

▶ 우리 반의 놀이시간은 1일 평균 몇 시간인가요? 놀이시간이 충분한가요?

▶ 놀이 시간 확보를 위해 하루 일과 중 조정이 필요한 부분은 무엇인가요?

▶ 자율 간식시간의 좋은 점(불편한 점)은 무엇인가요?

▶ 유아의 신체적 리듬을 반영하여 일과를 운영하는가요?

▶ 낮잠이나 휴식이 꼭 필요한 유아가 있나요?

▶ 바깥놀이 시간은 충분한가요?

▶ 일과 중에 지속적으로 기본 생활습관에 대한 지도가 이루어지고 있나요?

"체험학습을 갔다 온 이후에 아이들이 원해서 바깥놀이를 했어요. 하지만 체험학습과 바깥놀이 모두 동적인 에너지들을 많이 쏟기 때문에 오후 시간까지 흥분된 상태가 유지되어 사고가 날 뻔했어요. 아이들이 원한다고 해도 동적인 활동 후에는 충분한 휴식시간을 주면서 활동 안배를 잘 해야 할 것 같아요."

"바깥놀이를 1시간 이상 하려고 하는데 자유 놀이를 하다보면 못 지킬 때가 있어요. 아이들이 주도적으로 놀이를 잘 하고 있을 때에도 꼭 바깥놀이를 나가야 할까요?"

"아이들이 바깥놀이 할 때 물모래 놀이를 하고 싶다고 하는데 정리도 오래 걸리고,

여벌옷도 필요하고, 점심시간도 제약이 있어서 안 된다고 할 때가 많아요. 주 1회 물모래 놀이 하는 날을 정하는 방법도 좋을 것 같은데 또 다른 의견 있어요?"

"놀이 시간을 충분히 주려다 보니 오전 간식은 자율간식으로 운영해요. 그러다보니 간식을 안 먹는 아이들이 많아서 자율 간식을 계속 해야 할지 고민이 많이 돼요."

다. 학부모 평가

1. 유아의 흥미에 따른 놀이주제(생활주제) 운영의 만족도 살펴보기

유아의 흥미와 관심을 반영하여 주제를 융통성 있게 운영했다면 이에 대한 문항을 제시하여 학부모님의 의견을 물어볼 수 있어요. 이 때 구체적으로 아이들의 의견을 반영한 주제를 적어 학부모님의 이해를 돕고, 실제 유아가 좋아했던 주제들을 점검해볼 수 있어요.

1. 유아의 흥미와 놀이 관찰을 통해 놀이 주제를 선정하였습니다. 운영된 주제로는 4월 거미줄, 5월 장수풍뎅이, 결혼식, 6월 캠핑, 물감, 7월 여름(수박, 물놀이, 아이스크림), 10월 쌀, 11월 작은 미술관이 있습니다. 이렇게 유아들의 생각을 바탕으로 주제로 선정는 것에 대해 만족하십니까?
   ① 아이들의 생각으로 운영된 놀이주제가 좋았다.
   ② 아이들의 생각도 좋지만 꼭 교육에 필요한 주제를 교사가 계획했으면 좋겠다.

1-1. 자녀가 가장 좋아하거나 집에 와서 이야기를 많이 했던 주제는 어떤 것이었나요?

①4월 거미줄   ②5월 장수풍뎅이   ③6월 캠핑, 물감놀이

④7월 여름 (수박, 물놀이, 아이스크림)   ⑤10월 쌀   ⑥11월 작은 미술관

1-2. 올해 진행한 주제 외에 더 추가되었으면 하는 것에는 어떤 것이 있나요?

적어주신다면 다음해 교육계획에 반영하여 아이들과 즐겁게 실천해보겠습니다.

※ 예) 환경에 대해, 과학이나 수학을 경험할 수 있는 것, 곤충이나 동물 관련된 것

(   )

이 문항을 통해 다음과 같은 사항들을 고려해 연간교육계획을 세울 수 있어요.

▶ 교사의 계획과 유아의 놀이를 어느 정도 비율로 가져갈 것인가?

▶ 올해 운영된 주제 중 내년에 가져갈 수 있을 주제는 무엇인가?

▶ 유아의 흥미를 반영한 새로운 주제는 무엇인가?

▶ 교사와 학부모가 필요하다고 생각하는 주제하는 주제는 무엇인가?

2. 교육계획안에 대한 이해도

교육계획안은 원과 가정이 함께 유아의 성장과 발달을 돕기 위해 만들어졌어요. 따라서 학부모님께서 원의 교육활동을 이해하기 쉬운 방법으로 교육계획안이 작성되어야 해요.

1. 올해 저희 원에서는 월간교육계획안이 2장으로 제공되었습니다. 첫 장에는 교사가 계획한 수업 내용과 방과후과정 수업 내용, 두 번째 장에는 달력을 통해 한 달의 행사와 학부모님께 안내하는 사항을 담았습니다. 월간교육계획안을 통해 원에서 운영되는 교육 활동을 이해하기에 충분하였나요?

   ① 아이들의 활동을 이해하기 충분했다. (1-1로 이동해서 답변)

   ② 어느 정도 이해는 했지만 보완이 필요하다. (1-2로 이동해서 답변)

1-1. 아이들의 활동을 이해하기 충분했다면 어떤 점이 좋았는지 선택해주세요. (중복선택가능)

   ① 해당 월에 원에서 어떤 활동을 하는지 알 수 있었다.

   ② 방과후과정 활동에 대한 안내가 자세히 되어있었다.

   ③ 달력에 행사가 표시되어 보기 좋았다.

   ④ 기타 :

1-2. 보완이 필요하다면 어떤 부분이 수정이 필요한지에 대해 알려주세요. 수정이 필요한 부분은 다음해 반영하겠습니다.

   ① 해당 월에 교사와 어떤 활동을 하는지에 대한 안내가 부족함

   ② 매일 다른 프로그램으로 운영되는 방과후 활동에 대한 안내가 부족함

   ③ 달력에 표시된 행사나 부모님 안내사항에 대한 안내가 부족함

   (수정을 바라는 부분에 대한 의견을 적어주세요.   )

3. 교육과정 운영 만족도

우리 원의 교육과정 중점에 대한 학부모님의 의견에 대해 물어봐요. 교육과정의 중점이 가정에서 어떤 행동 변화나 성장의 모습으로 나타났는지에 대해 이야기를 나누며 가정과의 연계가 잘 되고 있는지 살펴볼 수 있어요. 교육적 효과를 생각해보는 과정을 통해 유아·놀이중심 교육과정의 의미를 보다 잘 이해할 수 있어요.

1. 2021학년도 만 3세 행복반에서는 '자신의 생각을 말로 표현하기'에 중점을 두고 지도하였습니다. 자신의 놀이를 발표하기, 놀이 시 필요한 자료를 요구하기, 놀이 과정 중에 생긴 문제를 교사에게 이야기해주기, 오늘의 일과를 어떻게 보내고 싶은지 이야기하기 등을 실천해왔습니다.

1-1. 이와 같은 목표를 통한 실천이 유아들의 발달에 긍정적 영향을 주었다고 생각하시나요?

    1) 자신의 생각을 말로 표현할 수 있다.

    2) 자신의 생각을 일부 표현할 수 있다.

    3) 아직은 자신의 생각을 말로 표현하는 것을 어려워한다.

    4) 기타의견 :

1-2. 혹시 이런 실천으로 가정에서 유아의 모습이 변화된 부분이 있나요?

    (예 : 부모님께 필요한 것을 말로 표현하기, 형제자매와 싸웠을 때 문제 상황을 말로 설명하기,

유치원에서 있었던 일을 말로 이야기하기, 자랑 발표회 때 상을 받았다며 자랑하기 등)

1-3. 이런 실천을 통해 교육적 효과는 무엇이라고 생각하나요?

1) 좀 더 정확한 발음으로 자신을 생각을 말하게 되었다.

2) 자신의 생각이나 감정을 적극적으로 표현하게 되었다.

3) 자신감이 생겼다.

4) 말하는 것 뿐 만 아니라 다른 사람의 이야기도 잘 들어주게 되었다.

1-4. 202○학년도에 만 4세 사랑반이 되는 유아들이 어떻게 성장하기를 바라시
나요?

"나의 아이가 (   ) 자라길 바라요."

예) 행복하게, 친구와 함께, 즐겁게, 신나게 놀면서, 자신의 생각을 말로 표
현하며, 마음껏 뛰어놀며, 자신의 끼를 펼치며, 책을 많이 읽으며, 자연을 사
랑하며

4. 가정연계방법 및 학부모교육 대한 만족도

학부모가 교육공동체로 아이들의 성장을 지원하기 위해서는 가장 용이한 방
법으로 원 교육에 참여할 수 있는 배려가 필요해요. 따라서 올해 실천한 가정 연
계 방법 및 학부모 교육 방법이 적절한지에 대한 조사가 필요해요.

1. 원이 가정과 소통하기 위한 방법으로 ○○ 어플을 사용했습니다. 학부모님께서 ○○ 활용에 만족하셨나요?

  1) 만족스러웠다.

  2) 조금 불편함이 있었다.

    (이유:)

1-1. 학부모님과 소통을 위해 내년에도 사용하기 원하시나요?

   1) ○○ 어플을 사용하기 원한다.

   2) 가정통신문이나 개인 문자 등을 사용하기 원한다.

   3) 기타의견:

1-2. 가정 연계를 위해 원에서 제공받기 원하는 내용은 어떤 것인가요?(중복가능)

   1) 아이들의 놀이 사진이나 동영상

   2) 부모로서 알아야 할 유아 발달에 대한 자료

   3) 가정에서 함께 놀이할 수 있는 자료

   4) 주말 등 가족과 함께 다녀올 수 있는 체험 장소에 대한 안내

   5) 기타 :

2. 학부모님께서 교육공동체로 참여하는 방법 중 가장 좋았던 방법은 무엇인가요?

  1) 학부모 동아리   2) 학부모 면담   3) 부모 참관 (참여) 수업

  4) 학부모 도우미 (책, 마트놀이, 놀이체험 부스 운영 등)   5) 강연

2-1. 202〇학년도에 학부모님께서 참여 가능한 활동은 무엇인가요?

    1) 학부모 동아리   2) 책 읽어주는 선생님 (오전 9시~9시 20분)

    3) 각종 행사 도우미 (놀이체험부스운영, 행사 운영 지원 등)

    4) 학부모 면담   5) 부모 참여수업   6) 독서모임

2-2. 부모교육 시 원하는 주제를 표시해 주십시오.

    1) 바람직한 부모의 역할   2) 자녀와 함께 할 수 있는 놀이 활동

    3) 부모를 위한 힐링 워크숍   4) 미술치료 등 상담활동

    5) 기타 (   )

2. 유아평가

유아 평가는 아이들의 흥미와 관심, 놀이 선호, 또래와의 상호작용 등 유아의 특성과 변화 정도를 파악해요. 매일의 놀이기록이 평가가 될 수 있고, 개별 또는 대소집단으로 묶어 유아평가를 할 수도 있어요. 이 때 누리과정 5개 영역의 내용이 놀이에서 어떻게 경험되고 어떤 배움이 일어났는지 살펴보면서 놀이지원을 계획할 수 있어요. 또한 유아평가 후 수시로 학부모님께 개별 유아의 활동 모습이나 변화 등 가정과 연계하여 지도할 수 있는 부분에 대해 공유할 수 있어요. 그리고 유아 평가는 보통 교육과정 교사가 실시하는데 나아가 동료(방과후과정)교사와 함께 나누면서 놀이와 지원에 대한 시각을 넓혀갈 수도 있어요.

어머님 오늘 그림은 정말 너무 잘 그렸어요. 항상 공주를 그리는 데 매번 주변 배경이나 공주 머리 스타일, 드레스도 달라요. 거기다 저는 공주 눈썹이 제일 재미있는 것 같아요!

한결이가 주말에 있었던 일을 친구들에게 잘 소개해주었어요. 한결이 놀이를 보면 아기와 관련된 부분이 많은 것 같아요. 아기를 업어주거나 밥 주기, 아기 병원 데려가기 등 아기를 돌보는 놀이를 많이 해요. 한결이에게 아기가 어떤 의미가 있는지 살펴보는 중입니다. 집에서도 동생을 좋아하고 아기 관련 놀이를 많이 하는 편인가요?

<학부모님과 문자로 공유한 예시>

- 찬희 : "선생님 여기 거미 다리가 여섯 개나 돼요." 한 손에 세 개씩 총 여섯 개의 손가락을 표시하면서 "다리가 나보다 진짜 많아요"라고 말함. → 곤충이나 자연물에 관심과 호기심이 많음, 수 세기가 가능하고, 수 더하기도 할 수 있음. 내 다리와 비교해서 거미 다리가 더 많다고 이해하고 표현함.

- 우주 : 3월 17일, 교실에 들어오지 않고 현관에서 엄마와 떨어지지 못하고 10분 넘게 울었음. 3월 22일, 늦게 등원을 해서 놀이에 참여하지 못하고 교실을 돌아다님. → 가정 안내 : 빨리 등원해서 아이들이랑 같이 놀이를 시작할 수 있는 환경 만들어주기, 사랑이가 원에서 어떤 놀이를 했는지 물어보고, 내일도 재미있게 놀자고 미리 이야기해주기

  4월 1일 하준이가 같이 놀자고 했으나 대답을 안 함. 옆에서 따로 놀다가 하준이는 다른 놀이를 하러 갔음. 평가시간에 하준이랑 놀아서 좋았다고 교사에게만 이야기를 함. 4월 3일 회찬이가 케이크를 가지고 가자 갑자기 울었음. 회찬이는 우주한테 물어봤는데 대답을 안 했다고 함.

  가정 안내 : 울지 않고 자신의 생각을 이야기할 수 있도록 모델링 보여주며 연습하기, 울지 않고 이야기했을 때 칭찬과 격려해주기

- 유진 : 재활용품으로 로봇을 만드는 과정에서 로봇이 바로 서지 않고 계속 넘어지자 만들었던 다리에 종이컵을 붙여 보기도 하고 물병을 달아 무게중심을 잡아보는 시도를 했다. 하지만 계속해서 로봇이 넘어지자 기존에 붙였던 다리를 떼어내고, 두 개의 우유팩을 이어 붙여 완성했다.

- 소원이가 이제 밥만 먹지 않고, 반찬과 함께 먹어요. "선생님 오늘도 도전해볼래요"라며 김치를 국물에 씻어서 먹으며 맛있다고 이야기하고 오징어가 든 파래전도 시도를 해봤어요. 그런데 생각했던 맛은 아니었는지 다시 먹지는 않았어요. 그래도 밥과 반찬을 스스로 먹는다는 자체가 소원이에게는 정말 큰 변화인 것 같아요.

- 유미는 평소 혼자 하는 역할놀이를 잘하고, 좋아한다. 그러나 친구들과의 놀이에서는 자신이 하고 싶은 역할을 말하지 않고, 친구들이 정해준 역할을 따르는 편이다. 그래서 항상 아

기나 손님, 학생 등과 같은 역할을 담당했다. 인형극을 보고 온 후 마이크를 제공했는데 평소 소극적이었던 유미가 갑자기 마이크를 잡더니 친구들에게 인형극을 소개하면서 노래를 불렀다. 정확한 박자와 음정에 맞게 "달팽이의 하루"를 부르는 모습을 보고 유미의 새로운 재능과 잠재력을 볼 수 있었던 날이었다.

- 친구들이 수영장을 만든다며 종이컵에 물을 채우고 파란색 사인펜으로 파란 물을 만들었다. 플라스틱 상자까지 수영장을 만드는 과정에서 하민이는 계속 따라다니면서 바라보기만 했다. 이유를 물으니 손이 더러워지는 것이 싫어서 하기 싫다고 말했고, 같이 해보자고 권유했으나 거절했다. 하민이는 놀이에 참여하지는 않았지만 친구들이 만드는 파란 물에는 관심을 보이며 보는 것 자체를 좋아했다.

- 예원(특수교육대상 유아)이가 처음으로 친구들이 놀고 있는 놀이집 안으로 들어가려고 시도함. 그러다 블록이 넘어지자 다른 친구들이 다시 쌓기 시작했고, 예원이도 따라서 블록을 쌓았음. 다빈이가 블록을 주달라고 하자 블록 한 개를 건네줌 → 자신이 좋아하는 놀잇감을 펼치거나 놀이집 안에서 조용히 누워있는 것을 좋아하던 예원이가 처음으로 친구들 놀이 사이로 들어감. 발화에 어려움이 있지만 친구의 말을 듣고 블록을 준 것은 사랑이가 처음으로 친구들과의 상호작용한 모습임.

- 3월에 유림이는 이름을 쓰지 못해 교사가 대신 적어주거나 이름 스티커를 사용하였다. 그러다 자음 모음의 순서가 바뀌기도 했지만 이름을 비슷하게 썼다. 6월쯤 되니 자신의 이름 뿐만 아니라 친구의 이름도 쓰고, 자신이 쓴 친구 이름을 다른 친구에게 알려주기도 하며 자연스럽게 글자를 알아가고 있다.

놀이기록과 함께 누가 기록된 개별 유아의 기록은 그 자체로써 유아평가를 위한 자료예요. 개별 유아에 대한 누가 기록을 보면서 해당 유아가 어떤 놀이를 즐겨 했는지, 놀이 속에서 어떤 모습을 보였는지, 식습관 및 일상생활 속에서 어떤 변화가 있었는지, 함께 노력이 필요한 부분이나 교사가 지원해 줄 부분이 무엇인지 등을 정리할 수 있어요. 이러한 평가가 유아의 성장을 지원하기 위한 살아있는 실제 유아평가이면서 이 내용을 그대로 생활기록부에 기록할 수 있어요. 결국 놀이 안에서 기록과 평가까지 이루어지는 일체의 과정이 될 수 있어요.

2021. 2학기 행복반 아이들의 성장이야기

2021학년도 2학기 　　　　　　　　작성자: 행복(반) 　　　　　　　　교사 김행복 (인)

	이름	잘하거나 좋았던점	함께 노력이 필요한 점
1	김놀이	엄마아빠놀이/ 미용실놀이/ 인형극놀이 혼자X, 친구들과 함께 "아빠, 엄마놀이 할 사람??" 음료수자판기, 귀마개, 우산, 음료수 등 작품을 순식간에 만들어 내는 능력 이렇게 해보자 놀이 리드함	마음먹게 하는 것 (정리정돈…) 친구들이 자신이 원하는 놀이를 해주길 바라는 것
2	이나라	쫑알쫑알쫑알 말이 많아짐 역할놀이해서 엄마역할 좋아하고, 선생님 역할 좋아함 예쁜 말을 잘함(동화 속에서 나올법함):동화책을 좋아함 공주그림 그리는 것과 색칠 좋아함 (공주그림 눈썹, 드레스 모양이 조금씩 바뀌고, 자동차와 별도 그림: 배경이 달라지고 구체적임)	친구들 앞에서 발표하는 경험이 필요함 여자친구 외에 남자친구들과 놀이 경험 필요
3	고하준	스스로 식사가 가능해짐(밥을 숟가락에 담아두지 X) 여전히 편식. "도전해볼게요." 시도 노력함 보관스티커 떼어진 레고-> 싸움: 친구들의 입장을 이야기하며 중재. 교사에게 상황설명. 여러 번 블록 공간구성 친구들과 대화로 놀이	화가 나거나 사과상황: 말 안 함 : 시간필요 좋아하지 않는 그림그리기, 만들기 등의 활동 참여 조금씩 음식경험 기회

6. 유아발달상황(성명: 김놀이)

연령	발달상황
5세	엄마아빠놀이, 미용실놀이, 인형극 놀이 등을 즐겨하며 다양한 놀이를 만들어 냄. 친구들과 함께 놀이하는 것을 즐기고, 먼저 다가가 함께 놀이하자고 제안함. 자신의 생각을 다양한 재료를 활용하여 음료수 자판기, 우산 등 멋진 작품을 창의적으로 만들어냄

6. 유아발달상황(성명: 고하준)

연령	발달상황
4세	블록이나 레고 놀이를 즐기며 블록을 이용해 공간을 구성하며 놀이할 때 친구들과 대화하며 서로의 생각을 반영하여 놀이에 참여함. 친구들끼리의 갈등상황에서 서로의 입장을 들어주며 해결해주려고 함. 혼자서 식사 도구를 사용해서 식사를 할 수 있고, 평소 잘 먹지 않는 반찬도 먹어보려는 노력을 함

　　아이들의 생각을 읽어 나가는 유아 평가는 아이들을 더 깊이 이해할 수 있는 시간이에요. 교사는 유아 평가를 통해 아이들이 가지고 있는 잠재력이나 재능을 발견하고 이를 발휘할 수 있도록 도와줄 수 있어요. 유아 평가는 본 책의 '기록'과 관련하여 놀이기록과 개별 유아 기록을 자세히 살펴보세요.

눈 오는 날, 어느 교사의 일기

어쩜 너희는 새하얀 눈처럼 희고 맑을까?
너희가 놀고 있는 모습을 보고 있으니 이 말이 절로 나오는구나.
한없이 희고 맑은 너희들의 눈망울 속을
들여다보니
오늘도 무엇을 하고 놀아볼까
이 많은 것들 중 무엇으로 놀아볼까
궁리하는 것이 보인다.

크든 작든 하얗든 검든
주변의 모든 것에 아무런 의심 없이 만져보고 눌러보고 맡아보고 만들어보느라
너희의 손이 바쁘구나.

(흙은 화산이 되고 돌멩이는 용암이 되어 흐르기도 하고
나뭇가지는 숲이 되고 솔방울은 기차가 되어 움직이는구나.
솔방울과 나뭇가지는 야구공과 방망이가 되기도 하는구나.)

가르침이 없이도
주변의 모든 것과
정말 아무 조건 없이 어울려 하나 될 수 있음을 너희를 통해 느껴본다.
그게 너무 자연스러워 놀랍기까지 하다.

쓰레기장에서 주워온 일회용 컵에 눈을 담고

그 위에 물을 뿌려보며

눈이 녹는 것을 보고 그게 뭐라고 그렇게나 즐거워한다.

내가 과학활동이라며

이것을 가르쳐주었어도 이렇게 즐거웠을까? 잠시 생각에 잠겨본다.

그 사이 눈을 모아 물감을 뿌리고 얼음 물감이라며

주황색 얼음 물감이 또다시

슬러시, 토마토주스가 되었다며 더욱 환호하며 재미있어하고

또다시 얼음 물감을 만들고서는

'어라! 마법요정이 마법을 부렸다'며

웃고, 재잘재잘 떠드는

너희 모습이 참으로

사랑스럽구나.

어떤 역할 할 사람? 정하지 않았는데

너무나도 자연스럽게

누구는 선생님이 되어있고

누구는 학생이 되어있구나.

눈을 만지며 차가움도 느끼고

이런 모든 과정을 친구들을 불러 모아

설명하고 또 다른 시도를 하느라 바쁘구나.

컵 하나로 물을 뜨러 갈 때도

서로가 다 할 수 있도록

너희만의 약속을 정해 함께하는 모습이
마치 햇살에 비쳐 눈부신 눈처럼 순백의 너희들이 더 반짝여 보인다.
이런 모습을 그동안 바라봐 주지 못했구나.

'하지 마, 안 돼'
'이것 봐봐 선생님 봐봐' 속에서
그동안 너희만의 나래를 펼쳐보지도 못했구나.

이제라도
가르침의 교사 역할에서 한 발짝 뒤로 물러나
순백의 너희가 반짝반짝 채워나갈
너희만의 세계를 기다려주는 것이
맞다는 것을 다시 느낀다.

오늘 하루라도 너희를 바라볼 여유가 있다는 것에 감사한다.
그리고 맑고 반짝반짝한 너희를 만난 것이 행운이야.

이제라도 훨훨 날아 마음껏 상상의 나래를 펼쳐
순백의 세상을 아름다운 빛깔로 채워나가렴.

『놀이중심 교육과정 119』와 함께
일상의 여유를 가지고
아이들과 행복한 유아·놀이중심 교육과정을
만들어 가시기를 응원합니다. ♥

'혹시 우리 반 이야기?' 싶은 사례들, '설마 내 이야기?' 같은 동료 교사들의 고민거리를 읽으며 격한 공감을 했습니다. 이제 함께 고민하며 해결방법을 나눌 수 있는 『놀이중심 교육과정 119』라는 친구가 생긴 것 같아 무척 든든합니다. 혼자만의 고민이라는 생각이 들 때, 잘하고 싶은데 마음처럼 되지 않을 때, 새로운 방법을 찾고 싶을 때 『놀이중심 교육과정 119』에서 만나요. 현장에서 수많은 고민을 하고 계시는 모든 선생님께 이 책을 추천합니다.

_너브내 유치원 교사 곽경희

놀이를 통한 아이들의 행복한 성장과 평화로운 학급운영을 바라면서도 한편으로는 고민과 좌절의 늪에 빠져있기도 한 지금, 이 책은 흔들리는 선생님들의 마음을 따스하게 어루만져줍니다. 선생님들의 '진짜' 고민을 가득 담은 내용에 공감하게 되고, 더 나은 놀이중심·교육과정을 위한 방향에 대해 생각해볼 수 있게 하는 소중한 책입니다. 이 책이 선생님들에게 봄날의 햇살 같은 친구가 되어주기를 바라는 마음으로 모든 선생님께 추천합니다.

_하선생유치원 운영자 겸 배곧초록유치원 교사 이하영

임용고시를 위해 놀이중심·교육과정을 공부하던 신규 교사에게 놀이관찰, 놀이기록, 놀이확장은 너무 어렵고 막막했습니다. '나는 왜 놀이 확장을 못 하지?', '이렇게 정신없는 교실 속에서 어떻게 놀이기록이 가능하지?'… 같은 고민에 잠 못 이루는 밤도 많았습니다. 하지만 『놀이중심 교육과정 119』를 통해 우리 반 유아들이 진짜로 즐기는 놀이 그 자체에 집중할 수 있게 되었습니다. 저와 같은 고민을 겪는 수많은 교사가 공감하고, 위로받고, 교육과정 운영의 갈피를 잡을 수 있길 바라며 이 책을 추천합니다.

_홍광유치원 교사 김하은

『놀이중심 교육과정 119』에는 놀이중심 교육과정에 대한 교사들의 현실적인 고민과 명쾌한 해답이 담겨있습니다. 두 저자의 노하우가 담긴 이 책을 통해, 놀이중심이라는 망망대해에서 지도와 나침반을 찾은듯 했습니다. 이 책은 교사들이 놀이중심·교육과정으로 가는 걸음을 가볍게 해줄 매우 유용한 지침서가 될 것입니다. 놀이중심 교육과정을 실천하고자 노력하는 모든 선생님께 추천합니다. 그리고 어린이들과 더욱더 즐거운 놀이를 펼쳐갈 수 있기를 희망합니다.

_인천예송유치원 교사 정다빈

'유아·놀이중심 교육과정, 어떻게 운영해야 할까?' 놀이사례집을 보면 알 것도 같은데 막상 우리 반 아이들과 마주하면 생각처럼 쉽지 않았습니다. '왜 그럴까?' 끊임없이 반문하던 중 『놀이중심 교육과정 119』를 통해 저의 궁금증이 해소되었습니다. 두 선생님의 날것 그대로의 생생한 경험담도 큰 위로가 되었습니다. 유아·놀이중심 교육과정을 어떻게 운영해야 하는지 궁금한 선생님들께 이 책이 안내서가 되길 바랍니다.

_합천유치원 교사 오수진

유아·놀이중심 교육과정으로 바뀌면서 수업 공개에 대한 부담감이 컸습니다. 그런 저에게 이 책은 거창한 놀이를 해야 한다는 부담감을 내려놓게 했습니다. 그리고 현장에서 차근차근 부딪혀보며 유아 특수교육의 놀이도 의미 있게 풀어갈 수 있다는 용기를 얻었습니다.

_대전내동초등학교 병설유치원 특수교사 홍소현

유치원 학급운영 어떻게 할까?

뿌리 깊은 유치원 교사 연구회 지음

유치원 학급운영을 고민하는 교사들에게 교실 환경 구성에서 모둠 운영까지, 등원 지도에서 귀가 지도까지, 문제해결을 위한 기술에서 학부모 상담까지 학급운영을 위한 모든 것을 알려준다.

그림책 놀이 82

성은숙, 이미영, 이은주, 한혜전, 홍표선 지음

상상놀이에서 인성놀이, 자연놀이, 문제해결놀이까지 그림책을 읽고, 아이들과 함께 쉽고 재미있게 할 수 있는 다양한 놀이를 소개한다.

제라드의 우주쉼터

제인 넬슨 지음, 빌 쇼어 그림, 김성환 옮김

'긍정의 훈육'의 창시자인 제인 넬슨은 이 책에서 아이 스스로 감정을 조절할 수 있는 '긍정의 타임아웃'이 무엇인지, 이 공간을 활용하여 어떻게 자기감정을 조절할 수 있는지 알 수 있다.

소피아의 화를 푸는 방법

제인 넬슨 지음, 빌 쇼어 그림 | 김성환 옮김

'긍정의 훈육' 창시자 제인 넬슨은 이 책에서 화가 나 엉킨 마음을 자신이 선택한 방법으로 풀어내게 함으로써 다른 사람에게 해를 끼치지 않고 화를 건강하고 안전하게 풀어내는 방법을 알려준다.